全国教育科学规划国家一般课题"幼儿教师职业倦怠的[干预模式研究]"
（项目编号：BBA190027）成果

Research on Intervention
Models for Preschool Teacher
BURNOUT IN CHINA

幼儿教师职业倦怠的干预模式研究

何元庆 ◎著

科学出版社
北　京

内 容 简 介

本书探讨了幼儿教师职业倦怠的现状、影响因素以及通过正念干预缓解职业倦怠的有效性和可行性，并提供了一个较为全面的框架来理解并应对幼儿教师的职业倦怠问题：以"工作需求-资源模型"为理论基础，正念作为核心元素，考虑工作任务的要求（如情绪劳动）、支持个体应对这些要求的资源（包括社交技能、共情能力等）以及组织层面的支持因素（组织支持感、心理安全感等），创造性地提出基于多维度的整合干预模式。

本书适合职业倦怠研究者、心理健康研究者、学前教育研究者和幼儿教育工作者参阅。

图书在版编目（CIP）数据

幼儿教师职业倦怠的干预模式研究 / 何元庆著. -- 北京：科学出版社，2025.6. -- ISBN 978-7-03-082019-8

Ⅰ.G615

中国国家版本馆 CIP 数据核字第 2025SL5625 号

责任编辑：冯丽萍　张翠霞 / 责任校对：王晓茜
责任印制：徐晓晨 / 封面设计：润一文化

科学出版社 出版
北京东黄城根北街 16 号
邮政编码：100717
http://www.sciencep.com

北京建宏印刷有限公司印刷
科学出版社发行　各地新华书店经销
*
2025 年 6 月第 一 版　开本：720×1000 1/16
2025 年 6 月第一次印刷　印张：12 1/2
字数：252 000
定价：118.00 元
（如有印装质量问题，我社负责调换）

前　　言

　　学前教育是国民教育体系的组成部分，是重要的社会公益事业。《中华人民共和国学前教育法》规定幼儿园应当关注教职工的身体、心理状况。在后现代，幼儿教师出现职业倦怠的风险在不断增加。职业倦怠（job burnout）指服务于助人行业中的个体在面对过度工作要求时所表现出来的一种情绪衰竭、去个性化和个人成就感降低的耗损状态（Maslach & Jackson，1981），它是幼儿教师普遍面临的职业压力结果，危及保育质量和儿童发展（Blöchliger & Bauer，2018）。幼儿教师职业倦怠是影响幼儿教育质量和水平的关键因素之一。重视并深入研究幼儿教师职业倦怠的现状、根源及解决策略至关重要。

　　正念（mindfulness）是有意识、此时此刻和不加评判的注意而产生对当下的觉知。正念作为基础性的心理调节技术，强调的是有意识地觉察事物新差异，并形成多维视角，从而积极考虑和优化当下行为的精神训练方式。正念起源于东方，近40年来，被西方心理学家去宗教化后，成为一种科学的心理干预和训练方法（Creswell，2017；D'Adamo & Lozada，2019）。基于正念的训练旨在指导教学参与者练习觉知当下，并帮助其培养更健康的适应方式。集中冥想与注意，不带偏见地接受当下任何事物和经验是正念的核心（Brown et al.，2007）。从东方文化中提炼的正念在减少教师职业倦怠方面得到了西方的循证支持（Luken & Sammons，2016）。

　　我国幼儿教师职业倦怠的研究始于2004年（关少化，2004），学者普遍认为不论城市乡村、不论公办民办，我国幼儿教师职业倦怠是一种普遍存在的现象。国内幼儿教师的职业倦怠预防研究取得一定成果：①内容上，多为不同时空的调查，得出幼儿教师普遍存在不同程度的职业倦怠，探寻影响因素，提出干预和预防的对策，但多重复、不够深入。②视角上，以教育学和心理学调查为主，缺少社会学、管理学等学科的加入，取跨学科整合视角者少。③对象上，主要为现象描述、对策研究，对职业倦怠预防模式的提炼未见。④层次上，局限于一时一地的现象描述，少有以理论为基础的深入分析。⑤方法上，以调查法、访谈法和思辨法为主，实验法较为少见。已有研究多为现状描述和思辨分析，少有研究针对幼儿教师职业倦怠的具体影响因素进行实证探索。策略研究不够深入和具体，提出的策略不是建立在实证调查的基础之上，因而思辨性有余而可操作性不强。

鉴于此，本研究在已有研究基础上：一是开展较大范围调查，明确我国幼儿教师职业倦怠的实际情况；二是理论分析，引入工作需求-资源模型，深入分析影响因素，建构本土化模型；三是干预实验，开展正念干预职业倦怠实验，以提高研究整体水平；四是凝练模式，在全面调查、理论分析和干预实验的基础上，从个体和组织两个层面，凝练出干预幼儿教师职业倦怠正念整合模式。

本书是笔者所主持的全国教育科学"十三五"规划 2019 年度国家一般课题（简称全国教育科学规划国家一般课题）"幼儿教师职业倦怠的正念整合预防模式研究"（项目编号：BBA190027）的最终研究成果，得到了安徽师范大学教育科学学院学术著作出版经费的资助，感谢安徽师范大学教育科学学院李宜江院长、吴文涛院长和同事们给予的帮助。特别感谢填写问卷和参加实验的幼儿园园长和老师们。

感谢我的博士生导师连榕教授的全程指导。感谢我的硕士生导师姚本先教授一直以来对我的关心。感谢我的研究生朱香银、曹燕华、程展、王鑫、王夏晴、于新悦、张蕾、关利利、郭宝琪、夏雨、帅承浩在研究取样、数据处理和撰写报告过程中的贡献。在写作过程中，参考了国内外学者的真知灼见，在此一并表示感谢。由于本人学识有限，难免有疏漏之处，恳请各位专家和读者批评指正。

何元庆

2025 年 4 月 2 日

于芜湖市退步斋

目　　录

前言

第一章　幼儿教师职业倦怠 …………………………………… 1
　　一、职业倦怠理论概述 ……………………………………… 1
　　二、幼儿教师职业倦怠的现状 ……………………………… 10
　　三、幼儿教师职业倦怠的影响因素 ………………………… 17

第二章　正念在幼儿教师职业倦怠中的应用 ………………… 25
　　一、正念理论 ………………………………………………… 25
　　二、正念的应用 ……………………………………………… 28
　　三、正念干预职业倦怠 ……………………………………… 33
　　四、正念干预幼儿教师职业倦怠 …………………………… 39

第三章　平和倾向在幼儿教师职业倦怠中的应用 …………… 43
　　一、平和理论 ………………………………………………… 43
　　二、平和倾向与职业倦怠之间的关系 ……………………… 61
　　三、幼儿教师平和倾向测量工具的编制 …………………… 64

第四章　共情理论在幼儿教师职业倦怠中的应用 …………… 72
　　一、共情理论 ………………………………………………… 72

二、共情与职业倦怠之间的关系……………………………………… 77
　　三、幼儿教师共情的测量工具………………………………………… 79

第五章　幼儿教师正念与职业倦怠之间的关系：链式中介效应……… 82
　　一、引言………………………………………………………………… 82
　　二、研究方法…………………………………………………………… 85
　　三、研究结果…………………………………………………………… 87
　　四、讨论………………………………………………………………… 89

第六章　幼儿教师社交技能与职业倦怠之间的关系：调节中介
　　　　　效应……………………………………………………………… 93
　　一、引言………………………………………………………………… 93
　　二、研究方法…………………………………………………………… 97
　　三、研究结果………………………………………………………… 100
　　四、讨论……………………………………………………………… 103

第七章　幼儿教师社交技能与职业倦怠之间的关系：链式中介
　　　　　效应…………………………………………………………… 108
　　一、引言……………………………………………………………… 108
　　二、研究方法………………………………………………………… 112
　　三、研究结果………………………………………………………… 114
　　四、讨论……………………………………………………………… 116

第八章　幼儿教师共情与职业倦怠之间的关系：调节中介效应…… 120
　　一、引言……………………………………………………………… 120
　　二、研究方法………………………………………………………… 124
　　三、研究结果………………………………………………………… 126

四、讨论 ··· 130

第九章　幼儿教师正念对职业倦怠的影响：干预研究 ·············· 133
　　一、引言 ··· 133
　　二、研究方法 ··· 134
　　三、研究结果 ··· 137
　　四、讨论 ··· 142

第十章　幼儿教师职业倦怠的总体特点与干预模式 ··············· 146
　　一、幼儿教师职业倦怠总体特点 ·································· 146
　　二、幼儿教师职业倦怠的整合干预模式 ························· 148

参考文献 ··· 154

第一章 幼儿教师职业倦怠

本章将深入探讨幼儿教师职业倦怠的多维度特点，旨在提供一个全面的框架来理解这个问题。首先，从理论层面入手，阐述职业倦怠的基本概念及其发展历程，分析职业倦怠的定义和主要表现形式。然后，聚焦于幼儿教师群体，探讨幼儿教师职业倦怠的现状，揭示其在当前教育环境中的普遍性。最后，分析影响幼儿教师职业倦怠的多种因素，包括工作需求、个体资源、组织支持等方面的影响。

一、职业倦怠理论概述

临床心理学家首次把职业倦怠定义为服务于助人行业的人们由于专业活动未能达到预期而造成的疲惫、疲劳和沮丧的状态（Freudenberger, 1974）。通过回顾职业倦怠的经典理论，我们能够更清晰地理解职业倦怠的内涵及其对个体心理健康的影响。理解职业倦怠的理论框架将为后续讨论幼儿教师职业倦怠的现状与影响因素提供必要的理论支撑。

（一）职业倦怠理论

目前学术界普遍接受的职业倦怠的定义为：在以人为服务对象的职业领域中，个体所经历的情绪衰竭、去个性化以及个人成就感降低等症状（Maslach & Jackson, 1981）。他们认为，不能仅从一个维度来理解职业倦怠，而应将其视为一个多维结构。职业倦怠涵盖了三个既相互独立又相互联系的要素：情绪衰竭、去个性化以及个人成就感降低。情绪衰竭是职业倦怠的核心特征，指的是因过度的情绪投入而导致的极度疲劳感；去个性化是职业倦怠中的人际关系维度，反映了职业倦怠在人际关系方面的影响，表现为对服务对象采取冷漠消极、麻木不仁的态度；个人成就感降低则涉及自我评价层面，表现为对自己工作能力和取得成功失去信心。职业倦怠的理论不是相互对立的，而是互补的，并为职业倦怠综合征提供了更全面的观点（Edú-Valsania et al.，2022）。

1. 社会认知理论

这种理论的特点是将个体变量（如自我效能感、自信和自我概念）作为职业倦怠发展和演变的核心因素（Pines，2002）。因此，当员工怀疑自己或群体在实现职业目标方面的有效性时，就会引发这种综合征（Manzano-Garcia & Ayala-Calvo，2013）。

导致职业倦怠的认知原因如下：①过去失败的负面经历；②缺乏经历过类似经历并克服它的参考模型；③缺乏对工作的外部强化；④对已完成的工作缺乏反馈或过度的负面批评；⑤工作困难。这样，效率危机将导致低职业成就感，如果随着时间的推移保持下去，会产生情绪上的疲惫，然后是愤世嫉俗/去人格化，作为应对压力的一种方式。

2. 社会交换理论

该理论认为，当员工的努力和贡献与在工作中获得的结果之间缺乏公平性时，就会发生倦怠（Schaufeli et al.，2011）。这种缺乏公平性可能发生在服务使用者、同事、主管和组织中，消耗了专业人士的情感资源，产生了一种长期的情感疲惫。倦怠可能是由与客户/用户打交道所涉及的大量人际关系需求引发的，这些单向需求也会产生情绪衰竭。因此，为了避免接触不适的原始来源，去人格化或愤世嫉俗被用作压力应对策略，最终导致个人成就感低下。

3. 组织理论

该理论认为倦怠是组织和工作压力源结合个人应对策略不足的结果。这种理论中有两种替代模型来解释倦怠维度之间的关系。一种模型提出，倦怠是由于存在组织压力源或风险因素（例如工作过载或角色模糊）而开始的，在此之前，有些个体表现出一种应对策略，即他们的组织承诺减少，这与愤世嫉俗和去人格化非常相似。随后，该个体在工作中将经历低个人成就感和情绪衰竭，从而引发倦怠综合征。因此，人格解体是倦怠的第一阶段，其次是自我实现感低下，最后是情绪衰竭（Golembiewski et al.，1983）。另一种模型提出，由持久的工作压力源引起的情绪衰竭是这种综合征的初始维度。去人格化被认为是面对情绪衰竭和低个人成就感的应对策略。

4. 工作需求-资源理论

该理论假设，当工作产生的需求和资源之间存在不平衡时，就会发生倦怠（Bakker & Demerouti，2017）。工作需求是指需要持续投入体力或脑力的工作因素，这些因素通过激活下丘脑—垂体—肾上腺轴并伴随心理成本（如主观疲劳、注意力下降以及任务要求的重新定义），从而与一定的生理成本密切相关。常见的工作需求包括工作超负荷、情绪劳动、时间压力或人际冲突。当面对这些要求恢复不足时，就会出现身心疲惫的状态。

工作资源是指工作的身体、心理、组织或社会方面，可以减少工作需求以及相关的生理和心理成本，并且可以对实现工作目标起决定性作用。工作中的资源可以是组织性的，也可以是个人的（表 1-1）。当需求超过资源时，就会发生疲劳；如果这种不平衡随着时间的推移而保持下去，疲劳就会变成慢性的，最后会出现倦怠。因此，工作需求与倦怠，尤其与情绪衰竭有正向的关系，而工作资源的存在通过最小化或减少将其用作应对策略来对人格解体产生反作用。

表 1-1　工作需求和工作资源

工作需求	工作资源
暂时的压力、与客户和同事的人际冲突、任务复杂性、工作不安全感、不利的时间变化、定性和定量工作超负荷、个人职业危害	个人资源：知识和技能、社会情感技能、积极心理资本（自我效能感、乐观、希望和韧性）、创造力
	组织资源：时间灵活性、工作保障、物质资源、自治、奖励

5. 情绪传染理论

情绪传染是指个体在不自觉中模仿他人的面部表情、声音、姿势和动作，导致情感状态与他人趋于一致的过程（Hatfield et al.，1993）。当人们一起工作时，他们通常会分享情况并体验集体情绪，例如悲伤、恐惧或疲惫。因此，根据这一理论，人们认为倦怠发生在工作组中，因为工作组在整个社交互动中发展了共同的信念和情绪。这种倦怠传染在教育和医疗人员（Bakker & Schaufeli，2000），以及家庭领域比如配偶之间，尤为明显。因此，情绪传染会影响工作场所内外倦怠的发展（Bouza et al.，2020；Petitta & Jiang，2020）。

（二）职业倦怠的影响因素

职业倦怠的影响因素一般可以分为两大类：①组织因素，例如所涉及的工作量或情感需求；②个人因素，例如个体的个性或应对策略。倦怠综合征主要是指暴露于某些工作条件下的结果，而不是人格特质等个人特征。因此，严格来说，倦怠的触发因素是与工作相关的因素（无论是工作内容、结构还是与用户或同事的关系）。然而，人们认为，尽管组织因素本身能够产生倦怠，但某些个人因素将起到调节变量的作用。因此，个人方面，例如缺乏自信或使用避免压力的应对机制，可以在增强情境因素方面发挥作用。另一方面，其他个人特征，如乐观或积极应对，可以减轻甚至减缓组织因素对倦怠及其后果的负面影响。

1. 组织因素

关于组织因素，对文献的回顾表明，一般来说，任务的类型、组织方式以及同事或客户之间的关系都是潜在的倦怠触发因素或风险因素（Adriaenssens et al.，2015）。

（1）工作过载

工作过载是指员工的工作量和时间压力过大，因而迫近甚至超出了员工工作能力所能接受的极限水平。工作过载由三方面构成：工作时间、他人高期望以及工作难度（Nirel et al.，2008）。工作量，无论是数量上的还是定性的，如果过多，就需要持续的努力，产生生理和心理成本。这些症状可以引发倦怠，以作为一种自我防御机制（Maslach & Leiter，2017）。工作对员工提出了诸多要求，如时间、责任、他人期望、能力等，当员工难以甚至无法满足这些工作要求而需要耗费额外资源去完成工作时，就会感到工作过载（Parasuraman et al.，1996）。工作过载对职业倦怠有正向的显著影响（Patlán，2013）。

（2）情绪劳动

情绪劳动是员工自我调节情绪并表现出组织需要情绪的心理过程。它涉及控制或隐藏负面情绪，例如愤怒、烦躁或不适，以遵守组织的规则或工作目标，以及表现出未感受到的情绪，例如对客户的同情，或者在真正感受到恐惧的情况下保持平静。因此，情绪劳动将涉及更大的工作负荷。一些研究表明，不同职业的情绪劳动与倦怠之间存在正相关关系（Mustafa et al.，2016）。在教育职业中，教师的情绪劳动与职业倦怠之间有着显著关联。研究发现，表面行为（即教师在外部表现出与内心情绪不一致的行为）与职业倦怠之间存在一致的关系。然而，关于深层表演（教师努力从内心改变自己的情感以适应情境要求）以及自然感受的情绪（教师自然流露出的、未经修饰的情绪）与职业倦怠之间的联系，研究结果并不统一。教学是一项多任务职业，由认知和情感组成，教师每天都从事情绪劳动，而情绪劳动是实现教学目标和积极学习成果的重要组成部分。由于学生和家长对服务的期望越来越高，教师职业的情绪劳动可能会变得更加激烈。因此，未来的情况很可能是，经历更多情绪劳动的教师更有可能在情绪上更加疲惫，对他们的工作更不满意（Kariou et al.，2021）。

（3）自主权

员工在执行任务时缺乏自主权（由赋权获得）、无法影响工作的决策，与更高水平的倦怠呈正相关。相反，当员工体验到对工作的自主权和控制时，倦怠较低，职业成就感较高（Maslach & Leiter，2017）。在这方面，一些研究发现职业倦怠与赋权之间存在负相关关系，因此，员工感知到的赋权越大，倦怠水平就越低（Orgambídez & Almeida，2019）。工作自主权作为一种工作资源，有望为员工带来有益的影响。工作自主权通常有利于减少倦怠，但权力距离取向较低的个人比权力距离取向较高的个人受益更多。研究还发现，具有不同权力距离取向水平的人会经历不同的工作自主过程-倦怠关系（Guo et al.，2023）。

有研究从以变量为中心和以人为中心的角度评估心理赋权对倦怠的影响，发现不同的职业倦怠情况可能会受到心理赋权的影响，当感到更高水平的心理赋权时，中国警察的工作倦怠可以降低，情绪衰竭程度高的警察更有可能具有较高的工作倦怠特征（Gong et al.，2021）。也有研究考虑到现代工作场所工作需求的多种形式，检验了三种工作需求（即心理、定量和情感）与员工倦怠和赋权的心理状态之间的不同关系，发现心理需求与心理赋权呈正相关，与职业倦怠呈负相关，而定量需求则呈现相反的模式，情感需求与倦怠呈正相关，但与心理赋权无关，也证明了每种工作需求与员工倦怠和赋权心理状态的独特关系模式（Livne & Rashkovits，2018）。

（4）角色冲突

当员工不知道对他们的期望是什么或没有足够的关于他们的任务的信息（角色模糊），或者要完成的不同任务和要求不一致或不相容（角色冲突）时，倦怠水平会增加（Acker，2003）。减少角色冲突和角色模糊，提高工作满意度，同时增加工作自主权，可以有效地防止社会工作者出现倦怠（Zhang & He，2022）。有研究指出，职业倦怠较多源于工作和其他社会角色冲突（李超平等，2003）。其中主要的工作和社会角色冲突表现为工作与家庭之间的冲突。工作-家庭冲突指个体在同时承担工作与家庭双重角色及由其角色性质所提出的既定需求时，出现因两者无法兼顾而产生的矛盾冲突。从冲突方向看，分为工作对家庭的冲突和家庭对工作的冲突。工作-家庭冲突对职业倦怠有影响（Wang et al., 2012）。

（5）组织正义

组织正义是指个人对组织生活中公平的看法。有研究发现，当员工报告组织正义水平低时，他们参与了更多的适得其反的工作行为，并经历了更大的倦怠。上级过度指导和不公平，只关注消极方面而不重视成就和努力，或者根本不指导员工，会增加发生倦怠的风险。相反，公平对待员工有利于增加可用资源，对情绪衰竭产生负面影响，缓解倦怠的症状（Laschinger et al., 2015）。有研究发现，对领导的不满与情绪衰竭的增加有关，领导不公正与职业倦怠显著相关（Struwig & van Stormbroek, 2023）。组织可以通过减少不公平的做法来缓解员工倦怠（Kwak, 2006）。

（6）感知的社会支持

工作中缺乏来自同事或领导的社会支持，以及同事之间的冲突，是倦怠的重要诱因。相反，研究发现，社会支持可以抑制这种综合征（Boland et al., 2019）。社会支持理论认为，个人的生存取决于他人的支持和帮助。一个人获得的社会支持越多，他就越能解决他面临的困难。社会支持被认为是应对工作相关压力源的重要资源（Muller et al., 2020）。无论是在工作环境中还是在工作环境之外，社会支持都可能会改变心理需求对倦怠的影响（Cobb, 1976）。社会支持有益于个人的心理健康并可减少工作倦怠（Xie et al., 2022）。有好的社会支持对降低倦怠风险和提高工作满意度可能至关重要（Marcionetti & Castelli, 2023）。

（7）工作时间困扰

工作时间困扰使家庭和职业生活难以调和，这是倦怠的重要触发因素。例如，轮班工作、高轮换、夜间工作、长时间工作或大量加班是倦怠的强大触发因素。此外，这些时间特征与睡眠障碍、心脏问题、健康问题、工作不满、注意力和表现下降以及事故风险增加呈正相关（Maslach & Leiter, 2017）。职业倦怠和心理健康状况不佳与工作不满和睡眠时间短直接相关，而与工作控制不佳和繁重的待命工作间接相关（Tokuda et al., 2009）。所有工作场所因素都与倦怠症状有关且不利工作条件的增加会随着时间的推移导致职业倦怠增加（Hadžibajramović et al., 2019）。

2. 个人因素

人格特质和社会人口学变量以及应对策略都被分析为职业倦怠的影响因

素。表 1-2 总结了这些个人因素及其对倦怠的积极作用或消极作用。

表 1-2　调节倦怠的个人因素

积极因素	消极因素
宜人性、责任心、外倾性、开放性、积极心理资本、以问题为中心的应对策略	神经质、外部控制点、A 型人格、述情障碍、以情绪为中心的应对策略

（1）人格特质

人格特质不仅会影响人们如何看待他们的工作环境，还会进一步影响他们如何管理和应对自己所面对的工作需求和资源。大五人格中的人格特质（外倾性、神经质、宜人性、责任心和开放性）与倦怠有显著但不同的相关性（Pérez-Fuentes et al.，2019）。外倾性与倦怠的成分之间存在负相关关系，因此外倾性将是防止倦怠的保护因素。神经质或情绪不稳定与倦怠呈正相关。因此，情绪稳定性较差的人更容易遭受倦怠。宜人性是另一种防止倦怠的人格因素，因此，与不太和蔼可亲的同事相比，更和蔼可亲的员工往往经历更少的倦怠。同样，尽责性和坚持不懈地行事的倾向，可以减少倦怠的可能性（Kim et al.，2019）。最后，代表兴趣广度和创造力方面的开放性，也对防止倦怠有保护作用，因为它与专业效能呈正相关，与去人格化呈负相关。

影响职业倦怠发展的其他个体特征是外部控制点、A 型人格和具有高期望。控制点是指人们认为自己可以控制事件和生活的程度（Rotter，1966）。外部控制点（认为事情由外部决定的信念）越大，发生倦怠的可能性就越大，特别是在模棱两可的情况下。A 型人格的特征是竞争、冲动、不耐烦和攻击性，并被广泛认为是健康危险因素。这种人格与倦怠的情绪衰竭和人格解体因素呈正相关（Edú-Valsania et al.，2022）。最后，员工对工作的期望与倦怠程度有关，因此更高的期望和更高的目标设定会导致更大的努力，从而产生更高水平的情绪衰竭和人格解体（Leeson，1981）。个体的参与程度也很重要，过度参与也是一种强有力的触发因素，特别是在可能无法实现目标的情况下，期望与现实之间的这种不匹配会导致员工感到沮丧和倦怠。

（2）社会人口学变量

在社会人口学变量方面，有研究指出年龄与倦怠水平之间存在负相关关系，因此随着年龄的增长，人们的倦怠水平会降低（朱月梅等，2016）。然而，一项关于倦怠决定因素的系统评价发现，年龄增长一方面与人格解体风险增加之间存在显著关系,但另一方面,个人成就感也更强(O'Connor et al., 2018)。关于性别,大多数研究表明,情绪衰竭和职业成就感低往往在女性中更常见,而男性则更频繁地出现人格解体(Artz et al., 2022)。关于婚姻状况,单身男性员工比与伴侣同住的员工似乎更容易倦怠。然而,这种发现似乎更适合于男性。对于职业妇女来说,情况有所不同。职业妇女通常需要负责家务,这可能会对协调个人生活和职业生活造成困难,从而构成另一种风险因素(Cañadas-de la Fuente et al., 2018)。

(3)应对策略

应对策略是在职业倦怠发展中起重要作用的另一个变量(Lee et al., 2016)。虽然应对策略有几种分类,但最常用的分类是以问题为中心的应对策略和以情绪为中心的应对策略。以问题为中心的应对策略代表了直接对压力情况采取行动的尝试,而以情绪为中心策略的应对侧重于改变对压力事件的负面情绪反应,避免干预它们(Aldwin & Revenson, 1987)。一般来说,回避和以情绪为中心的应对策略与倦怠呈正相关,而积极和以问题为中心的应对策略与倦怠呈负相关。然而,并非所有以情绪为中心的应对策略都会增加倦怠,因为在某些情况下,寻求社会支持、重新评估和宗教信仰对防止倦怠有保护作用(Boland et al., 2019)。

综上,倦怠综合征的发展和演变取决于个人特征(例如个性或应对策略)和工作环境(例如工作要求或领导风格)。

(三)职业倦怠的不良后果

职业倦怠会给遭受倦怠的个人以及这些专业人员工作的组织带来一系列不良后果。这些后果最初是心理性质的,但随着时间的推移,它们会转化为对员工的身体健康和行为的不利影响,这反过来又会产生不良的组织后果(Salvagioni et al., 2017)。

1. 心理后果

在工作中,倦怠综合征产生的心理变化发生在认知和情感层面。不同的研究将这种综合征与注意力和记忆问题、决策困难、应对能力下降、焦虑、抑郁、对生活不满、自卑、失眠、易激惹以及乙醇和烟草消费增加联系起来(Maslach & Leiter, 2016)。也有研究表明,这种综合征可构成显著的自杀风险(Bryan et al., 2018)。失眠和抑郁症状是职业倦怠的主要心理后果(Salvagioni et al., 2017)。有研究发现,职业倦怠分别是新发失眠(Armon et al., 2008)和失眠水平增加

(Armon，2009）的重要预测因素。职业倦怠不仅对抑郁具有显著的正向影响作用（徐西良等，2023），还是抑郁症状的重要预测因子（Ahola & Hakanen，2007）。

2. 健康后果

职业倦怠的加剧不仅可能提高个人的焦虑和抑郁水平，还可能触发包括慢性疲劳、头痛和高血压在内的一系列生理健康问题（李永鑫，杨瑄，2008）。倦怠程度较高的员工更容易出现各种身体健康问题，如肌肉骨骼疼痛、胃部改变、心血管疾病、头痛、感染易感性增加以及失眠和慢性疲劳（Giorgi et al.，2017）。倦怠还会增加血液皮质醇水平（Penz et al.，2018），并构成II型糖尿病的独立危险因素（Melamed et al.，2006）。职业倦怠是长期疲劳（Leone et al.，2010）、严重损伤（Ahola et al.，2013）和45岁以下死亡的危险因素（Ahola et al.，2010）。也有研究证实，在职业倦怠暴露者中，冠心病的发病率更高（Appels & Schouten，1991）。

3. 职业后果

除了身心健康问题外，一般来说，倦怠还与工作不满（Rössler，2012）、缺勤率增加（Ahola et al.，2017）和离职意愿直接相关。倦怠可导致员工出现越轨和适得其反的行为（Ugwu et al.，2017）、乙醇和精神药物的使用、公司材料的滥用，甚至盗窃（Bryan et al.，2018）。情感承诺下降是职业倦怠的主要后果（Siyum，2023）。职业倦怠的产生使得个体丧失其工作热情，在工作中变得自私、冷漠、焦躁，对自己工作的意义产生怀疑，甚至淡化其对自身职业的价值评价（李印，布丹丹，2023）。

倦怠员工在个人层面经历的负面后果转化为低动力和低绩效，这种消极和低绩效可能会扩展到工作单位和组织，导致服务质量下降（Humborstad et al.，2007）。同样，倦怠的员工会影响组织的其他部分，导致更大的冲突或工作任务中断，从而减少生产量并增加生产时间（Maslach & Leiter，2016）。因此，正如情绪传染理论所指出的，倦怠会引起"传染效应"，产生恶劣的工作环境（Bakker & Schaufeli，2000）。

然而，这些个体后果（心理、健康和行为）的形式和演变在所有情况下都不尽相同。从这个意义上说，可以考虑四种程度的倦怠综合征：①轻度。受影响的人有轻微的、非特异性的躯体症状（如头痛、背痛、腰痛），表现出一些疲劳。②中度。出现失眠、注意力减退。在这个层面上，容易生气、愤世嫉俗、感觉疲惫、觉得无聊、逐渐失去动力,使个人情绪衰竭,感到沮丧、无能、内疚和消极的自尊。③严重。缺勤、任务厌恶和人格解体增加,以及酗酒和精神药物滥用。④极端。孤立、攻击性、生存危机、慢性抑郁症和自杀企图等极端行为。

职业倦怠已成为当今社会最重要的社会心理职业危害之一,给个人和组织带来了巨大的威胁。职业倦怠对员工的工作和个人生活产生巨大的负面影响,也影响受影响最严重国家的经济和公共卫生,导致世界卫生组织将这种综合征作为职业背景独有的现象列入《国际疾病分类第十一次修订本(ICD-11)》。按世界卫生组织的相关说明,职业倦怠并非被视为疾病,而是作为一种"职业现象"(occupational phenomenon)被收入 ICD-11 当中。

在 ICD-11 中,与职业倦怠并列的其他几项职业问题包括失业相关问题、换工作相关问题、工作人际关系相关问题等。在 ICD-11 中,职业倦怠被定义为一种综合征,通常由长期工作压力未得到有效应对而引发。职业倦怠表现为三个主要特征:①感觉精力耗尽或极度疲惫;②与工作的心理距离扩大,或是出现更多与工作相关的负面情绪和愤世嫉俗的态度;③感觉到效能低下和缺乏成就感。这种倦怠是专指在职业环境中发生的现象,而非生活其他领域所能见。

虽然职业倦怠并不算是一种疾病,但就目前研究可知,它依然会对我们的健康产生损害,因此对职业倦怠进行研究并致力于减少它的危害对公共卫生事业的发展是有其必要性的。总体而言,倦怠综合征是个体对慢性工作压力的一种反应,会导致健康改变(Montero-Marín,2016)。从心理学的角度来看,这种综合征会在认知、情感和态度层面造成损害,转化为对工作、同伴、用户和职业角色本身的负面行为。然而,这不是个人的特质问题,而是工作特征导致的结果(Bouza et al., 2020)。

二、幼儿教师职业倦怠的现状

本节聚焦于幼儿教师这一群体,分析其职业倦怠的现状。幼儿教师作为高情绪劳动者,长期面临着工作中的情绪消耗和压力积累。通过回顾国内外的相关研究,我们将揭示幼儿教师职业倦怠的普遍性、表现形式,以及其对教师个人健康、工作表现及学生教育质量的负面影响。具体而言,我们将分析当前幼儿教师群体面临的职业倦怠问题的普遍性和严重性，并探讨教育行业的环境、文化以及社会支持系统对职业倦怠的影响。

（一）我国幼儿教师职业倦怠总体情况

幼儿教师职业倦怠普遍存在。各项研究表明，绝大多数幼儿教师都经历过不同程度的职业倦怠：河北省秦皇岛市的一项基于216名幼儿教师职业倦怠的现状研究表明，89.93%的幼儿教师表示存在不同程度的职业倦怠，只有10.07%的幼儿教师表示基本没有职业倦怠（王晶等，2015）；山西一项对196名幼儿教师职业倦怠的调查研究中，共有146名教师出现职业倦怠情况，占总人数的74.5%；郑州市幼儿教师职业倦怠呈中等程度（咸月月，高艳艳，2020）。有多项研究关注了农村幼儿教师的职业倦怠问题。一项针对我国18省（自治区、直辖市）34县的10581位县域内幼儿教师的研究发现，整体上，县域内的幼儿教师职业倦怠状况不容乐观。倦怠型和倦怠倾向型幼儿教师分别占比26.9%和44.2%，西部、县镇、独立公办幼儿园农村幼儿教师的职业倦怠程度较高（赵娜，2020）。

不同地区的幼儿教师职业倦怠问题的严重程度不同。在一些地区，倦怠程度相当严重，例如：天津市的一项对1741名幼儿教师职业倦怠的调查研究表明，幼儿教师职业倦怠的发生率较高，达到了53.2%，并且有56.5%的幼儿教师表现出中度或高度的情绪衰竭（Li et al.，2020）；对河南安阳等七个地市的362名幼儿教师进行的问卷调查和访谈结果显示，64.7%的教师有明显倦怠，3.6%的教师有严重倦怠（郝红艳，2020）；济南市20所幼儿园368名幼儿教师中有56.5%的人出现了职业倦怠，其中严重倦怠者占2.4%（宫静，2017）；而云南昆明（谢谦宇，2023）、四川自贡（邱丽瑾，沈明泓，2021）、湖南长沙（朱准时，2021）、辽宁鞍山（俞璇，2017）、安徽省（何婧，吴桂翎，2019）这些地区幼儿教师的职业倦怠的程度属于中等偏下，职业倦怠三个维度的得分均低于3分，但情绪衰竭程度较为严重，问题最为突出；上海（曹颖莹，2020）等地幼儿教师总体上职业倦怠程度不高，但都相对出现了一定程度的情绪衰竭和个人成就感降低的状况。此外，针对四川省756名农村幼儿教师的研究发现，22.1%的农村幼儿教师具有职业倦怠。具体来说，13.1%的幼儿教师出现了情绪衰竭、10.7%的幼儿教师个人成就感降低、1.2%的幼儿教师具有去个性化特征（陈建国等，2019）。另一项对乡村幼儿教师职业倦怠的调查发现，整体上职业倦怠程度不严重，但幼儿教师普遍有职业倦怠感，尤其是情绪衰竭维度相对比较突出（刘慕霞，2019）。也有研究关注到，贵州脱贫地区 220 名幼儿教师的职业倦怠情况整体处于中等偏下水平（张玉瑾，丁湘梅，2022）。

导致幼儿教师职业倦怠的因素复杂多样，包括工资待遇、工作特征、教育背景、地域差异、教育类型（公办或民办）、年龄、教龄、学历，等等，这些因素在不同地区和群体中产生不同程度的影响。因此，幼儿教师职业倦怠在我国已经成为值得关注、亟待解决的问题。

（二）国外幼儿教师职业倦怠总体情况

国外幼儿教师职业倦怠情况同样普遍，也引起了研究人员的关注。国际研究数据显示，患有职业倦怠症状的幼儿教师比例范围从 10%到 56%不等（Blöchliger & Bauer，2018）。具体而言，意大利的研究发现，734 名幼儿教师中有 53.4%表现出中度或高度的情绪衰竭，50.0%的人存在中度或高度的人格解体，而 18.5%的人表现出低水平的个人成就感（Converso et al.，2015）。在德国，对 834 名幼儿教师的研究结果显示，有 10%~30%的幼儿教师存在倦怠症状或倦怠风险，近 20%的人可以被认为是高风险人群（Jungbauer & Ehlen，2015）。希腊雅典的幼儿教师的倦怠水平是平均到高水平的倦怠，情感上的疲惫是突出的维度（Koulierakis et al.，2019）。此外，塞尔维亚的研究表明，该国幼儿教师职业倦怠的发生率较高（Terzic-Supic et al.，2020），而欧洲的幼儿教师整体呈现更高水平的情绪衰竭（Løvgren，2016）。

另外，日本的幼儿教师由于幼儿园资源不足、工作环境高负担以及心理压力大，被认为是一个压力大、心理困扰严重、高离职率的职业群体（Yaginuma-Sakurai et al.，2020）。据新近的研究，日本 442 名幼儿教师表现出高水平的情绪衰竭（Ishibashi et al.，2022）。与此不同，之前美国的研究表明，其幼儿教师经历中等水平的倦怠风险（Shine，2016），但最近的研究发现，他们面临一系列工作场所挑战，包括应对幼儿的困难行为和心理健康需求、高工作压力、缺乏支持系统以及高水平的职业倦怠（Stein et al.，2024）。特别值得注意的是，在新冠疫情期间，美国幼儿教师的倦怠程度进一步升高，因为他们需要应对与远程教学相关的多重挑战，同时对学校环境的健康安全感到不安（Geraci et al.，2023）。

一项基于中国、加纳和巴基斯坦的比较研究发现，中国幼儿教师的总体倦怠水平最高，而巴基斯坦的教师情绪衰竭最低，个人成就感也最高，不太可能感到倦怠，加纳的教师不太可能经历去人格化过程（Chen et al.，2023）。之前的研究也发现，加纳和中国的幼儿教师报告的情绪衰竭高于巴基斯坦同行，而巴基斯坦的教师在个人成就感方面表现更好（Aboagye et al., 2018）。总之，国外幼儿教师职业倦怠问题普遍存在，程度和表现形式因国家和地区而异。

（三）我国幼儿教师职业倦怠研究现状

1. 幼儿教师职业倦怠的研究方法

国内关于幼儿教师职业倦怠的研究大部分倾向于采用量表法分析相关关系和因果关系等量化研究，少部分采用叙事研究、案例研究等质性研究。

（1）职业倦怠量表通用版

国内学者李超平和时勘（2003）所修编的职业倦怠量表通用版（Maslach Burnout Inventory-General Survey，MBI-GS）的中文版量表，共计15个条目，包括三个维度：情绪衰竭、去个性化和低成就感。在评估职业倦怠时，情绪衰竭和去个性化两个维度的得分越高，表明个体倦怠感越高。相反，低成就感是通过反向计分来衡量的，即在这一维度上得分越低，意味着个体的倦怠越高。所有题项采用利克特7点计分，0分代表"从不"，6分代表"每天"。总分为所有项目的平均分，所得分值越高，职业倦怠程度越严重。

（2）教师职业倦怠量表

国内学者王国香等（2003）翻译的教师职业倦怠量表（Educators Burnout Inventory，EBI）较为常用。该量表包含情绪衰竭、非个性化和低成就感三个维度，共22个条目。例如"工作一天后，我感到精疲力竭""对幼儿教育工作我感到心灰意冷"。所有题项采用利克特5点计分，总分值越高，职业倦怠程度越严重。

（3）Maslach教师职业倦怠量表（MBI-ES）

Maslach教师职业倦怠量表（Maslach Burnout Inventory-Educators Survey，MBI-ES）（Maslach & Jackson, 1981）由22个项目组成，评估教师的倦怠，分为三个子量表：情绪衰竭（9个项目，例如，我在工作日结束时感到筋疲力尽）、去人格化（6个项目，例如，我觉得我把学生当作非个人的物体）和个人成就（7个项目，例如，我在这项工作中完成了许多有价值的事情）。采用利克特7点计分（1=从不，7=每天），分数越高意味着工作期间的倦怠程度越高。

（4）叙事研究

有研究采用教育叙事研究的方法，以一位幼儿教师X老师（化名）的职业生涯的心路历程为主线，先追踪主人公在从教中心理的层次变化，再去探析她

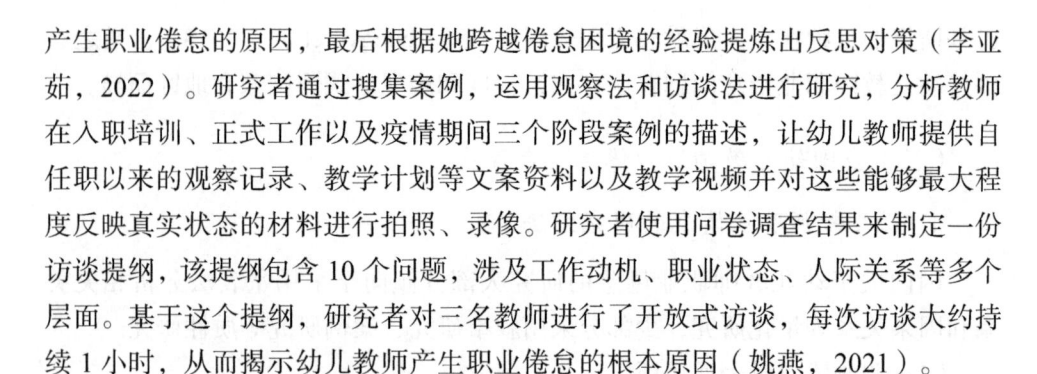

产生职业倦怠的原因，最后根据她跨越倦怠困境的经验提炼出反思对策（李亚茹，2022）。研究者通过搜集案例，运用观察法和访谈法进行研究，分析教师在入职培训、正式工作以及疫情期间三个阶段案例的描述，让幼儿教师提供自任职以来的观察记录、教学计划等文案资料以及教学视频并对这些能够最大程度反映真实状态的材料进行拍照、录像。研究者使用问卷调查结果来制定一份访谈提纲，该提纲包含10个问题，涉及工作动机、职业状态、人际关系等多个层面。基于这个提纲，研究者对三名教师进行了开放式访谈，每次访谈大约持续1小时，从而揭示幼儿教师产生职业倦怠的根本原因（姚燕，2021）。

2. 幼儿教师职业倦怠的研究趋势

一项研究利用科学计量分析和可视化分析工具，以及社会网络分析方法，绘制了科学知识图谱和社会网络图谱来展现幼儿教师职业倦怠领域的研究现状、聚类分析和研究展望（但菲，孙小鑫，2020）。研究发现，幼儿教师职业倦怠应集中在两个方向：一是探讨导致幼儿教师职业倦怠的各种影响因素；二是针对幼儿教师职业倦怠提出解决对策。

幼儿教师职业倦怠的影响因素可以归纳为两部分。一是职业倦怠产生的内部因素，从职业倦怠产生的根源挖掘，就幼儿教师职业特征本身作分析；二是职业倦怠产生的外部因素，可以从社会支持、组织支持、福利待遇等因子分析。

通过对2010—2020年关于幼儿教师职业倦怠的研究文献进行时间聚类分析，研究揭示了心理弹性、职业认同、影响因素、心理健康和幼儿教师作为各个聚类的显著关键词，从而清晰地聚类了近十年来幼儿教师职业倦怠研究的主要方向。然而，这并不意味着研究仅限于这些聚类中显示的关键词。第一个聚类聚焦于心理弹性，研究者在此聚类中探讨了心理弹性、教学效能感、组织支持感、组织公平感、大五人格特质、心理授权等因素与职业倦怠之间的关联；第二个聚类为职业认同，研究文献主要关注工作满意度、职业幸福感、职业认同感、职业压力、离职意向、幼儿教师胜任力和职业成功等因素的分析；第三个聚类为影响因素，文献显示研究者主要关注幼儿教师职业倦怠的现状调查与研究、影响因素、成因与对策、情绪智力等方面，并从人力资源管理这个新视角探讨幼儿教师职业倦怠；第四个聚类聚焦于心理健康，研究者主要围绕幼儿教师的心理健康状况、主观幸福感和职业承诺等关键词进行研究；第五个聚类为幼儿教师，研究重点包括家庭氛围、专业伦理、工作与家庭冲突、幼儿园组织氛围和职业信念等热点问题。

3. 幼儿教师职业倦怠的类型

教师职业倦怠问卷测量了幼儿教师的工作热情（情感衰竭）、工作态度（非人性化）和工作成就感（低成就感）。基于这三个维度的得分，国内研究通过聚类分析将幼儿教师的职业倦怠程度划分为三种类型：倦怠型、低成就感型以及适应型（李晓巍等，2019）。

倦怠型的幼儿教师表现出高水平的情感衰竭和非人性化，对工作缺乏热情，持有消极和冷漠的态度，并感到厌倦；低成就感型的幼儿教师则在低成就感方面得分较高，尽管他们对工作仍保持一定的热情和积极性，却怀疑自己的工作价值，成就感低；适应型教师在情感衰竭、非人性化和低成就感这些维度上的得分都较低，他们在工作中表现出热情、积极性，有成就感，能较好地适应工作环境。

倦怠型幼儿教师由于对工作缺乏热忱和投入，对待幼儿的态度也倾向于消极和漠不关心，这不仅影响了幼儿的健康成长，也可能损害幼儿教师自身的心理和身体健康。低成就感型的幼儿教师虽然对幼儿富有爱心并热心于工作，却难以感受到工作的满足感和价值，从而影响了他们的职业满意度和成就感。适应型幼儿教师在三个消极维度上得分均较低，但是在面对教育工作中的挑战时能保持积极的态度，关爱幼儿，并从保教工作中获得成就感。

4. 幼儿教师职业倦怠的表现

国内有研究从情绪、人格、成就感三个方面总结了幼儿教师职业倦怠的具体表现。

（1）情绪衰竭

情绪衰竭是指幼儿教师在工作中感到情绪资源极度衰竭，常表现为疲劳感增加、易怒、耐性降低、缺乏工作热情与积极性，且伴随身心疲惫和无助感，这些表现是职业倦怠的典型临床症状。情绪衰竭通常从心理层面逐步扩展到生理和行为层面。生理上，个体的各项生理机能长期处于亚健康状态，表现为食欲减退、睡眠质量下降、身体活力不足等，进一步导致日常工作效率下降、行动迟缓、注意力分散、记忆力减退以及神经衰弱等症状。心理上，教师可能产生对竞争的恐惧或刻意回避，逐渐失去对工作的兴趣和乐趣，长期处于挫败感中，并对工作任务产生本能的厌倦，对生活或工作中的新鲜事物缺乏敏感性。行为上，教师对工作表现出敷衍态度，工作动力单纯为获取薪酬，缺乏投入和热情。

（2）人格上的解体

去个性化指幼儿教师有意识地与工作中的人和事保持距离，以消极态度对待工作，导致工作热情下降，不再关注职业的社会价值和意义（张玉瑾，丁湘梅，2022）。当个体的自我认同发生分裂时，他们对工作对象和环境常表现出逃避和冷漠。在幼儿教师中，这表现为减少与学生和同事的互动，甚至拒绝接纳学生。教师可能对学生表现出不耐烦、易怒、缺乏耐心，甚至采取体罚或惩罚性教育手段；他们将学生视为机械化的对象，使用蔑视性语言或标签化学生。与同事交往时，他们可能持怀疑、不信任或多疑的态度，甚至出现妄想（杨秀玉，杨秀梅，2002）。研究显示，超过50%的幼儿教育工作者认为繁重的教育活动占用了个人时间，从而内心产生抗拒，表现为情绪不稳定，对学生使用蔑视性语言。

（3）个人成就感低下

低成就感指幼儿教师对自身的工作能力缺乏信心，产生自我贬低和负面评价，认为自己无法推动幼儿教育事业发展。教师对工作缺乏责任感、上进心和动力，甚至产生否定职业价值的想法，并感到自卑。他们工作时渴望尽快下班，下班后回避工作问题，缺乏职业发展的动力，时常有离职念头。此时，教师的自我价值感较低，负面思维增多，表现出消极的工作态度和行为（张雅倩，2023）。职业倦怠的幼儿教师往往认为自己的工作无法为学生带来益处，职业也未能带来金钱或社会认可等回报。由此，许多教师产生了较强的自卑感和较低的成就感，开始怀疑工作的意义与价值，难以发现工作中的动力和价值所在。

职业倦怠是一种职业性现象，而非个体问题。幼儿教师是最易出现职业倦怠的群体之一，除了面临繁重的护理和教育任务，还需应对来自家长、幼儿园及社会的多重压力。此外，幼儿教师所面对的教育对象——认知、社交、身体和情感尚不成熟的儿童——无形中增加了工作难度（Lambert et al., 2019）。幼儿的认知和情感调节不成熟，使得幼儿教育工作具有特殊性与高压性。教师不仅需兼顾保育与教育责任，还要应对国家对学前教育的迫切需求，这些因素共同加剧了工作压力，提升了职业倦怠的风险（李永占，2016）。工作强度大、任务繁重且工作时间长（平均9.28小时）、缺乏足够的放松时间等因素，使得幼儿教师常出现疲劳感和消极情绪（林媛媛等，2017）。

幼儿教师的心理健康对早期教育、课堂氛围及儿童发展至关重要。职业倦怠不仅影响教师的身心健康与生活质量，还可能导致对儿童的伤害甚至虐待。由于社会地位低、薪酬不足且多为合同制，幼儿教师的就业稳定性差，缺乏安全感。尤其在疫情期间，幼儿园停课导致长期无收入，进一步降低了工作满意度，恶化了职业倦怠（但菲，孙小鑫，2020）。与其他教育阶段的教师相比，幼儿教师的工作付出与回报之间的不平衡尤为突出，无论是薪酬还是社会尊重，均低于小学和中学教师，且常在资源匮乏的情况下工作（Raikes et al., 2015）。长期低薪使许多优秀幼儿教育工作者离职，而社会地位和认可度的不足则进一步加剧了职业倦怠（谢蓉，曾向阳，2011）。因此，深入探索幼儿教师职业倦怠的机制显得尤为迫切。

三、幼儿教师职业倦怠的影响因素

本节将分析影响幼儿教师职业倦怠的多种因素。职业倦怠的发生不仅与个人的情绪调节能力、社会支持等资源因素密切相关，还与工作任务的要求（如情绪劳动）以及组织层面的支持（如心理安全感、组织支持感）息息相关。我们将重点讨论这些因素是如何相互作用并影响幼儿教师职业倦怠水平的，提出基于工作需求-资源模型的干预思路，为后续的干预策略提供理论依据。

（一）职业倦怠的工作需求-资源模型

工作需求-资源模型（Job Demands-Resources Model，JD-R 模型）是一个解释工作需求、工作资源、个人资源和倦怠之间关系的总体框架，在多项研究中被广泛用作概念框架。有研究发现，工作需求、工作资源与倦怠的三个维度（情绪衰竭、去个性化和低成就感）都显著相关（Alarcon，2011）。我们利用工作需求-资源模型作为分析幼儿教师职业倦怠预测因子的框架（Demerouti et al., 2001a）。通过工作需求-资源模型可以了解哪些可感知的工作条件来预测倦怠，根据该模型，与工作相关的倦怠的原因（即工作条件）可以分为两大类：工作需求和工作资源（图1-1）。

工作需求是指工作的身体、社会或组织方面需要员工持续的身体或心理（即认知或情感）努力（Bakker et al., 2005），是增加疲惫的压力因素，工作超负荷或时间压力是这些因素的代表。工作资源是指工作的身体、心理、社会或组织方面，这些方面可以减少工作需求和相关生理和心理成本，在实现工作目标方面发挥作用，还能刺激个人成长、学习和发展，工作资源可以包括发展机会和同事支持等方面。因此，工作资源不仅是处理工作需求和"完成任务"所必需的，而且它们本身也很重要。相反，缺乏工作资源可能会对教师的福祉产生负面影响，即增加其倦怠程度。工作需求-资源模型提出，高工作需求和缺乏工作资源分别构成了倦怠和工作投入度降低的温床（Hakanen et al., 2006）。高工作要求和缺乏工作资源都会导致与工作相关的倦怠，工作需求水平较高的教师倦怠程度较高，而工作资源水平较高的教师倦怠程度较低（Lee & Wolf, 2019）。

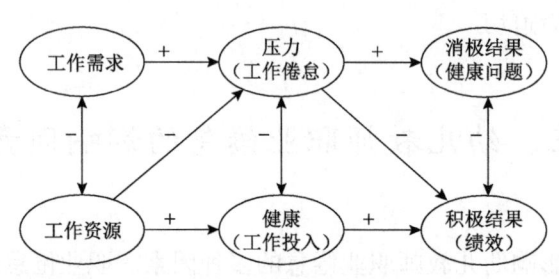

图 1-1　工作需求-资源模型

工作需求-资源模型指定了两种资源——工作资源和个人资源，两者都会影响职业和心理健康（Hakanen et al., 2008）。个人资源也可以用来处理工作需求（Bakker & Demerouti, 2017）。个人资源被定义为通常与弹性相关的自我方面，个人可以使用它来控制他们的工作环境（Hobfoll et al., 2003）。就像工作资源一样，乐观、自我效能感和韧性等个人资源是激励性的，因为它们可以帮助员工实现与工作相关的目标（Bakker & de Vries, 2021）。因此，拥有更多个人资源的人可能会获得更多的工作资源，更好地应对需求，并且不太可能经历倦怠（Cheng et al., 2023）。

根据这个模型，两个过程可以解释工作需求和资源如何与倦怠相关联（Schaufeli et al., 2009）。工作需求和工作资源引发了两个不同的过程（图 1-2）。第一个过程由工作需求驱动，称为健康损害过程。当面对不断增长的工作需求时，希望保持绩效水平的员工会为实现他的目标而付出补偿性努力，这种额外的努力伴随着生理和心理成本，如易怒或疲劳，这种补偿性努力会耗费员工的身体、情感和认知资源，并可能导致工作压力、疲惫和健康问题。第二个过程由工作资源驱动，称为激励过程。工作资源（例如，技能多样性、社会支持、反馈）满足基本的心理需求并促进员工的工作投入。因此，工作投入的经验会导致创造力和绩效的提高（Bakker et al., 2023）。工作资源在满足自我决定理论中假设的自主性、相关性和能力的基本需求方面起着内在的激励作用（Ryan &

Deci，2000）。例如，同事的社会支持可以满足对相关性的需求，而发展机会可能会增加对能力的需求。工作资源不仅有内在的激励作用，还因为可以增加消费起到外在的激励作用。

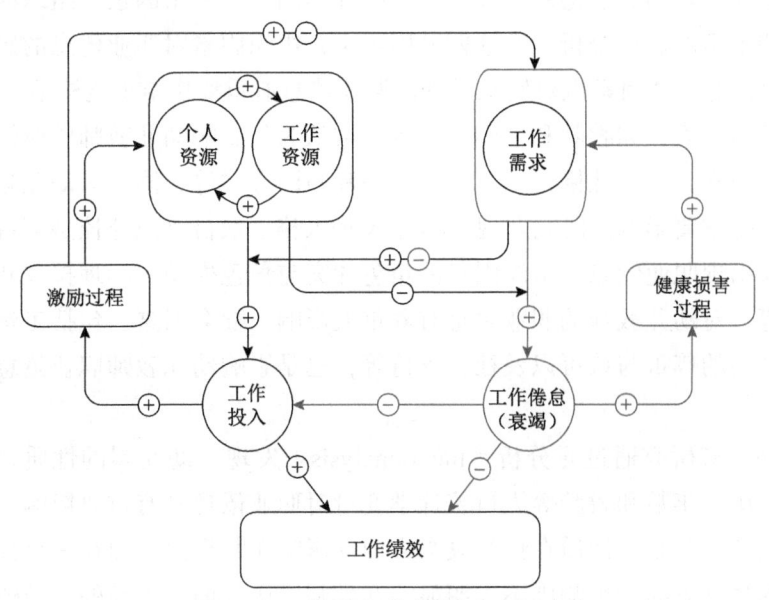

图 1-2　工作需求-资源模型工作过程

健康损害过程和激励过程在横断面和纵向上都得到了研究证据的支持（Bauer et al.，2014）。例如，已经发现工作资源会影响未来的工作投入（Schaufeli et al.，2009），这反过来又与组织承诺（激励过程）有关，而工作需求与倦怠有关，倦怠反过来又预测了抑郁（压力过程）（Hakanen et al.，2019）。除此之外，该模型的后期改进提出工作资源可以缓冲工作需求对倦怠的影响。有研究已经证实几种工作资源（自主权、绩效反馈、社会支持和与主管的关系质量）可以缓冲高等职业教育员工的工作需求（工作超负荷、情感需求、身体需求和工作-家庭干扰）与倦怠之间的关系，高需求和低资源之间的相互作用会产生最高水平的倦怠（疲惫、愤世嫉俗、专业效率降低）（Bakker et al.，2005）。

工作需求-资源模型的研究证据使其成为工作倦怠的主要解释理论。它的优点之一是模型可以适应不同数量的风险和资源，有可能将所有工作需求和工作资源纳入一个解释压力和倦怠的综合框架中，并且可以适应各种职业。由于工作需求-资源模型的广泛性和灵活性，涵盖了不同层次的因素，该模型可以就这些因素如何导致倦怠的发展提供有见地的解释（Cheng et al.，2023）。

（二）幼儿教师职业倦怠的影响因素

影响幼儿教师职业倦怠的因素有很多，可以从不同角度进行分析。有研究认为，幼儿教师的职业倦怠可以从人口统计学因素、人格因素、组织因素和社会因素四个角度进行分析。在这四种因素中，组织因素对职业倦怠的影响最为显著，而其他三种因素也对幼儿教师的职业倦怠有重要影响（袁桂平，2020）。人口统计学因素，如教龄和婚姻状况等，被认为是影响幼儿教师职业倦怠的因素。人格因素，包括性格特征、自尊水平和归因方式等，同样对幼儿教师的职业倦怠产生重要影响。研究发现，具有 A 型人格、低自尊或外控型等特征的教师更容易出现职业倦怠。组织因素的角色冲突与角色模糊、心理授权和专业发展机会等，对幼儿教师的职业倦怠有着重大影响。社会因素，包括工资与物质待遇、社会的尊重与认可以及社会支持等，也是影响幼儿教师职业倦怠的重要因素。

此外，有研究通过元分析（meta-analysis）发现，幼儿园的性质以及幼儿教师的学历、年龄和教龄等人口统计学变量对职业倦怠具有重要影响。具体来说，幼儿园的公私立性质在情绪衰竭方面的影响尤其突出，而在去个性化和个人成就感降低方面的影响则不太明显。在教师学历方面，更高的学历似乎与更高水平的情绪衰竭相关，但对去个性化和个人成就感降低的影响并不显著。年龄因素在情绪衰竭、去个性化和个人成就感降低方面都有显著作用，其中对情绪衰竭的影响最为强烈。至于教龄，它对情绪衰竭和去个性化的影响不明显，但与个人成就感降低有显著关联（赵杰，2021）。

同时，有研究认为幼儿教师职业倦怠的影响因素可以归纳为两部分。一是职业倦怠产生的内部因素，从职业倦怠产生的根源挖掘，就幼儿教师职业特征本身作分析；二是职业倦怠产生的外部因素，可以从社会支持、组织支持、福利待遇等因子分析（但菲，孙小鑫，2020）。目前，研究幼儿教师职业倦怠问题多聚焦在以下两个方面：一是从组织和环境的角度发现了幼儿教师职业倦怠的影响因素，如幼儿园的组织气氛（李晓巍等，2019）、工作压力（李永占，2020）和社会支持（李泽英等，2022）；二是从个体因素研究影响幼儿教师的倦怠，如心理弹性（缪佩君等，2018）、情绪智力（王凡，程秀兰，2022）、情绪劳动策略（刘丹等，2018）、心理授权（周晓芸等，2019）。

本书以工作需求-资源模型为理论框架，从工作需求-资源模型的视角划分幼儿教师职业倦怠的影响因素。在工作需求-资源模型的基础上，我们将幼儿教师倦怠的影响因素分为三大类：工作需求、工作资源和个人资源。

1. 工作需求

工作需求是指环境压力的来源，包括工作量、工作压力、工作职责、工作与家庭冲突、角色冲突、人际义务、情绪劳动和一个人的物理环境（McFadden et al.，2018）。基于工作需求-资源模型，情绪劳动可以被视为工作需求和压力的主要来源（Brotheridge & Lee，2002）。

幼儿教师职业倦怠研究中研究的工作需求主要集中在幼儿教师的情绪劳动策略、工作压力及角色冲突上。情绪劳动策略反映了各种形式的情绪劳动，并可能以不同的方式影响职业倦怠，不同的情绪劳动策略与幼儿教师的职业倦怠密切相关，自然情感表达、深层扮演与幼儿教师的职业倦怠呈显著正相关，而表层扮演与幼儿教师的职业倦怠呈显著负相关（Peng et al.，2019）。幼儿教师职业压力能够显著正向预测职业倦怠，即幼儿教师在较大的职业压力情境下，会产生许多消极的情绪使其对幼儿教育工作缺乏热情，进而产生职业倦怠（操凯，杨宁，2022）。工作与家庭构成了幼儿园教师生活中的两大核心领域。由于这两个领域的角色要求存在差异，加之时间和精力的有限性，幼儿教师在努力兼顾家庭与工作职责时往往面临冲突。这种冲突不仅可能降低生活质量，还可能对幼儿教师的职业成长带来不利影响。研究表明，幼儿教师家庭工作冲突的各维度分均能显著正向预测其职业倦怠的程度（岳亚平，冀东莹，2017）。

同时，有研究发现角色承诺、行政工作和课堂管理与幼儿教师的职业倦怠增加有关，幼儿教师承担了更多的角色责任，这是工作倦怠的重要预测因素，课堂管理具有挑战性的幼儿教师更容易感到倦怠，行政工作是影响幼儿教师职业倦怠的关键因素，过度的工作需求影响了幼儿教师的职业倦怠（Zhao et al.，2023）。有研究通过元分析对与幼儿教师职业倦怠相关的变量进行了循证研究，发现：与倦怠最相关的变量组是工作需求变量聚类，相关性最强的变量是离职意向，与职业倦怠呈正相关，是职业倦怠的风险变量；工作压力是另一个风险变量，工作压力与职业倦怠高度相关，对于幼儿教师来说，由工作条件、工作时间、工资、工作量和社会认可等外部环境引起的工作压力会对教师产生负面影响（Xu et al.，2023）。

2. 工作资源

工作资源主要是外部的，包括社会支持、工作独立性、决策参与机会和基于反馈的奖励（van den Broeck et al., 2010）。研究中的工作资源大多局限于幼儿教师可以获得的社会支持及幼儿园的组织氛围，也有研究探讨了幼儿教师工作自主权对其职业倦怠的影响。

有研究证实幼儿教师工作自主权在职业倦怠中起重要的缓冲作用（Aboagye et al., 2024）。幼儿教师的社会支持对职业倦怠的负向预测作用显著，与职业倦怠呈显著负相关，幼儿教师感知的社会支持能够调节职业倦怠的程度（李泽英等，2022）。较强的社会支持能够帮助幼儿教师缓解工作压力，维持积极的情绪状态，进而有效地保护其身心健康并减少职业倦怠的发生（石才英，刘蕊，2021）。幼儿园组织氛围也与幼儿教师职业倦怠呈负相关，组织氛围是幼儿园组织体系和教师行为之间的桥梁，较高程度的非支持性学校组织氛围与教师的压力感和倦怠感越强有关（Ji & Yue, 2020）。

幼儿教师职业倦怠的减少与教师合作、决策、幼儿园资源和工资有关。虽然工资确实会影响幼儿教师的职业倦怠，但它并不是最具决定性的因素，其他以人为本的因素，例如通过教师合作发展自我反思技能，以及通过决策过程满足自尊和自我实现需求，是幼儿教师职业倦怠的主要预测因素。工作资源与减少职业倦怠之间的关系很明显，增加幼儿园的职业资源有利于缓解幼儿教师的职业倦怠（Zhao et al., 2023）。

3. 个人资源

幼儿教师群体中的个人资源包括正念（张娇，程秀兰，2022）、心理人格变量（Xu et al., 2023）、平和倾向及共情。

（1）正念

正念植根于工作需求-资源模型，被概念化为一种个人资源，能够影响工作需求和资源并与之互动进而影响教师的倦怠（Guidetti et al., 2019），且正念是一种具有多种益处的强大资源，以多种方式在工作需求-资源模型中起作用（Grover et al., 2017）。在职业健康心理学领域的研究中，正念被视为一种个人特质或状态（Dane & Brummel, 2014），是个体以开放、接纳的态度去觉知身体或情绪状态、将全部注意力不加批判地集中到当下的一种心理特征，不仅可以作为幼儿教师的一种内部心理资源，还是幼儿教师重要的个体工作资源（张娇，程秀兰，2022）。已有研究发现，正念具有应对职业倦怠的积极特征（Zheng et al., 2022），高水平的正念能够促进幼儿教师在工作中进行自我调节、保持情绪稳定和心态平和，有效地预防职业倦怠（王英杰，李燕，2020）。

有研究从个体因素的角度探讨了幼儿教师正念与工作倦怠的关系,幼儿教师的正念与他们的工作倦怠呈负相关,发现了情商和积极应对方式在正念与工作倦怠之间具有连续中介作用,缺乏正念会通过情商和应对方式加剧幼儿教师的工作倦怠(Wang et al., 2022)。正念对促进幼儿园教师职业心理健康具有重要意义(Cheng et al., 2020)。正念还可以融入幼儿教师的日常生活和工作中,保持正念状态并关注当下可以提高生活质量和工作效率,从而减轻他们的工作倦怠(Yang et al., 2017)。

(2)心理人格变量

心理人格变量包括复原力、幸福感、压力积极应对、压力消极应对、教学效能和心理健康水平。复原力是应对压力和危险环境变化,并保持健康的适应状态或通过自我控制调节从逆境中快速恢复的能力。幼儿教师的心理弹性与职业倦怠显著负相关。提高心理弹性,寻找改善幼儿教师心理弹性的策略,可以预防和降低幼儿教师的职业倦怠(缪佩君等,2018)。有研究发现幼儿教师的心理弹性不会随着教龄的增加而增加(王路曦,2019)。幸福感是一种主观体验,意味着一种认知状态,当一个人得到自己想要的重要东西时,人们会感受到积极的情绪。幸福感与倦怠呈负相关,是倦怠有力的预测指标(Pong, 2022)。

压力应对是评估和选择个人可用的各种资源来解决手头问题的过程,压力应对方式分为积极应对和消极应对(Griffith et al., 1999)。幼儿教师越多地采用积极应对方式,其越不容易出现职业倦怠。幼儿教师的职业倦怠状况与心理健康水平存在显著正相关关系,职业倦怠越严重,心理健康水平越低,反之,心理健康水平越低,职业倦怠也越严重(潘君利等,2009)。教学效能是一种信念,即教师对自己在照顾和教育方面的能力有信心或积极的态度,他们认为这些能力对学生有积极影响。心理人格保护变量中最大的效应量是教学效能,与职业倦怠呈负相关。效应量最大的心理人格风险变量是压力负应对,与倦怠呈正相关(Xu et al., 2023)。

(3)平和倾向

平和倾向是个体的一种人格倾向,具有平静、温和、镇定三种倾向,在个体身上表现为内心平静、待人温和、处事理性,在情境中表现为一种积极情绪。平和倾向作为一个人格倾向类的变量,可以提高情绪的稳定性,对个体的知情意行都有影响(何元庆,2020)。神经质与倦怠综合征的三个维度显著相关(Tasic et al., 2020)。有文献证实,如果一个人有积极的人格特质,那么倦怠可能会很低。而平和倾向作为个体的一种积极人格特质,可能对缓解幼儿教师的职业

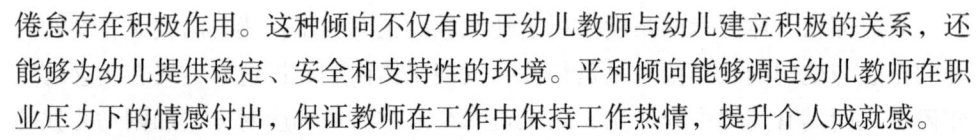

倦怠存在积极作用。这种倾向不仅有助于幼儿教师与幼儿建立积极的关系，还能够为幼儿提供稳定、安全和支持性的环境。平和倾向能够调适幼儿教师在职业压力下的情感付出，保证教师在工作中保持工作热情，提升个人成就感。

（4）共情

共情是指对他人情绪状态的理解与感受（Cohen & Strayer，1996），是教育工作者的重要核心特质，也是促进师生关系积极发展的关键能力（杨亚青，2017）。幼儿教师的共情能力体现在从幼儿的视角出发，理解其内心体验，并据此调整教学方式与节奏，以促进幼儿身心和谐发展。研究表明，幼儿教师的共情能力与职业倦怠呈显著负相关，共情能力可有效预测职业倦怠的程度（杨莉君，曾晓，2021）。高共情能力的教师能够通过情感与认知途径加强与儿童、家长、领导和同事的关系，这不仅提升了工作中的参与度和创造性，还增强了自我价值感，从而缓解职业倦怠。认知共情作为情绪智力的重要组成部分，能有效减轻职业倦怠。具备较高认知共情能力的幼儿教师通常会经历较低水平的职业倦怠（李园园等，2022）。认知共情帮助教师应对情绪劳动的挑战，缓解工作压力与职业倦怠之间的矛盾，成为支持教师职业健康与福祉的重要个人资源（刘野，2010）。

幼儿教师职业倦怠是一个多维度的问题，涉及个体、职业及社会环境等层面，且风险日益增加，需要采取综合应对措施。越来越多的研究关注幼儿教师这一特殊群体的职业倦怠与困境，为改善幼儿教育质量、提升幼儿教师福祉以及优化其工作条件提供了重要启示。

第二章 正念在幼儿教师职业倦怠中的应用

本章重点探讨正念这一应对幼儿教师职业倦怠的有效干预手段。首先，本章将介绍"正念"这一概念的理论基础，探讨其定义、发展历程以及在心理学中的应用。这一理论基础将为后续的讨论提供框架，并帮助理解正念如何在心理干预中发挥作用。接下来，深入分析正念的实际应用，特别是在各类心理健康领域中的应用案例，以及其对个体情绪调节、压力管理等方面的积极作用。随后，本章将探讨正念如何具体应用于职业倦怠的干预，特别是通过正念如何有效减缓教师在职业压力下的情绪衰竭、去人性化等症状。最后，针对幼儿教师这一特定群体，本章将探讨正念干预的具体策略与实施方案，分析其在缓解幼儿教师职业倦怠方面的效果和可行性。通过这四节内容的逐步展开，将为如何通过正念减轻教师的职业倦怠提供理论和实践的指导。

一、正念理论

正念起源于东方，在20世纪70年代，一些西方医学和心理学领域的专家开始了对正念的研究。最初，乔·卡巴金（Jon Kabat-Zinn）正式将正念这个概念引入心理学领域。相比于国外，国内关于正念的科学研究起步相对较晚，在20世纪90年代，国内学者开始逐渐将正念与心理治疗相结合，研究其对心理疾病的治疗效果。进入21世纪以来，随着心理学和医学等学科的发展，正念的研究也在不断深入。国内学者开始探索正念的应用场景和效果，并在医疗、教育、企业等领域进行了广泛应用。此后，有关正念的发文量开始逐渐增多，由此可见，正念越来越受到国内学者的关注。

（一）正念的内涵

随着正念内涵的不断丰富和发展，正念成为一个具有多重含义的概念。正念指的是以一种非评判的方式有意地将注意力集中在当下存在的内部和外部体验上的过程。这可能包括对感觉、思想、身体状态、意识和环境的认识，同时鼓励开放、好奇心和接受。卡巴金写道，正念是"以一种特定的方式关注：有目的地、在当下时刻、不带评判地关注"（Bishop et al.，2004）。在操作上定义了正念的两个组成部分：①对直接体验的注意力的自我调节，从而允许增加对当前心理事件的识别；②对每个时刻的体验采取好奇、开放和接受的取向（Bishop，2002）。正念既可以指一种心理过程，以一种有意识和不评判的方式觉知当下经验的状态，也可以指一种相对稳定的人格特征，还可以指一种具体的训练注意力的干预方法。特质正念的主要观点是：个体在日常生活中保持正念的能力和倾向，即采取接纳和不评判的态度去关注此时此刻的想法和感觉。状态正念是一种"有意识地存在于当下的模式"，其核心特征是"在当下时刻保持一种开放而觉察的状态"。状态正念是指正念水平会随情境和时间的变化而变化。个体可以有目的地通过正式正念训练或是在生活中的非正式正念训练来使其个体的正念水平发生变化。从一种具体的训练注意力的干预方法角度看正念，指的是基于正念开发的一系列正念的技术（Germer，2013）。

（二）正念的理论模型

1. 正念再感知模型

Shapiro等提出了正念再感知模型。正念再感知模型认为，通过正念个体学会不去和意识的内容融合，而是以一种较为客观的视角看待自己当下每时每刻所发生的经验，这一过程被称为"再感知"（Shapiro et al.，2006）。"再感知"和思维方式的转变有关系，在意识转变过程中，个体能够以客观角度观察意识的内容而不再是和意识内容融合甚至完全陷入其中，与内外经验保持客观关系的能力不断增强。再感知还能产生补充机制进而促进积极结果的发生，再感知使人们能够抵抗特定情绪和思想的控制，使他们能够对不愉快的经历保持高度的容忍，从而调整负面体验以增强幸福感。通过正念的过程，个体能够从意识的内容中分离，获得对当下体验的更清晰、客观的看法。这个过程被称为正念再感知，它涉及视角的根本转变。这种观点转变的结果包括他们对自己的经历更加清晰、客观和冷静。因此，正念再感知使个人能够从他们的思想、情绪和身体感受的内容中分离身份。无论是恐惧、痛苦还是抑郁,通过再感知,个体不再被负面体验所控制,而是把其当作一种存在状态,以更清晰、更开放的态度对待这些负面影响(Shapiro et al.,2006)。

2. 正念应对模型

Garland、Gaylord 和 Park 等提出正念应对模型。根据这个模型,当一个超出自己能力的事件存在时,以正念来发起一个适应性的反应进行应对,这意味着关注意识本身的发展过程,而不是它的静态的内容。通过增强注意力的灵活性和扩大意识范围,通过扩展的元认知意识的角度,以更加客观的角度来重新评价给定事件并赋予其新的意义,这种认知上的改变进一步带来新的体验和情绪,如同情、信任、信心和平静,这个过程的转变可以减少先前自动化的消极思维带来的压力(Garland et al.,2015)。

3. 正念螺旋上升模型

基于积极情绪拓展与建构理论,Garland、Fredrickson 等提出了螺旋上升模型。正念训练通过拓宽个体的意识范围,促进认知与情绪的相互作用。人类经验的动态本质源于适应不断变化和具有挑战性的生活环境的需求,在适应过程中情绪得以产生;同时,情绪也来源于个体对内在状态与当前环境意义的评价。当环境被评价为良性、有益或积极时,个体更容易感受到积极情绪。经历积极情绪时,个体更倾向于关注生活中令人愉快、美好或有益的方面,并在判断时对自己或他人采取积极态度。因此,正念训练可以激发积极情绪。通过这一过程,积极情绪和认知的螺旋上升能够有效缓解与抑郁相关的焦虑和快感缺乏状态(Garland et al.,2015)。

4. 正念情绪调节模型

传统的情绪调节理论认为存在五类情绪调节策略,即情境选择、情境修正、注意分配、认知改变和反应调整,而 Chambers(2009)等提出正念情绪调节模型,认为正念有助于积极地重新评价,因为它唤起了一种去中心化的意识模式,在这种模式下,思想和情绪从元认知的角度被看待,从而允许灵活地构建更具适应性的评价。通过有意识地接受经验,而不是执着于它们,认知资源被释放出来,以扩大注意力的范围,包括愉快和有意义的事件,从而建立有目的地参与生活的动机。因此,正念有助于消除最初的认知评价和通常随之而来的条件反应之间的联系,通过促进去中心化,最初的评价失去了引发行为反应的能力。

与传统的情绪模型不同,这种模型强调意识和非反应性,而不是压抑、重新评估或改变自己的情绪体验,非判断性的意识可以促进健康的情感参与,让个人真正体验和表达自己的情感。

5. 正念监控与接纳模型

监控与接纳模型是一种新兴的正念理论,认为注意力监测和接纳是正念及其训练效果的核心机制。这两项技能是多数正念科学概念和训练计划中的核心内容。该模型假设,注意力监测与接纳技能之间具有显著的协同效应。具体而言,注意力监测技能能够改善认知功能,如选择性注意力、持续注意力、任务切换、工作记忆和洞察力,并增强对情感信息的敏感性。然而,注意力监测与接纳的结合则能显著改善情绪调节(如平衡注意力与情绪调节执行功能)、减轻抑郁和焦虑症状、缓解压力反应(包括主观与生理应激)以及提升身体健康(如改善压力相关的免疫和疾病结果)。通过监控自身体验,个体可训练注意力过程并增强对当下体验的觉察;而接纳改变了个体对监控体验内容的反应方式,从而调节情绪反应,在情感和身体健康方面带来多种积极影响(Lindsay & Creswell,2017)。

二、正念的应用

正念已被证明在许多不同的领域中对个体的心理健康产生了积极影响,包括减轻焦虑、抑郁、压力以及改善情绪调节能力等方面。正念不仅对个体具有积极作用,也在组织层面得到了有效应用,医疗、教育尤其是职业倦怠干预中,正念的应用前景值得深入探索。

(一)正念治疗

1. 正念减压疗法

正念减压疗法(mindfulness based stress reduction,MBSR)的重点是训练参与者掌握各种冥想技巧,教参与者更加意识到思想和感受,并改变他们与思想和感受的关系。通过反复练习,正念可以让参与者在压力情况下培养冷静地从思想和感受中超越出来的能力,而不是陷入焦虑或其他消极的思维模式,否则可能会加剧压力反应的循环,并导致情绪困扰。每当注意到不可避免的想法和情绪挥之不去时,参与者只需承认并接受每一个想法和感受,然后让它们消失,并将注意力引导回呼吸。每当注意力转移到思想和感受上时,这个过程就会重复。当静坐冥想练习时,重点是简单地观察和接受每一个想法或感觉,而不对它做出判断、采取行动(Bishop,2002)。正念减压疗法旨在教导人们"正念地"处理压力情境,这样他们就可以对情境做出适当反应,而不是自动地对情境做出反应。正念减压疗法现在被广泛用于教导患者自我管理压力和情绪困扰。

2. 正念认知疗法

正念认知疗法(mindfulness based cognitive therapy,MBCT)是一种将认知疗法和正念减压疗法有机结合起来,旨在帮助患者克服长期抑郁症的困扰,从而获得更好的心理治疗效果。随着时代的发展,正念认知疗法已经成为一种有效的治疗抑郁症的方法。它强调以一种积极的心态面对当前的情感和思维,而不是被消极的想法所左右,从"面对"中获得力量,帮助患者摆脱痛苦和焦虑的情绪。通过促进个体从他或她的抑郁思想中分离或远离,使他们不再被视为绝对真实。一个人认知视角的转变,可能会导致一个人与消极思想和感受的关系发生变化,这样一个人就可以把消极思想和感受简单地看作是头脑中发生的事件,而不是现实的反应,以此中断消极的思维模式,进而缓解由此带来的症状(Segal et al.,2002)。

3. 辩证行为疗法

辩证行为疗法(dialectical behavior therapy,DBT)被广泛应用于边缘型人格障碍的诊断和治疗,它的出现改变了边缘型人格障碍的诊断和治疗,使得边缘型人格障碍的诊断和治疗更加精准、有效,更加符合病情的特点。辩证行为疗法的目标在于帮助边缘型人格障碍患者克服日常生活中的挑战,培养一种乐观、宽恕、包容、尊重他人以及更好地应对复杂的环境的态度,以便更好地改善病情。在 DBT 中,当治疗陷入僵局时,治疗师将采取辩证的立场,同时持有相反的观点,并在两种立场中寻找平衡。治疗师的干预可以集中在改变和接受策略上,包括教导改变行为的技能,也教导接受自己和现实的方法(Rizvi et al.,2013)。

4. 接纳与承诺疗法

接纳与承诺疗法(acceptance and commitment therapy,ACT)由斯蒂芬·海斯(Steven C. Hayes)教授创立,其核心目标是提升个体的心理灵活性,帮助人们在面对痛苦和挑战时，仍能采取符合自身价值观的行动。ACT 治疗师致力于帮助人们更加意识到和接受情绪，学习如何以功能性的方式回应情绪，并继续朝着有价值的结果前进。ACT 有六个主要组成部分：接纳，鼓励个体开放地接纳内心的痛苦、情绪和思维，而非试图控制或回避它们；认知解离，帮助个体与自身的思维和情绪保持距离，减少对其的认同，从而降低其负面影响；关注当下，培养个体对当前时刻的专注和觉察，增强对现实的敏感度和理解；自我作为背景，引导个体认识到"观察的自我"与"被观察的自我"之间的区别，培养一种超越特定经历的稳定自我认知；价值观澄清，帮助个体明确内心深处真正重要的事物，指导行为方向，并在生活中体现这些价值；承诺行动，鼓励个体根据自身价值采取积极的、有意义的行为，即使面临困难或不适，仍能坚定不移地行动。

（二）正念训练

1. 静坐冥想

为了让个人能够摆脱束缚，把握住内心的真实，并且能够有效应对日益增加的压力和焦虑，冥想已经成为当今社会普遍采用的静坐技术。冥想包括正念呼吸、正念身体、正念声音、正念思维等，它们在实践中起着关键作用。在练习中，应该有意识地观察自己的呼吸，并且不要逃避。通过观察呼吸，我们可以更好地理解自己的感受和思维的发展，并且直到这些感受和思维消失。一种常见的方法是闭上眼睛，调整呼吸的节奏，同时默念一些简单的词汇或者无意义的单音，或者进行轻松、愉快的想象，用以引导身体感受放松的感觉。一般来说，每次冥想的时长介乎 10 分钟到 3 个小时。

2. 身体扫描

通过有目标、系统地训练，冥想者可以让自己更好地观察身体的每一个部分。首先，他们需要闭上双眼，仔细观察并感受每一个身体部位，以便更准确地认识自己。这种方式可以帮助缓解情绪，并将注意力从思考转移到身体感受上，从而摆脱对自己的束缚。通过正念的感知，我们可以把肉体的感受与思维的想法分开。

3. 正念行走

正念行走，强调练习者在行走的过程中，专注于脚掌与地面之间的接触，同时也要注意身体的重心和全身的运动，以及将行走的感受与呼吸紧密结合。这种行走方式需要10~60分钟，练习者应当保持自然的呼吸，而不用任何控制（余青云，张海钟，2010）。根据当时的环境，正念行走采取直线往返或环形往返的方式，从一端出发，穿越一条较长的道路，然后转身返回。当你感觉疲惫不堪时，可以选择在一条环形的小路上停下来休息，然后继续练习。

4. 三分钟呼吸空间

三分钟呼吸空间是有效调整心态的练习。开始时，保持静止，专注于当前的想法、情绪和身体感受，帮助快速进入存在模式。一旦掌握，可随时随地进行，无论是短暂间隔还是5~10分钟的练习。当感到不快情绪、身体紧绷或压力时，可将注意力集中于紧张部位，用温和的态度感受细节，并通过呼吸缓解紧张。在情绪低落时，这项技术有助于稳定情绪，并帮助个体有意识地选择下一步行动。

5. 正念瑜伽

正念瑜伽结合正念与瑜伽，通过身体动作、呼吸控制和专注力训练，促进身心平衡与内观觉察。作为源自古老瑜伽传统的现代实践，正念瑜伽旨在整合身体、情绪和思维，强调个体的内在体验与自我觉知。练习者通过关注身体感知、情绪状态和思维模式，培养对当下的觉察与接纳能力。正念瑜伽不仅能提高身体的感知能力，还能减少压力与情绪困扰，增强身心健康与平衡，提升内在平静与自我意识。

（三）应用领域

1. 正念在医学领域中的应用

研究表明，正念对多种人群具有良好疗效，包括健康成年人及癌症、慢性疼痛、高血压、睡眠障碍和进食障碍患者。正念还在改善血管疾病方面显示出积极作用。随机对照研究发现，正念减压疗法可有效降低低收入非洲裔美国老年人的血压。在血管疾病领域，正念减压疗法和正念认知疗法的试点和观察性研究表明，它们能改善卒中幸存者的感知健康、生活质量和生理反应，并减少糖尿病带来的相关痛苦。此外，正念减压疗法与糖尿病患者的血压降低和血糖控制的改善密切相关（Abbott et al., 2014）。正念训练对脑卒中、烧伤和骨折的疗效也得到证实。

2. 正念在心理领域的应用

研究表明，正念训练能显著改善抑郁症患者的消极情绪，降低自杀率和复发率（朱政仁等，2016）。越来越多的证据支持正念干预在抑郁和焦虑复发预防中的有效性，对于传统干预效果有限的强迫症患者，基于正念的干预方案不仅能显著缓解强迫症状及其引发的心理痛苦，还能帮助患者恢复正常社会功能，是一种有效的补充治疗方法（Riquelme-Marín et al., 2022）。

3. 正念在管理领域的应用

研究广泛认可正念对员工创新行为的积极影响。正念通过减少自动化思维反应，帮助个体直接接触当下体验，从而促进创造性思维的产生，这是正念与员工创新性工作成果关联的关键机制。同时，正念还能间接推动创新，无论在实验室还是实际工作环境中，正念均能提升洞察力，这一能力是创新的重要驱动力（Li S J & Li S M, 2021）。此外，接受正念训练的员工应对方式更为积极，职业延迟满足这一关键职业能力也可通过正念训练得到提升。

4. 正念在教育领域的应用

正念训练能够有效降低父母的教养压力，改善亲子关系质量，促进亲子间的积极互动，同时减少孤独症儿童的攻击行为和自残行为。正念技术通过帮助父母减少负面情绪反应、提升自我觉察和调节能力，改善亲子互动，缓解养育压力（陈晓等，2017）。在教育领域，教师同样需要支持以应对高压工作环境，如高风险测试、预算紧缩和其他工作压力。正念干预可以增强教师的韧性与社会情感能力，降低因情绪衰竭导致的职业倦怠风险。研究表明，正念训练为教师提供有效支持，如基于正念的健康教育、培养教育意识和弹性的项目以及教育中的压力管理和放松技巧，已成为广泛认可的干预措施（Meiklejohn et al., 2012）。

5. 正念训练在竞技领域的应用

近年来，强调正念的训练方法在竞技运动领域逐渐兴起。正念训练旨在提升运动员对内部状态的控制能力和竞技表现水平，实证研究广泛支持其效果。正念训练贴近比赛中的心理现实，更加人性化，在竞技体育中具有广阔的应用前景。国内研究表明，正念训练能显著提升花样游泳运动员的表现（冯国艳，姒刚彦，2015）；国外研究则显示，正念训练在运动员的注意力、情绪调节、价值观澄清等方面均有积极影响（Birrer et al., 2012）。从认知角度看，正念训练可增强运动员对运动的认知能力，改善焦虑情绪，提升积极评价和认知灵活性，使其更有效应对突发情况。从行为角度看，正念训练通过改变运动员的认知和态度，降低焦虑，提高自我管理和压力应对能力，从而优化运动表现。

（四）正念应用的展望

1. 研究内容方面

正念疗法是否仅限于临床治疗领域，如缓解压力、调节情绪、应对疼痛等，抑或在积极心理品质的培养方面也能发挥更大作用，仍是研究需探索的问题。此外，正念疗法本身是否存在理论缺陷也值得关注。当前的主要不足在于理论基础不够坚实，研究结果存在不确定性。在正念疗法的作用机制上，现有研究成果有限，多数仅能说明正念疗法与个体心理及生理存在某种相关性，但因果关系尚不明确。同时，正念疗法的效果在不同研究中缺乏一致性，其潜在机制可能比现有假设更为复杂。

2. 方法学方面

现有研究普遍缺乏纵向追踪和有效对照实验，难以明确正念的比较效果和长期效应，也难以排除安慰剂效应。此外，正念疗法缺乏标准化的治疗模式与统一评价标准，增加了效果评估的难度。同时，被试的遗传多态性（如气质、人格）及经验因素（如生活方式、生活事件）可能对训练效果产生重要影响，进一步增加了研究的不确定性。因此，未来需采用更加严谨的随机设计和主动控制的实证研究，完善实验设计与测评方法，以深入探讨正念的作用机制和干预效果。此外，对正念影响大脑活动及神经功能的研究较少，现有实验多发现某些脑区活动增强或减弱，但这些变化与正念影响的具体机制尚无明确联系。未来的研究应引入更多客观生理指标，从心理与生理两个维度准确评估正念疗法的长期干预效果，提升其临床应用价值。

三、正念干预职业倦怠

职业倦怠，尤其是在高压和高情绪劳动的职业中，已成为一个普遍存在的问题。正念作为一种自我调节的策略，能够帮助个体提高情绪觉察和压力应对能力，从而缓解职业倦怠。通过回顾已有的研究和干预案例，我们将分析正念如何通过增强个体的心理弹性、情绪调节能力以及增强对工作环境的适应性，减轻倦怠的负面影响。

（一）正念干预的有效性

1. 行为证据

正念训练干预职业倦怠得到了足够可信证据的支持。与非积极控制相比，正念减压疗法对减压的非特异性作用，无论是在减轻压力和增强精神性价值方面，还是在结构上与冥想项目等效的干预相比，有明确效果。在正念减压疗法和标准放松训练之间进行的直接比较研究发现，两种治疗方法都能同样减轻压力。但是，正念减压疗法还能减少反刍思维和特质焦虑，同时增加同理心和自我同情。在教育业和医疗领域，正念干预职业倦怠的研究较多（何元庆，连榕，2018）。

正念对教师职业倦怠干预的有效性已经得到大量证据证明。一项研究结果显示，高校教师的主观压力及职业倦怠感在进行了为期8周的正念减压疗法训练之后，得到有效降低（秦立霞等，2020）。许多实证研究表明，基于正念的干预可以显著提高教师的正念水平，减少职业倦怠（Roeser et al., 2013），缓解诸如抑郁、焦虑、压力等心理困扰，并提高工作记忆能力和自我同情能力。一项关于教师正念干预的元分析研究表明，正念干预在缓解压力、改善情绪调节和自我效能方面是有效的（Wang et al., 2022）。

运用正念对医疗中职业倦怠的研究主要围绕护士来展开，在国内，张晓娇等对84名护士进行为期8周的正念减压训练，结果表明，被干预者有效缓解了职业倦怠症状。另一研究对一线护士实施为期30天的正念干预，结果表明和干预前相比职业倦怠症状得到显著缓解（罗岗，2021）。国外一项元分析表明，正念干预是一种实用的方法，显著改善初级卫生保健人员不同的倦怠症状，增强幸福感，增强对自己、同事和患者的同情，并为可持续的医疗保健组织作出贡献（Salvado et al., 2021）。研究发现，护士的正念水平与职业倦怠呈显著负相关，即正念水平越高，护士的职业倦怠水平越低。

2. 生理证据

大量研究证明，经过长期的正念练习，个体在神经生理活动和大脑结构及功能上会存在显著变化。有关磁共振成像技术的研究表明，长期的正念训练会使个体的脑岛、海马体、颞叶、顶叶、前额叶、扣带回和杏仁核等脑部结构的活动强度及其皮层厚度或灰质密度发生变化，涉及多种心理过程，例如注意、无意识想法、自我参照思维和情绪管理，这些区域和情绪、压力等方面密切相关。正念冥想通常会增强前额叶皮层（prefrontal cortex，PFC）激活。例如，在 6 周的正念训练后，健康个体在情绪 Stroop 任务中的执行处理过程中发现了更大的背外侧前额叶皮层反应。当参与者预期在正念状态下看到负面图像时，也会检测到背内侧和背外侧 PFC 激活增强。此外，在正念减压疗法课程之后，当人们标记情绪图像的影响时，发现患有焦虑症的人的腹外侧 PFC 的激活增强。相比之下，有经验的冥想者被发现在内侧 PFC 区域的激活减少，说明正念训练可以激活负责注意和情绪调节的脑区，这一发现可以解释为正念减少了过度控制和激活了更大的接受状态（Tang et al.，2015）。同时，正念训练还被证明对减少压力激素（如皮质醇）水平有显著效果，而从情绪衰竭方面和去个性化方面来看，压力是职业倦怠的重要影响因素。

（二）正念干预的实证研究

1. 随机对照实验设计

从干预实验系统设计过程上分析：随机前后对照干预实验研究的设计数量明显超过了以往其他的研究系统设计，证据可信程度的干预研究开始逐渐增多。发表过的第一个干预实验研究报告是随机前后对照测等待控制组真实验，研究者开始结合实质性的研究报告全面系统地考察了正念减压疗法对临床护士降低职业倦怠的积极效果（Cohen-Katz et al.，2004）。

2. 综合使用测量指标

从单调地使用心理指数，到逐步全面考虑采纳几种生理活动指数，进而能在一次个体临床研究结果中同时全面采集心理生理活动指数，逐步具有了多信息维度采集的临床特点，能更加准确地评估行为干预研究的应用效果。然而目前大部分的研究方法仅仅是依靠心理健康指数，且都主要还是采用了自我压力报告问卷法，使用频率最多的两种问卷形式是 MBI-GS 和感知工作压力量表法（Perceived Stress Scale）；生理学检测指标为每日的身体症状量表（The Daily Physical Symptoms），有学者开始引入生化指标检测法，采用了唾液皮质醇酶和血压、唾液中阿尔法淀粉酶以及高活性氧化代谢中间产物化合物（d-roms）和生物活性抗氧化电位因子（BAP）等为生物标记测试物（Watanabe et al.，2015）；行为评价指标通常为教师缺勤时间和在教室环境里的教师行为的表现指数（Classroom Assessment Scoring System）等。

经验取样法（experience sampling method，ESM）近年来已经成功运用并推广到许多科学研究的领域。该测试方法需要每个被试按某个固定的时刻或随机地向自己汇报一个当下的某种生理状况或其他心理健康目标（李文静，郑全全，2008）。有调查表明，在教师持续3个工作日时间内采集的唾液样品用来测定血清皮质醇量前，教师将被强制需要持续在每一个下午至少3个特定时间点取样（Flook et al.，2013）。相对独立于问卷的测试，ESM 有效地控制了回溯效应，具备了良好的信度与生态效度（徐慰，刘兴华，2013）。

3. 逐步采用主动控制组设计

在控制组设计方面，大多数学者只考虑了空白的等待组，设计主动控制组的实际情况可能并不多见，不利于确定正念和培训的最终结果。常用的主动控制方案是使用心理健康教育指导手册和让长期处于加班工作状态的临床医生每周至少额外地休息一个小时。如果没有进行常规上的自我干预或自我积极控制，很难从中推断这些自我改善行为是单纯由于自我干预结果本身，还是仅由于自然的愈合、历史趋势、平均结果或预期改善效果之间的回归关系而间接导致的职业倦怠情绪的一个简单的波动。因为集体心理支持、咨询顾问关系、改善效果预期、心理辅导教育、自我监督和自我赋权行为等各种非特异性因素同时也很可能仍是心理改变情绪的重要外部影响因素。

（三）正念干预职业倦怠的展望

1. 逐步提高随机对照实验的质量

在量化的研究中，随机对照实验已经超过半数，但设计并不严密。在正念训练干预职业倦怠领域，量的研究质量不高和不报告效应量较为普遍，在未来应提高随机对照实验的质量，严格实施分配隐藏，报告干预的效应量。

2. 逐步增加质量结合的混合研究

虽然随机对照实验是最高级别的证据之一，但是不同证据水平的研究结果，可以提供多元和深入的信息。质的研究的价值正体现在这一点，例如，美国和以色列的儿童肿瘤科各种专业人员的量质结合的研究中，量的结果显示没有显著性降低职业倦怠，但质的结果发现参与者的职业倦怠太高，无法在8周的干预中获得足够的积极变化。这提示了正念训练并不适合所有健康人群，但没有专门的研究探讨正念练习的潜在有害性或负面影响。未来应有更多高水平的混合研究，并开展正念训练干预职业倦怠的消极面研究，明确正念训练的禁忌证。

3. 使用多维度指标测量干预的因变量

目前，综合使用心理、生理和行为指标来测量职业倦怠的研究逐步增多，但是大部分仍然采用自我报告法，易受主观性、社会赞许效应以及施测情境的不利影响。寻找和开发更具有敏感性和特异性的量表以及多模态评估策略是一个研究的方向。未来应扩大生理、行为测量的比重，使用生态瞬时评估法（Ecological Momentary Assessment，EMA）、较为成熟行为实验范式以及通过行为录像、第三方（被试的工作对象、同事、领导）评估来提高测量的准确性。EMA 报告的一项突出独特之处是能够将个人自我体验报告信息与特定个体在某种自然状态环境下呈现的特殊瞬时生理状态特征（如血压、脉搏）直接联系起来，以便能在特殊自然情境状态下准确获得那些关于普通人日常活动经验状况的最详细信息（李文静，郑全全，2008）。随着智能手机和小型化的科研设备的大量使用，生理和行为数据实时获得变得相对简单，通过手环、腕部生理测定仪等可穿戴设备，可以记录每分钟的生理数据，大大提高了研究的生态效度。未来还应注意提高研究对象的同质性，加大被试数量，寻找更加准确地评估非正式练习的方法。

4. 加大对中年男性、医生群体和临床心理咨询专业服务人员的研究

研究思路上，正念训练干预职业倦怠的效果评估还需进一步完善。女性、护理人员、教师、学生和其他企业热线人员等从正念的训练实践中获益更大，未来研究应逐渐加大对中年男性、医生、心理治疗师和其他特殊职业人群的研究。以医生人群为例，以往的研究忽略了一个事实：即使是最富有弹性的临床医生也会在一个支持不足的环境中耗尽精力，或者在工作负荷总是无法承受的情况下崩溃（Cartwright & Holmes，2006）。临床医生的倦怠，不仅仅是在工作场所之外应该受到关注的个人问题，而是受医疗系统和团队运作高度影响的体制问题。

5. 使用纵向和主动控制的研究设计

目前实验时间较短、追踪设计很少超过 3 个月的原因是难以获得被试的配合。从追踪效果上看，基于很少的研究追踪到 T3（第三个测量时点）或者更长的时间点，目前，正念训练干预职业倦怠随着时间变化的轨迹并不清晰。报告

有3个月追踪效果的研究对象包括针对中小学教师（Roeser et al., 2013）、护士（Cohen-Katz et al., 2004），报告有4个月效果的来自一项16周、52周追踪随机控制实验（Allexandre et al., 2016）。从研究追踪的角度看，大部分的研究只使用了前后测，少部分研究选择2个月、3个月作为第三个测量时点(T3)，很少的研究进行6个月和12～15个月的追踪（Watanabe et al., 2015）。缺少T3、T4（第四个测量时点）的观测，难以看到干预效应随着时间变化的趋势。考虑到获得倾向性（特质）正念并不是一个短期可以达成的目标，未来需要从组织层面加大对研究的支持力度，降低被试的脱落率，探寻一年甚至更长的训练时间的即时效果与长期后效。未来发展应特别强调研究心理活动行为的心理神经生物学及其测量等手段，应当先建立在积累大量的严谨翔实的现代心理科学实验材料和基本心理科学知识研究成果的理论基础上，才真正能够继续不断地向前发展推进研究成果或发展深化的研究成果（Nilsson & Kazemi, 2016）。

6. 加大理论的反思

正念训练干预职业倦怠的理论研究是不足的，这源于正念理论研究本身的困难。目前，对正念是什么，学界并没有达成统一。有学者曾统计，所提出来的正念定义已高达二三十种之多，并开始质疑脱离现实语境背景下的定义"正念"，即我们应当以一个什么尺度为衡量标准去判断概念内涵或界定它的存在质量价值呢（Nilsson & Kazemi, 2016）。因为正念定义作为一个多知识层次、多时空维度构成的概念，既可以认为是一个动态的认知，也可以看作是一种静态认识的特质。有学者还强调了动机、规范、注意力及态度等四种影响因素及其之间的"互即互入"的复杂对应关系，提出了怎样对以上这四种影响因素加以量化分离以逐步明确它们各自独立在心理正念和干预实践中的功能作用（郭璞洋，李波，2017）。

7. 探寻正念起效的具体机制

虽然国内关于正念训练干预职业倦怠已有一些实证研究，有部分学者据此认为以多元觉知概念为工作基础开展的正念技能训练中有了四个基本具体的作用机制，即对自我注意的有效控制、接纳自己的积极态度和自我反应的灵活性、动态发展的自我意识以及自我对他人价值观认知的积极反思。概念发展的多层次性则决定了训练正念能力的内在工作机制的多样性。因此通过实验明确正念训练起效的具体机制，开展东西方跨文化比较研究，并从传统文化汲取营养，为正念训练在中国本土化实践提供必要的理论支持（翟成等，2016）。

四、正念干预幼儿教师职业倦怠

幼儿教师群体面临的职业压力具有独特性，长期的情绪劳动、对儿童的高度情感投入以及工作中的不确定性，使得他们容易出现情绪衰竭、去人性化等倦怠症状。正念作为一种增强自我意识和情绪调节的工具，能够帮助幼儿教师有效识别和应对工作中的负面情绪，减少压力和焦虑感。本节将深入分析正念干预如何具体落实到幼儿教师的职业倦怠问题上，帮助幼儿教师有效应对职业倦怠。

（一）正念影响幼儿教师职业倦怠的因素

1. 情绪智力

一些研究者结合正念与情绪调节的概念，提出了正念情绪调节模型。该模型强调通过专注和非评判性意识实现情绪调节，区别于传统情绪模型中的压抑、重新评估或情绪改变。非评判性意识促进健康的情感参与，使个体能够真实体验和表达情绪。根据该模型，正念帮助个体有意识地识别和选择思想、情绪和感受，同时避免自动化的情绪反应，从而逐步消除对消极情绪的惯性评估。更高水平的正念提升了情绪调节能力，减少工作倦怠感。

情绪智力在正念与工作倦怠的关系中可能发挥重要作用。情绪智力是识别和管理自身及他人情绪，并利用情绪指导行为的能力。根据情绪智力模型，高情绪智力个体更能有效应对压力。正念通过非评判性态度帮助个体准确感知情绪，内在的自我调节功能提升情绪管理能力。因此，具有较高正念水平的人往往情商更高，而高情商的个体更倾向于积极应对工作和生活压力，从而减轻压力感和工作倦怠。

幼儿教师由于工作特点，常经历更多负面情绪。情绪能力低的教师难以有效感知和调节自身及他人的情绪，导致更高的压力、不良人际关系及职业倦怠。高正念水平为幼儿教师提供了积极情绪能力的基础，更好地应对职业压力和倦怠。实证研究表明，个体正念特质可通过情绪智力间接影响感知压力与自我效能。一项针对幼儿园教师的研究发现，正念通过情绪智力对心理困扰具有负向预测作用（Wang et al., 2022）。

2. 自我效能感

教师自我效能感源于班杜拉的社会学习理论，指教师对自身教育价值、教学水平及影响儿童学习发展的能力的主观判断，包括在教学策略、课堂管理和学生课堂参与度等方面的效能感。自我效能感反映了教师对影响学生自信心的信念。研究表明，幼儿园教师普遍具备较强的自我效能感，这种能力会影响其课堂管理、教学过程及沟通技巧。根据自我效能理论，自我效能是与个人能力感知相关的动机概念。根据社会认知理论，强烈的自我效能感与思维和行为方式相关，并能提升个体的成就感与幸福感，自我效能感还决定了个体对关键事件的情绪反应强度及形式，进而影响其感知。

自我效能感是主观幸福感的重要预测因素。研究显示，教师的自我效能感与多种积极结果相关，包括动机、福祉和工作满意度，并能缓解压力，增强幸福感。此外，在教学活动中获得的自我效能感还能显著负向预测教师职业倦怠（Cheng et al., 2023）。

3. 组织支持

研究表明，工作性质和工作条件的满意度可以有效降低职业倦怠水平。张玉敏（2004）通过个案研究与问卷调查发现，幼儿园的管理和科研问题会影响幼儿教师的人际交往能力与自我价值实现，管理层对教师的忽视以及抱负难以施展是职业倦怠的重要原因。梁慧娟和冯晓霞（2004）的研究指出，组织因素对职业倦怠具有显著影响。从社会支持的角度看，感知社会支持是增强正念对职业倦怠影响的有效途径。研究发现，感知社会支持在特殊教育教师的正念与职业倦怠之间起部分中介作用，正念水平较高的教师报告了更高的社会支持感和更低的职业倦怠。作为类似社会支持的概念，组织支持可能调节正念与倦怠的关系，并作为工作需求-资源模型中的关键资源，对职业倦怠产生缓解作用。

（二）正念影响幼儿教师职业倦怠的作用机制

1. 正念有助于幼儿教师形成灵活的认知

正念促进了再感知的发展，即个体认识到经验由思想、情感和身体感觉相互关联的成分构成。这种感知变化及其带来的洞察力进一步导致了多种心理效应。再感知是行动灵活性、价值澄清、自我调节和暴露机制的元机制（Shapiro et al.，2006）。其中，灵活性和价值观的改变是感知压力和心理症状变化的重要预测因素。正念通过形成新的"刺激-行为"联结，调节个体对刻板反应的应对模式，以好奇和开放的态度面对工作，从而缓解压力并减轻职业倦怠。因此，幼儿教师应保持对日常工作的好奇与开放，敏锐感受环境变化，创造性地生活，发现日常的新奇之处，形成积极健康的生活态度。这不仅有助于提升教师的正念水平，还能带来更多积极的情绪体验。

2. 正念提高幼儿教师的情绪调节能力

正念通过积极的心理干预改变个体认知，影响其应对压力时的主观感受，并通过情绪调节提升抗职业倦怠的能力。作为正念的基本机制之一，情绪调节对缓解幼儿教师的倦怠情绪具有重要作用（张娇，程秀兰，2022）。正念情绪调节模型表明，通过正念训练可增强个体的情绪调节能力。训练过程中强调觉察与不反应，即个体有意识地识别思想、情绪和认知，但不进行自动评价，从而逐渐消除习惯性消极评价导致的痛苦情绪。

首先，正念有助于缓解幼儿教师的工作压力。因工作对象的特殊性，幼儿教师常面临精力过度消耗及职称评定等压力，导致消极情绪。正念认知训练可帮助幼儿教师调节情绪，改变消极行为，并在面对压力时采用更积极的应对策略。

其次，正念可缓解幼儿教师的低成就感。幼儿教师因教学成果的非显性及较低的社会认可度，易质疑自身工作的价值。基于积极情绪的拓展-构建理论，积极情绪可拓宽认知与行动范围，增强个人资源储备，提高成功应对的可能性（Isen，2013）。积极情绪还能促进更广泛和灵活的认知，激发整合性行动计划，增强特定情境中的积极行为倾向（何元庆，2020）。研究表明，正念认知训练可引导个体将负性情绪转化为正性情绪，有效提升情绪调节能力和职业效能感。

3. 正念提高幼儿教师的注意控制能力

注意力控制能力是指个体从占主导地位的信息中脱离，将注意力转向次要信息的能力。正念作为一种自我觉知的体验过程和认知策略，对情绪与行为有重要影响。研究表明，正念帮助个体专注于当前时刻，以客观和开放的态度感受和理解环境。对于幼儿，正念能提升注意力水平与自我效能感，并培养积极态度，减少消极情绪与行为。

正念对幼儿园教师同样具有重要作用。一方面，正念能帮助教师专注于主动工作。幼儿的身心发展特点要求教师具备良好的专注力和意志力，以适应教育新形势。另一方面，正念帮助教师在教学过程中更灵活地调整注意力方向，关注内心感受，从而更有效地应对课堂情境。研究指出，正念水平较高的个体在注意力任务中受负面情绪干扰更少。通过正念教学，幼儿教师能够减少课堂中的消极情绪，显著提升教学质量。

综上，幼儿教师的正念与工作倦怠呈显著负相关。如果幼儿教师在日常生活和工作中能够经常关注自己的情绪和身体体验，这可以帮助他们更好地感知情绪，应对压力，处理人际关系，提高职业幸福感和生活满意度，进而缓解工作倦怠。许多学校和教育机构也实施以正念为基础的干预，以减轻员工的心理压力，缓解他们的工作倦怠。

（三）正念干预幼儿教师职业倦怠的实践

研究表明，正念能够有效降低教师的焦虑和抑郁水平，提高共情能力，缓解职业倦怠，并显著缓解职业紧张感和压力。目前，针对幼儿教师职业倦怠的正念干预研究仍处于探索阶段，但已有初步研究通过为期4周的正念训练取得了积极效果，国内外也陆续提出了干预方案（Cheng et al., 2021）。

幼儿园管理者应通过营造良好的组织氛围和引入正念训练，减轻教师职业倦怠。高质量的园所氛围能够为教师提供心理资源支持。管理者可通过人性化管理方式，如合理调节工作强度、关注教师情绪状态、灵活安排任务等，鼓励教师参与决策并感受组织的温暖与民主氛围（张娇，程秀兰，2022）。情感和人文素养是提升教师职业幸福感的关键，幼儿园可通过心理咨询平台、团体活动和培训讲座等方式增强其工作处理能力，预防情绪衰竭。此外，引入正念训练可提升教师的正念水平和情绪调节能力，从而有效降低职业压力和倦怠。

幼儿教师应重视自我情感教育并积极参与正念冥想活动。虽然外部环境为教师成长提供条件，但主动性在缓解职业倦怠中起决定作用。新手型教师可通过向有经验的教师学习情绪调节策略来适应环境并降低负面情绪。同时，通过正念冥想提升正念水平，帮助教师更有效应对负性事件，调节情绪并合理设定工作任务。目前，国内已有机构提供线下正念培训（如正念减压疗法和正念认知疗法），利于培训师和学员的直接沟通与干预。另有线上课程通过手机应用程序提供灵活的学习方式，突破时间与空间限制，为幼儿教师的职业发展提供支持。

第三章 平和倾向在幼儿教师职业倦怠中的应用

平和，是建设国泰民安美好生活的心理资源。几千年来，中国人一直秉持崇尚平和的传统。一方面，平和作为中国人的传统人格，是中国人追求的境界，是人格健全的表现。另一方面，国家社会心理服务体系的建设对于社会治理体系的构建至关重要，同时也离不开积极社会心态的培养。当下中国需要加强社会心理服务体系建设，培育自尊自信、理性平和、积极向上的社会心态。何元庆认为立足于中国文化背景下的平和倾向研究对于促进国人积极社会心态的形成有重要意义（何元庆，2020）。倡导培育理性平和的社会心态对于幼儿教师的专业发展有重要促进作用。

一、平和理论

平和指的是心理和精神上的平静安宁，过去的研究中，平和这一主题主要在生活质量、宗教、医学和人力资源等领域受到关注（王诗茗等，2016），但在心理学领域的研究相对少，仍处于起步阶段。作为传统文化追求和向往的境界之一，平和倾向是具有东方特色的人格心理学概念。研究探讨幼儿教师的平和倾向，从新的角度反映幼儿教师的心理健康水平，为幼儿教师的心理健康状况提供新的评估方法。本节将从平和的概念、文化差异、本土文化分析和作用等对平和进行论述。

（一）平和的概念

平和这一概念最早出现在春秋时期，与审美心理、音乐标准以及个人修养密切相关。在音乐审美领域，"平和"被视为衡量音乐价值的关键标准（苗建华，2000）。乐曲若能引导听者内心达到平和状态，这样的音乐方可称之为"中声"，相对地，那些可能过度激发情绪，导致极端喜悦或深度悲伤的音乐则被贴上"淫声"的标签。追求平和心态的音乐表现为旋律和节奏的适度，以及情感投入的适当把握，这类音乐旨在传递一种温和且有节制的情感体验。古人将平和视为君子的重要品质，需要通过修身养性来培养，而音乐则是修养的媒介之一。平和的核心精神在于追求心理与行为的平衡、减少极端情绪的干扰，以及促进个体与社会的和谐共处。

中国心理学界将"平和倾向"作为一种心理特质的探索正逐渐深入。许多学者将其同正念、心理状态、满足感和内在宁静相关联进行研究（刘兴华等，2013；徐慰，2013；徐慰等，2017）。平和作为一种精神上的德性深植于中国传统文化的土壤中，为心理学研究提供了一个坚实的理论和文化基础。何元庆对中国的自然界、社会构造和人文知识中根深蒂固的平和理念进行了详细的分析，并初步整理了儒家、道家、佛家和中医学四个传统文化维度中的平和元素。他注意到这些文化流派对于平和观点的共同认识，并对这一主题进行了深入探究。何元庆将平和倾向定义为一种多维度的人格特质，平和倾向是个体内心平静、待人温和、处事理性的人格倾向，也可以称为倾向性平和（何元庆，2020）。

受到文化限制，西方心理学界对平和这个主题的讨论较为缺乏，并未将平和视为一个独立的心理构念，而是将其视为体验、灵性或和平等概念的下位。与平和相关的概念包括宁静、平静等。研究主要集中在医疗护理（Roberts & Aspy，1993）、临终关怀（Messenger & Roberts，1994）、宗教与正念（Kabat-Zinn，2003）等方面。

东方平和，特别是中国传统文化中的平和观念，强调的是面对现实苦难时保持平静心境（王诗茗等，2016）。这种平和可以理解为对刺激的平衡情绪反应，重点在于冷静地应对意外，以温和的态度与人相处，展现出安适恬淡的特点（Lee et al.，2012）。当外部环境与个体已有认知出现冲突时，个体应以理性思维面对困难，以积极心态解决问题，避免被表面现象迷惑，而是应深入分析问题，以平和的态度接受和应对挫折。心境平和的个体更容易拥有积极情绪，对他人产生积极看法，促进人际关系的和谐。平和的人通常具有较好的情绪稳定性，较少出现极端情绪。在中国，人们对幸福感的定义更偏向于内心的和谐与平衡（Lee et al.，2012），因此提出了安适幸福感的概念，强调身心安适的平静状态。李怡真将内心的平静定义为一种和谐和平的内在状态，视为一种低唤醒的积极情绪，是东方幸福感的构成要素之一（Lee et al., 2012）。中国人的内心幸福感的一个重要维度就是内心的宁静与和谐（高良等，2010）。以我国为代表的东方平和观念，强调的是在面临现实苦难时保持平静的心境，关键在于冷静地应对意外事件，以温和的态度与他人相处，呈现出安逸淡泊的特质。

在国外，平和研究在医疗护理领域的应用主要集中在宁静方面。宁静是一种持久的内心平静状态，与内心平静相关，例如，护士在医疗护理过程中可以运用宁静量表对患者的精神状态进行评估，作为制定干预计划的基础，有助于患者的精神康复（Blue, 2009）。此外，平和对于老年人的护理具有重要意义。老年人通常面临精神关怀不足和生活质量不高的困境，而平和则寄寓了提高身心生活质量的期望。平静的心态能够超越问题情境，为一个人的生活带来热情和平和，并增强同情心，使人有能力泰然自若地接受经历的任何考验和磨难。因此，对于那些经历过艰难困苦生活的老年人来说，宁静具有很高的价值。在婴幼儿教育领域，有研究者提倡引导孩子培养内心平静，以帮助孩子对环境中的压力做出更积极的反应。可以看出，在西方心理学的视角中，"平和"通常被理解为一种深层次的内在状态，它象征着心灵的安宁、生活的和谐以及自我的完全接纳，强调超越痛苦或进入灵性的精神世界。这种灵性自我和出世取向的特点在医疗护理领域的应用并不多，而主要是其相关概念宁静在不断深化，"平和"思想在其中得以发展。

为了更好地理解平和的概念，我们将从状态和倾向两个方面探讨平和的内涵。

1. 状态性平和

一些研究者关注平和的状态性，西方文献将平和描述为一种与焦虑相对立的正向情绪，是个人内心平衡的结果。自从15世纪，serenity一词开始被用来形容一种积极的情绪状态，如性情稳定、平静、冷静、镇静、安全、宁静和泰然自若（Kay & Wotherspoon, 2004）。根据Kraft（1992）的观点，内在的宁静被视为一种积极且有益于健康的状况，它与喧闹、不安、焦虑和杂乱无章形成鲜明对比。这种状态高度关联于身心的舒适及沉着冷静，描绘了一种面对不同生活情境时的适应性与满足感，以及一种淡泊宁静的态度。平静心境既不是愉悦也不是不愉悦，而是低度唤醒的正向情绪。内心平静指的是个体心理或精神上的平和状态，即在面对不和谐或紧张时保持内心平和的状态，这需要丰富的知识和涵养（林道武，2014）。东方对状态性平和的理解通常体现为一种宁静的感受、和谐的情绪以及平和的心态。这些观点精准地捕捉了与平和密切相关的情绪和精神状态，突显出中国文化中所重视的心灵的安宁与淡定，以及心境的宁静。这些看法为探究人们倾向于追求平和状态的研究奠定了坚实的理论基础。

2. 倾向性平和

倾向性平和被描述为一种跨时空稳定的倾向，强调平和的超越性、内在中立性和非暴力性的人格（何元庆，连榕，2021）。下面我们从三组概念来展开讨论：

（1）超越性平和。这种平和突出了其精神性和超越性，它来源于对人类全面的理解，这种理解不仅来自意义、宗教，还可以来自非宗教的途径。平和不只局限于内心的宁静，它还意味着一种更深层次的内在和谐。这种精神状态可能与宗教有关，也可能与宗教无关（Dossey, 2007; Magyar-Russell et al., 2014），例如"安静的自我"这一理念就未必涉及宗教的核心内容（Wayment & Bauer, 2018; 张舒，2017）。这表明个人可以通过不同的方式实现内在平和，无论是否参与宗教活动。研究指出，内在宁静的状态往往与宗教觉悟和精神觉醒相关联。追求一种真正健康和愉悦的心态的关键不在于追逐物质收益，而在于如何管理并缩减个人的渴望与执着，以维持心灵的平和。在不同的文化背景下，个人内在的宁静被看作是一种精神启蒙的体现，能够通过诸如祈祷、冥想、练习太极拳或瑜伽等多种练习逐步培养。根据 Tongeren 和 Green（2010）的理论，一个人心灵上的平和感与个体对自身完整性的认知，或者对其世界观的完善程度息息相关。Tongeren 和 Green 认为，在保持心理平静的过程中，保护意义的来源是关键。当一个人感到自己在某一领域的个人意义受到威胁时，他会寻找另一个意义来源的支持，以此来弥补损失并恢复内心的宁静状态。这种对内心平静的理解暗示了一种评估机制，这将平和视为一个人的世界观与其个人生活经历之间的一致性或均衡状态。通过这一平衡，个体能够在内心找到一种与外在现实相协调的宁静。宁静是一种涉及善良、诚实、爱、慈悲和与宇宙联系的精神构念。它使人能在各种经历中，甚至是痛苦之中，寻找到意义，从而保持对人性的信念和内在的平和，强调人们有能力在任何境遇中发现生命的意义，从而获得内心的宁静（Khushali, 2016）。

（2）中立性平和。这种平和观点强调了作为一种生活态度的自主性，表现出一种不易受外界压力所动摇的性格以及一种开放、冷静的心境。它是一种内在的中立状态，不受外部事件的干扰，能够在正面或负面的情况下维持一种恒定的平静与宁静。Roberts 和 Whall 描述了 serenity 为一种特定的精神状态，该状态能够缓解压力并有助于提升健康水平。根据他的理论，平静是一种从内心产生的体验，不受外界事件的束缚。即便人处于一个不利的环境中，也能够维持一种经过学习的、低强度的积极情绪。这种状态反映了人类追求整体性和和谐性的本能（Roberts & Whall，1996）。宁静涉及长期、稳定和普遍的内在力量，是一种跨时间的广泛而持久的积极取向。朱光潜的诗学概念"静穆"展现了将儒教的"和谐"、道教的"虚静"以及佛教禅宗的"止观"相结合的思想。这一概念的核心在于培育内心的涵养和提升个人的品格（史玉辉，2018）。serenity 涵盖一种与平和、宁静、无忧无虑相联系的生活方式，其中融入了与这种状态相关的行为和认知模式（Floody，2011）。宁静在心理功能和心理健康中具有普遍而持久的积极影响，在培养心理健康和主观幸福感中得到了很好的证明（Naz et al.，2021；Soysa et al.，2021），并且始终如一地促进创造性功能的各个方面，包括发散思维、创造性组合能力和创造性解决问题能力。与瞬间的快乐和满足感不同，平和被理解为一种稳定的内在状态，不取决于外在情况的变化，在生活的顺境与逆境中均能保持不变。根据 Skevington 等人的观点，内在的平和与宁静是一种性格特质，不容易受到压力的影响。这种状态需要一个人去除心中的消极思想和信仰，培养和保持积极的心态和信念（O'Connell & Skevington，2010）。在现代心理学和神经科学研究领域，一些研究者使用佛教的概念框架来深入探讨平和这一概念。Desbordes 等（2015）提出，equanimity，在中文语境中可以称为"均摄"或"平等心"，指的是一种心理倾向。这种心态意味着在面对外界事物时，能保持一种开放、清晰且冷静的精神状态。它包括中立的情绪反应以及一种不受个人偏见和先入为主的选择所影响的内在中立态度，不管事物的起源或情感效价（愉快的、不愉快的或中性的）。平静包含了一种不偏不倚的元素，它可以视为不受个人偏见和偏好影响的心态，具体而言，这种心态在面对任何体验时都保持相同的平等视角，无论这些体验带来的是愉悦还是痛苦。内心的平静表现为对于快乐与痛苦的均衡反应，这有助于人们避免情绪的过度波动。这种态度也可以用"心态平和"来描述，强调了一种因应不同情况时的稳定和镇定心志。Grabovac 等（2011）将这种平和定义为一种态度，即以相同的关注度来面对令人愉悦的、不愉悦的以及中性的体验。这种平衡的心态打破了人们寻求快乐并避免痛苦的天性。Desbordes 等人在 2015 年的研究中阐明：首先，内心的平静与人们体验感知的关键变化有着紧密的联系；其次，它与情绪调节的方法有相似之处；最后，随时间的演变平静还会对人们对于压力源的情绪和身体反应产生影响。

（3）非暴力性平和。这种类型的平和突出了减少暴力和非暴力行为的重要性。根据和平心理学的理念，非暴力和谐是构成和平的关键因素。Anderson（2004）描述和平作为个体、家庭、集体、社区以及国家层面低暴力水平和维护和谐关系的状态。Nelson等（2014）将和平界定为个人倾向于采取非暴力手段，促进和谐状态、态度和行为的性格。在非暴力性格特征方面，和平性格被视为一种健康的人格特质，它与倾向于暴力的人格站在对立面。这样的人格特质使得个体在内心拥有高度的平静，并在外在表现出和平与友好。内心的平和作为一种个性特征，可以通过以下几种方式进行定义：①一种倾向于自我接纳、自我怜悯以及对自己保持非暴力态度的性格倾向；②一种相对持久的、内在自我的各个方面处于和谐状态的品质；③这种倾向也表现为支持和平的关系，或与经验和谐相关的情绪状态。随着和平人格在人类生存和福祉中被认为极为重要，心理学家开始将和平心理学的研究范围拓展至包括用于评估人格维度的变量，比如情绪稳定性（与神经质相对）、自我接纳、积极情绪、友善性以及亲社会行为。和平状态涵盖了如平静和安全感等情绪状态，以及个人内部的和谐状态。和平的态度是建立在信仰和价值观之上，它倡导建立和维护非暴力及和谐的关系。对于行为更和平的人来说，他们会有更多的内心平静。感到平静会促进更多的和平人际行为（Khayyer et al., 2019），因此一个持续经历平静情绪的人也可能以和平的方式处理人际冲突。故和平行为被定义为创造和维持非暴力和谐关系的行为，合作和友善是和平行为的重要内涵。

综合来看，性格上的平和倾向是个体独有的性格特征，它可以在特定环境中展现为正向情感，亦即平和心境或短暂的平和状态。平和作为一种心理感受，广泛而复杂，它与哲学、社会学和宗教学等领域有着深刻的联系。为了深入理解平和这一概念，研究需考虑文化的多样性，并对平和的定义进行更精确的阐释和整理。

（二）平和的文化差异

在佛学教义、经典文献以及传统瑜伽实践中，平和被视为一项至关重要的精神追求，它代表了一种广为人们接受和体验的心态。然而，平和的具体含义与各自的文化环境密切相连。人们会更多地体验那些在他们文化中被赋予重要性的情绪（Mesquita & Frijda, 1992）。因此，平和在不同文化中表现出差异。在西方文化中，平和常常与情感的管理和调节相关联；而在东方，平和所代表的不仅包含情感调节，而且还涉及对该调节的更深层次的自我控制与反思。

心理平静描述了个体在面临强烈挑战时仍能维持的冷静与心理稳定的状态（Carmody et al.，2009），这与情绪调节的传统观念相吻合。情绪调节涵盖了调整情绪反应起始、程度、时长、强度或性质的各种技术和流程（Gross et al.，2013）。根据 Desbordes 等在 2015 年的研究，平静被视为一种情绪调节的手段，它有效地影响情绪反应的强度和质量。不同于专注于情绪反应的再评价策略，平静不直接更改对外部刺激的感知评估，而是提升了对心理事件，比如瞬间的和抽象的思维过程的感知能力（Chambers et al.，2009）。

在文化差异的背景下，西方对于平和的理解通常专注于内心的平静感，而东方的平和概念则不仅包括内心的平静，还涵盖了和谐的元素。在李怡真的博士论文《安适幸福感的构念发展与情绪调控机制之探讨》中，她全面提出了安适幸福感的概念，认为这不只是指心理上的平静状态，还应包括心理和谐的状态。低唤醒度的积极情绪如平和、宁静或放松，较为容易被识别，而与和谐相关的状态，比如和谐感、平衡感或稳定感，在西方的评估工具中经常缺失。因此，安适幸福感更能够捕捉到一个人内心的和谐感受。内在的和谐，源自中国古代的阴阳理论，描绘了宇宙中相对立力量间动态的平衡（Lu & Gilmour，2004）。在东方文化中，较为平和的个体往往能更好地保持内在矛盾与情感之间的均衡。

通过探索安适幸福感，我们能够揭示文化的独特性与共通性。例如，研究发现，在安适幸福感上，中国人的得分普遍高于欧洲裔美国人，并且这一指标对于预测中国人的抑郁症状具有较欧洲裔美国人更高的准确性。这一发现强调了心境平和作为一种深植于东方文化价值观的重要指标。同时，安适幸福感在西方群体中也表现出了良好的可靠性与效度，表明它不仅是衡量心理平静的一种方式，而且也能作为评估西方幸福感的一个重要指标。

这些研究成果提示，平和这个概念在不同文化背景下有着共性，但其特殊性也是不可忽视的。中国拥有深厚的平和文化传统，富含绵密的平和哲理。因此，在现存的国内外研究基础上，针对中国特有文化背景下的平和特质进行深入研究，并构建本土化的平和理念框架，显得尤为重要。这不但能推动国内外平和研究的理论与实证进步，更可助力于平和理论的本土化发展。

（三）平和的内涵分析

周易中的平和精神是中国传统文化的重要组成部分。在周易中，《乾》卦的九二爻文"见龙在田，利见大人"所传达的是高尚的君子德性。综观宋代学者张载的《横渠易说》，他提到九二爻是君子应当修炼的境界。这反映出以定准、自调为核心的中国平和理念。中国的平和观念占据着至关重要的位置。作为一个增长中的大国，保持平和的心态尤为关键（杨雪冬，2010）。因此，对平和精神的深刻探究变得必不可少，以全面理解其多层面的含义。随着时间的推移以及国际交流的拓展，平和思维在中国的传统文化中不仅丰富多彩而且不断演变，它的影响力已经延伸到了包括天文学、地理学、哲学、文学、社会学和医学在内的多个学科领域。为此，本研究探讨了中华传统文化中的平和理念，并尝试从"儒家、道家、佛家、医家"四个传统角度出发，综合考察《四库全书》中所释义的平和含义。这是对中华传统文化中"平和倾向"核心意义的一次分析，目的是能更深入地理解何为平和。

1. "儒、道、释、医"平和思想

（1）儒家平和思想：调谐之基石。儒家思想将内心的纯净作为理想状态，强调心灵应去除任何可能损害其道德导向的因素。使用像"虚""静"这样的术语来阐述这一理念。儒家代表的中华传统文化形成了一套独特的价值观，包括责任优先于自由，义务重于权利，集体利益优于个人权益，和谐胜过冲突（陈来，2016）。在天与人、人与人之间的矛盾冲突中，儒家重视和善相待、合理处理事务的原则，旨在构建和谐的宇宙人际关系。儒家认为，平和的核心是"中和"，即温和与理智的结合。儒家思想中的天人合一感应观、孝悌观及国家与家庭命运共同体观念使得个体能超越狭隘自我，在更广阔的"大我"中构建自我，并在现实世界的人际关系中注重修身养性。每日三省、澄心寡欲的行为，体现了儒家追求性情中和、处理事务理智的哲学观。它们展现了"为天地立心，为生民立命，为往圣继绝学，为万世开太平"（张载）的伟大志向。儒家还在内心平和方面提出了理想人格的展现，即理想之人不受现实困境的牵绊，保持内心的宁静。对儒教而言，内心的洁净在于从生活的外部因素及其干扰中解脱出来，正是这种解脱，成就了内心的平和与稳定（信广来，马栋予，2015）。

（2）道家平和思想：超然之基石。如同儒家对于天人和人际冲突的处理一样，道家亦致力于解决这些冲突。对于道家而言，平和是超越俗世与内在安宁自我忘怀的根本。老子提出"道法自然"的至高理念，从而将自然的道放置于人类社会的礼仪之上，将"道"视为宇宙万物的本源。老子强调了大道无为的原则，提倡道生法则、阴阳互补，这些含义都具有简明的辩证法思维。对于庄子来说，平静是圣人的标志性特质，意味着以开放姿态对待生活的种种经历，针对每一情境中的核心问题进行恰到好处的思考，而不被个人情绪所束缚，这种心态倡导了一种悠然自得的生活艺术（Lai，2023）。李约瑟曾说过，道家哲学是中国文化中众多迷人特征的源泉；如果没有它，中国文化将像一棵腐朽的空心树。这种哲学立场主张和谐与平衡，主张万物应遵循自然秩序，通过温柔和适应性达到平衡，深刻影响着中国的哲学、宗教、文化、社会治理、环境保护和日常生活。老子提出"万物负阴而抱阳，冲气以为和"，这代表了一种阴阳平衡，强调只有在阴阳相互作用中，才能达到整体的和谐。因此，道家以超然自外和虚静忘我作为解决天人关系和人际纠纷的平和之道。

（3）佛教平和思想：超脱之基石。除了儒家和道家，佛教也为中国文化提供了完整的精神寻求和信仰架构，浸透了对内心宁静的追求，对安抚及提升人们的精神生活有着深远的影响。面对自然界和人际的各种挑战，佛教的"戒定慧"教义与对"无我"状态的追求，构成了超越痛苦的重要路径，也是佛教平和观的精髓。在佛教修行的过程中，"戒定慧"要求修行者逐步放弃轮回中的欲望和执念。佛教教导众生在各种生命状态中不断轮回，通过各自"业力"的作用，在不同的六道世界中转生，这是对众生平等的基本认知。从俗家修士对名利的超脱到出家人看破红尘的决绝，佛教所提倡的性质是无欲和安定精神的实践。"无我"和"涅槃"是佛教中提供解脱痛苦的重要理念。佛教认为，涅槃是一种永无痛苦、烦恼和轮回的永恒状态，实现它需放下对"我"的执着。佛教中的平和意味着遵循戒律，净化心灵，培养欲望的减少，悲悯修行，并逐步淡化自我，从而达到涅槃的解脱。

（4）中医平和思想：调理之基石。中医学与中国传统文化紧密相连并根植于其深厚的文化土壤，它不仅在本质上体现了传统文化的精髓，而且直接贯穿于概念框架和理论体系的建构。中医学广泛运用古代哲学思想，借助"阴阳"这一哲学概念解读人体的结构与功能，并将这些理论应用于疾病的诊断与治疗；利用"五行"理论来阐明人体各脏腑间的生理联系和相互影响。在儒、道、佛思想的深远影响下，中医发展出了独有的思维模式，包括整体思维、辩证思维、直觉思维、中和思维以及象数思维等。中医在对疾病的认识上，认为其根本原因是人体气血、脏腑之间功能失衡；中医在预防、诊断和治病原则上强调的是预防为主、辨证施治，注重增强身体正气和自我调节的能力。调和身心及其在未患病时的养生，是中医在平和思想上的主要表现。

综合来看，中国的平和思想历史悠久，"儒、道、释、医"等传统思潮为开展相关心理学研究提供了丰富的文化资源。这些传统文化不单是将平和看作一种生活方式，更视平和为人生的心灵修行，虽然"儒、道、释、医"四家在平和理念上各有千秋，但也存在共通之处。本研究旨在通过梳理和比较这些不同思想，从中提炼出在中国传统文化背景下平和思想的共性，以便更深入地理解这一概念（表3-1）。

表3-1 "儒、道、释、医"平和思想的比较

派别	平和策略	平和的思想	平和的内容
儒家：中庸	天人关系：感应、小我 人人关系：仁者爱人、至善 人己关系：自我反省、克欲	温和待人：谦谦君子、知止有定	致中和，天地位焉，万物育焉 大学之道，在明明德，在亲民，在止于至善 知止而后有定，定而后能静，静而后能安，安而后能虑，虑而后能得 正心诚意、止定静安、安虑后得
		理性调节：一日三省、欲不可纵	克己复礼 礼之用，和为贵 喜怒哀乐之未发，谓之中；发而皆中节，谓之和。中也者，天下之大本也；和也者，天下之达道也
道家：中道	天人关系：法天、忘我 人人关系：不争知足、无身 人己关系：致虚守静、淡欲	超然物外：无为、不争、知足	人法地，地法天，天法道，道法自然 圣人处无为之事，行不言之教 天地与我并生，而万物与我为一 上善若水。水善利万物而不争 知足不辱，知止不殆
		虚静忘我：致虚守静、宠辱不惊	致虚极，守静笃；归根曰静，静曰复命 调适而上遂 及吾无身，吾有何患？故贵以身为天下，若可寄天下
佛教：中观	天人关系：因缘、无我 人人关系：众生平等、慈悲 人己关系：自我关照、灭欲	戒定生慧：遵守戒律、清心去欲	正语、正业及正命 正念、正精进和正定 正见、正思
		无我涅槃：放下我执、觉悟超脱	悲智双运 无我实相 止观 证得自性

52

续表

派别	平和策略	平和的思想	平和的内容
中医：中和	天人关系：相应，动我 人人关系：调和致中，平衡 人己关系：虚心静神，少欲	调和身心：动态平衡、阴阳和谐	"气-阴阳-五行"思维模式 法于阴阳，和于术数 调心-调息-调身 情志相胜
		未病养生：恬淡虚无、清静安和	调和致中 虚心静神 上医治未病 志闲而少欲，心安而不惧

基于"儒、道、释、医"等传统思想体系，我们可以概括出中国传统文化中平和思想的共同特质，其精神实质在于当个体面临处理与自然、他人以及自我之间的关系时，实施的是一种高级层次的调节，即"二阶调节"。这种调节的本质在于对基本层次的调节，即增强或减弱调节行为——进行进一步的优化和调整。换言之，它采取的是一种包含全局观、人际关系与和谐目标在内的策略，以实现事物之间连续不断的平衡状态。

2.《四库全书》中平和的含义分析

通过对电子版《四库全书》进行内容分析法研究，关键词"平和"的检索结果共产生了1504条记录，涵盖了《四库全书》中的多项内容。对这些记录中的古籍条目进行了现代汉语的翻译，并在团队内达成一致意见后对其进行了系统的分类。涉及的古籍材料共计597种，其内容广泛，包括但不限于历史、哲学、文学等相关著作。经过归类，最终形成了包含哲学、文学、艺术、政治、经济、天文、人体健康、中医学及心理学名词等12个细分目录（表3-2），这些资料分别关联到了自然、人文、社会、心理、医学等六大主题领域。这项研究从《四库全书》中检索并归档的平和相关古籍达到了597本。

表3-2 平和内涵分类汇总表

类目	小目（12）	细目（45）	比例/%
自然（61）	天文（48）	历法名称（11）和谐安定（09） 环境安宁（20）气候温和（08）	4.1
	水文（13）	水文平稳（07）土地富饶（06）	

续表

类目	小目（12）	细目（45）	比例/%
人文（118）	哲学（32）	调和平衡（17）谦逊低调（07） 中正端正（04）和谐稳定（04）	7.8
	文学（28）	评论公正（05）内容平实（08） 语气温和（04）文风平静（11）	
	艺术（58）	曲风纯正（14）乐调平稳（25） 书法调和（11）文风素雅（08）	
社会（148）	政治（133）	社会和谐（79）朝政安定（13） 外交安全（10）政策公平（31）	9.8
	经济（15）	市价稳定（09）交易公平（03） 经济调节（02）价格便宜（01）	
心理（490）	品格（251）	人格倾向（115）恬畅心境（56） 道德品格（11）情绪调节（61） 温和心态（08）	32.6
	名称（239）	地名（186）人名（38） 官名（09）军事（06）	
医学（405）	身体（266）	身体稳定（266）	26.9
	中医（139）	症状缓解（06）气味平淡（04） 中药名称（18）强度适中（12） 调理身体（38）温柔手段（05） 药性为温（56）	
其他（282）	其他（282）	非词组（277）其他（05）	18.8

《四库全书》中关于"平和"的条目反映了该概念在中国社会的各个方面都有所涉及。通过对1504条条目的整理和分析，我们将平和的含义细化为12个小类，并进一步将这些小类概括为五个主要内涵以及其他解释。

《四库全书》中关于平和的内容展现了这一概念在人类社会的生存和发展的广泛应用。通过对1504条平和相关记录的整理与分析，可以将其初步划分为十二个小类，并进一步概括为五个主要内涵以及其他几种解释。

（1）平和在自然界的意义。这个领域主要被划分为天文和水文两个小类。在天文学中，平和主要指与历法命名相关的和谐及自然万物的协调关系。在水文学中，平和可以代表多种含义，包括环境的宁静、气候的温和、水流的稳定以及土壤的肥沃。这意味着在自然界中，平和描绘的是一种天与地相协调、水与土相和谐的理想状态，处于这种状态的自然界无灾害之忧，气候适度，生物得以安居乐其位，自由生长。

（2）平和在人文领域的意义。这个领域与文学、哲学和艺术紧密关联。文学中的平和可以从文章的内容、批评、用语、风格等方面理解。其人文内涵丰富多彩，包含了文学评论中的中肯、文风温和，哲学中的平衡与谦逊以及艺术作品中的流畅舒缓和素雅。这些反映了在文人眼中，平和是一种超脱于高调宣扬的宁静生活态度。

（3）平和在社会领域的意义。社会领域中的平和通过政治和经济的角度来阐述。在政治层面，平和关乎社会的和谐，如社会稳定、民众的幸福安康、机构的有序运转以及公平的市场定价和贸易。在经济层面，平和意味着物价的稳定、交易的公正以及经济活动的科学调控，创造出良好且公平的市场环境。

（4）平和在心理层面的意义。在《四库全书》的框架内，"平和"一词在人类的心理建构中扮演了重要的角色，并与"儒、道、释、医"等传统思想体系及其所倡导的价值观念相契合。这些观念通过它们在个体心理品质和行为上的体现，凸显了平和在中国传统文化中的核心地位，并成为民族性格的显著特征。从品格角度理解，"平和"通常被看作是一种性格特质，其中包含了对他人和蔼可亲、个性低调不张扬、心态平静安宁、行为均衡稳重，以及对生活中各种现象持平淡、不极端的态度。此外，平和也可表现为内在平稳和宁静的心理状态，能以温和的方式看待事物，保持成熟和从容的心理素养，以及能快速恢复平静的情绪状态，并拥有包容、理解他人的心胸。

（5）平和在医学领域的含义。医学上，"平和"关联到身体状态和中医治疗原则的稳定性。在身体方面，它意味着身体机能如器官、呼吸、血流、脉动处于平衡稳定的状态。在中医学上，平和指的是药物性质的温和，能够调理人体阴阳、五脏六腑，维持和恢复健康状态的中药如平和汤和各类平和煎剂。此外，它也强调药物强度的适宜性、治疗中的柔和手法，以及病症调节过程的平和与症状的缓解。

综上所述，中国文化背景下的平和倾向可视为个体在内心的宁静与和谐、对人的温和友善、处世行为的理性与稳重。平和倾向囊括了认知、情绪、意志和行为四个维度（图 3-1）：认知上体现在冷静思考与妥当解决问题上；情绪上表现为心情平静与有效自我调节；意志上反映在目标追求的适度，并将个人与集体的利益合理考量；行为上则体现为行动的稳定性和谨慎，不急躁。

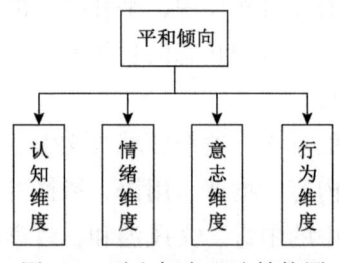

图 3-1　平和倾向理论结构图

总结而言，"平和"这一概念凝结了中国哲学的深刻见解，是中华传统文化的核心价值之一，贯穿于自然、社会、人文、中医及心理等多个层面，占据着中国传统文化中的显著地位。通过对《四库全书》中平和条目的分析，以及对于平和思想的系统整理，我们可以得出，在中国的文化语境下，"平和"倾向反映了个体在精神、情感和行为上的平衡和谐，展现为内心的宁静、对人际的和善，以及在各种事务中的理性处事方式。这种平和性格倾向涵盖了认知、情绪、意志和行为四个重要的人格维度。

（四）平和的影响因素

对生理、社会和发展因素进行分析对于全面理解平和的影响因素是很重要的，但本部分仅对个体心理因素进行分析。

1. 正念

在探讨平和的心理因素方面，正念起着至关重要的作用。这一概念源自东方冥想实践，并与佛教修行紧密相关。在过去 40 年中，正念辗转被西方心理学家抽离宗教色彩，转化为一种治疗手段和自我发展的工具，这一转变对个人性格和情绪产生了显著的积极影响。能够意识并专注于当前时刻，不加评判地觉察自身的心理状态，是正念的核心定义，这一观点由 Kabat-Zinn 于 2003 年提出。正念训练的目标是使人们能够活在当下，避免习惯性反应，并在此过程中培养更加健康的心态。据 Bishop 在 2002 年的描述，正念练习涉及集中注意力，公正无私地接受任何当前的体验和存在状态。有学者认为，个人对内心世界的"去中心化"是维系心理平稳的关键（Kuyken et al., 2010），这一过程与经验避免呈负相关，与情绪调节呈正相关。举例来说，衡量去中心化的项目包括观察不愉快情感而不受其影响，或能抽离出自己的想法和情感。

正念，作为一种被广泛实践的技术，帮助人们在生活中营造更多的宁静，应对潜在的不满与情绪挑战。研究发现，透过正念实践，人们可以减少反应性并提升个人的平和度（Veetil & Pradhan，2022）。正念被认为是增进接受度和减少认知逃避行为的有效途径。这种状态与平和感的提升有着密切的联系（Shoham et al.，2018）。一个平和的心态主要来源于对内在困难情绪的理解、接纳和处理（Brown et al.，2007；Ekman et al.，2005），并且认为内在的和谐将促进外在的和谐（Siegel，2009）。因此，通过培养正念，不仅能在个人生活中营造平和，还能在人际关系和更广泛的社会、政治层面上引导和平的实现。来自中国的研究显示，参与正念冥想的人群在练习中展现了更加平和的情绪响应——他们在脑波活动中的α波指数增高，指出正念冥想减缓了对负面情绪刺激的反应，并降低了对正面情绪的过敏性（任俊等，2012）。此外，冥想还能使人们倾向于更加平和，减少了对积极和消极刺激的突出反应（Juneau et al.，2021）。融合调节呼吸的冥想技巧不仅实用，而且具有转变性，赋予人们培养宁静内心的能力。无论是东方哲学中对正念冥想在控制思维和行为上的肯定，还是西方文化对调节呼吸减轻压力的认可，都强调了正念在提升个体平和态度和减缓生活压力中的重要作用。

equanimity 或平静，是一种对待生活经历和各种情境的心理态度，它使个体保持从容不迫，不受情感价值（正面、负面或中性）或其来源的影响（Desbordes et al.，2015）。在小乘佛教的实践中，通过深入内观冥想，信徒能够洞悉所有经历的因果关系，逐渐达到深刻平静，进而摆脱那些带来苦楚的渴求（Desbordes et al.，2015）。研究支撑了这一理论，显示经过8周的正念冥想练习，新手冥想者在情绪激起的情况下，其大脑中与情绪处理相关的杏仁核活动显著减少（Desbordes et al.，2012）。这意味着那些通过正念冥想训练的人在面对不再重要的刺激时，能更快地从情绪中恢复过来，表现出更大的心理平静。因此，平静被认为是一种包容且非反应性的心态，它是正念基础干预法（Mindfulness-Based Interventions，MBI）的关键组成部分，有助于促成心理的稳定和平和（Cheever et al.，2023）。总体而言，即便是短暂的专注于特定正念冥想的练习，也足以发生长远的人格变化，以及更强的内在平和和心理适应（Slagter et al.，2011）。

2. 严谨性与宜人性

在研究平和这一心理状态时，人格特质是一个不能忽视的影响因素。严谨性（conscientiousness）被定义为个体在控制冲动、遵循社会规范、以目标为导向的行为、思考后行动和延迟满足感方面的差异（John et al, 2008）。严谨性涵盖了六个互不相同的组成部分：胜任感、条理性、责任心、事业心、自律性和审慎性。研究表明，严谨性与自我同情、幸福感和积极情绪有正相关性，与神经质和消极情绪有负相关性（Neff et al., 2007a）；元分析研究还显示，严谨性与神经质也呈现负相关（Steel et al., 2008）。

宜人性（agreeableness）则反映了人在人际互动中的和平特质，它包含六个要素：信任、直率、利他、顺从、谦虚和温柔。拥有和平特质的个体可能更能保护自己免受与社交孤立有关的精神压力，这种特质被视作幸福感的一个保护因素。它能够解释个体在应对社会孤立时的差异性（Mann & Walker, 2022）。Jensen-Campbell 和 Graziano（2010）在回顾众多关于宜人性的研究后指出，宜人性描述了个人在与他人交往时展现出的愉快、可爱以及和谐的个体差异。综合研究发现，和平的个人往往在严谨性和宜人性这两个人格维度上得分较高（Mayton & Mayton, 2009）。这表明，在推动和平倾向及行为方面，这两种特质起到了至关重要的作用。

3. 依恋风格

各种成人依恋风格对于个体的内在平静和感情经历具有深远的影响。依恋风格影响着人们如何在心理上建立模式来组织对社会互动和外部世界的情感反应（Shaver & Mikulincer, 2007; Stroebe et al., 2006）。研究指出，安全型依恋与一系列的积极情感如爱、自豪、共情和愉快有显著的正相关性（Mikulincer & Sheffi, 2000; Shiota et al., 2006; Unrau & Morry, 2019）。然而，那些未形成安全依恋的个体可能会经历情感的不协调，这会对他们的平静状态、心理平和以及与他人和谐相处的感觉产生消极影响（Puopolo, 2014）。依恋风格的安全性影响着个体应对逆境的能力。研究发现，在不安全依恋程度较低的个体中，良好的应对能力有助于提高对疾病的接受能力，而在不安全依恋更为严重的个体中，这种正向关联则不那么明显（Hamama-Raz et al., 2018）。此外，当个体对人际关系有高度焦虑和害怕被遗弃的时候，他们可能会在情绪调节方面遇到挑战，导致内心的不平静（Melen et al., 2017）。在婚姻关系中，安全型依恋的个体由于更加注重规范并努力遵守，通常比没有形成安全依恋的个体更能体验到婚姻的满意度和平静感（Clark et al., 2010）。因此，成人依恋风格是通过影响情感调节和应对策略，再间接地影响到个体的心理平和及其与他人的和睦相处。

4. 价值观

个体的价值观是他们根据事物对自己的重要性的评价标准，这决定了他们的判断和选择。热爱平静的价值取向与仁慈和普遍主义的价值观息息相关（Mayton & Mayton, 2009）。仁慈的价值观以增进人们的福利为主，而普遍主义价值观则强调对所有人福利的理解和尊重、赞赏不同、容忍异己并保护他人（Schwartz et al., 2002）。相比之下，热爱和平的价值观与对权力、享乐主义和刺激性价值的关联较小。权力价值注重追求社会地位和威望，以及对人和资源的控制或支配；享乐主义价值则更倾向于个人的快乐和感性满足；刺激性价值追求生活中的刺激、新奇和挑战。Schwartz 等（2002）提出了一个评估个人决策风格的"最大化量表"。被称为"最大化者"的个体总是期望从众多选项中选出最佳结果，当他们觉得没有做出最好选择时，会感到遗憾。相对地，"满足者"只会寻求"足够好"的结果，满足于刚好超过某个可接受的标准。

一个跨文化的研究指出，情绪控制的价值观在不同文化中具有不同的含义：在亚裔群体中，重视情绪控制的个体更少体验和显示愤怒；而在西方群体中，尽管强调情绪控制的个体行为表现愤怒的程度较低，但其愤怒体验并不受影响（Mauss & Butler, 2010）。进一步研究发现，在表现愤怒方面，亚裔群体比西方群体少，而在生理响应上则无显著差异（Mauss et al., 2010）。这些差异突显了文化因素在情感表达和价值观塑造方面的作用，以及它们如何与个体对平和的渴望连接起来。

5. 自我同情

自我同情是心理健康的重要构成部分，其与心理功能的强度关联超过了个性特质本身的影响（Birnie et al., 2010；Neff et al., 2007b）。自我同情量表是由Neff及同事（Neff et al., 2007b）开发的，用于衡量个人对自己的关怀程度。该量表明确了自我同情的几个关键成分，包括自我仁慈（对自己的宽容和理解）、共通的人性（认识到所有人都有痛苦与失败的共同经历）以及正念（面对苦难保持平衡的情绪意识，不过度批判或自怜）。这些成分显示了与生活满足度高、抑郁和焦虑症状低等积极心理健康指标的显著联系。研究还指出，自我同情与情感智慧以及内在平静感之间存在相关性，表明自我同情可能是提升情感理解和心理平衡的一种途径（Neff et al., 2007b）。有实验数据显示，重视道德与自我的个体能够从情境激发的正向关系中受益，这有助于他们减少负面情绪（Chatterjee et al., 2017）。同时，那些能够运用自我同情中的自我仁慈、共通人性和正念等策略来调节情绪的人，更可能采用适应性策略来处理情绪，而非逃避或自我批评（Moon & Choi, 2015）。此外，规律性的冥想练习者在面对创伤性事件时更能保持内心的平和，不被不利环境所扰动，从而增强个人的幸福感（Veetil & Pradhan, 2022）。综上所述，自我同情不仅对个体的心理健康至关重要，还与提高心理韧性和对创伤性事件的适应能力紧密相关。

（五）平和的作用

1. 强化中庸思维方式

中庸思维是一种多方面、整合性的思考方式，强调和谐性，涵盖理解和接纳多种观点后，为了个人与大局的整体利益作出适度的判断（吴佳辉，林以正，2005）。该思维体系融入了元认知的实际应用方面，体现了其文化背景下的集体思维特性，以及在认知、动机、信念和价值观等心理维度上的个体差异（杨中芳，2009，2014；杨中芳，林升栋，2012）。平和心境作为中庸思维方式的基础，有助于个体发挥这种思维方式的功能。

2. 提升认知灵活性

认知灵活性指个体对不同情况的适应和转换能力，是心理健康的标志之一（Kashdan & Rottenberg, 2010）。积极情绪会增强个体认知的广度和灵活性，允许更多的思维和行为计划得以整合（Betzel, et al., 2017）。平和有助于增强认知灵活性，改进知觉-认知-情绪系统，增加对经验的认识，减少惯性反应（Jijina & Biswas, 2022）。

3. 促进亲社会行为

亲社会行为是出于自愿、旨在帮助他人的行为（Eisenberg et al., 2010）。它与社会认知能力相关，涉及对他人情感、意图和信念的理解，包括同情、移情、利他主义，与亲社会行为如分享、合作、助人等行为的理论密切相关（Zaki &

Ochsner，2012）。研究指出，放松心情的个体更愿意进行这些亲社会性行为（Whitaker & Bushman，2012）。

4. 改善情绪调节能力

平和被视为情绪调节的关键因素，有助于减少情绪调节的困难和心理问题（Giluk，2009），与减少焦虑和抑郁的水平相关（Kwok et al.，2019）。平和可以通过学习及实践获得，并通过减少神经质人格特质的个体所感知的压力和抑郁症状，为情绪稳定提供缓冲（Wongpakaran et al.，2021）。

平和心境在提升个体综合心理功能方面具有重要性，包括促进更中庸和全面的思考、增加心理韧性、加强对社会的贡献以及改善情绪管理能力。

二、平和倾向与职业倦怠之间的关系

平和倾向与幼儿教师职业倦怠之间可能存在负向的关系，尤其是在处理具有挑战性的工作情境时。幼儿教师在日常工作中面临着各种复杂的情况，需要处理儿童的情感、行为和教育需求，而平和倾向可能在这一过程中发挥积极作用。

（一）幼儿教师职业倦怠的产生

职业倦怠是职业活动中个体普遍面临的心理状态。在当今社会背景下，幼儿教师因职业的特殊性承受着多重压力和挑战。职业倦怠主要表现为工作中的疲惫感、失落感及对岗位的消极情绪。这一现象常因职场压力和实际工作与期望不符而加剧。

学前教育作为国家教育体系的基础环节，对社会未来发展具有深远影响。幼儿教师承担着培养下一代的重要任务，其职业压力和挑战急需社会各界关注和支持，特别是在三孩政策实施后，社会对幼儿教师的需求大幅增加，家长对其要求也日益提高，不仅期望教师照顾幼儿，还希望孩子在幼儿园学有所获。职业倦怠的成因复杂，包括超负荷工作、挑战性行为、家长的高期望、薪资低及职业晋升机会有限等。此外，社会支持的缺乏和自身心理资源不足也是主要原因之一。研究发现，幼儿教师的压力主要来自孩子和家长的需求，如家长对儿童安全及学习成果的过度关注（Gong et al.，2020）。完美主义倾向的教师因设定过高的绩效标准及对失败的恐惧，更易产生情绪衰竭，从而导致职业倦怠（Ménard et al., 2023）。

由于幼儿无法自我管理，教师需投入大量耐心和爱心，对幼儿的行为始终保持温和应对。这种高情绪投入的工作容易使教师感到身心疲惫。此外，教师还需应对家长的质疑、考核检查等多重压力，长期高压状态下心理资源被持续消耗，导致自我损耗，从而引发职业倦怠。幼儿教师的工作任务复杂且高度责任化，常处于高强度的工作压力状态，因此更易出现职业倦怠等心理健康问题，感受到压迫感、紧张感，较少体验工作的成就感与幸福感。

（二）平和倾向对幼儿教师职业倦怠的影响

高平和倾向的个体通常表现出理性、温和的特质，以及较强的情绪调节能力。这种心理特征与认知的和谐性、整合性密切相关，并能有效促进亲社会行为的产生。亲社会行为能够使他人获益，涉及助人，以及分享、安慰等其他行为（Eisenberg et al., 2010），与人际交往有重要联系。"助人"是教师这一职业明显的特质之一，这要求他们要具有足够的心理资源从而在教学过程中长期高度投入情感、精力，并且要求幼儿教师充分了解学生、帮助学生，达到促进幼儿身心健康发展、人格健康发展的目的。平和倾向是指个体表现出相对稳定、冷静的情绪反应，能够应对压力和挑战，保持平静和冷静的心态。

1. 平和倾向通过情绪调节降低职业倦怠

平和倾向通过调节个体的情绪，有效降低幼儿教师在工作中因负性事件引发的情绪反应。情绪稳定的教师能够更好地控制自我情绪，并充分利用社会支持资源，以缓解职业压力，减少职业倦怠（于成林等，2020）。在一定程度上，平和倾向可以改善幼儿教师的职业倦怠水平，帮助缓解当前幼儿教师队伍中普遍存在的流失率高和工作积极性低的问题。

幼儿教师在社会发展中扮演着至关重要的角色，肩负着培养儿童认知、情感和社交技能的使命。作为一份高情绪投入的职业，教师的情绪会通过教学活动传递给幼儿，进而影响其身心健康。因此，幼儿教师需具备较强的情绪自控能力，能够充分调配情绪资源以应对不同的工作情境。然而，面对幼儿这一特殊群体，教师承受的情绪压力和工作负荷较大，容易导致职业倦怠，且职业倦怠程度越高，离职意向越强（黄旭等，2017）。

平和是一种心理状态或积极人格特质，指以平和、接纳的心态应对工作任务，能够降低心理资源的消耗，从而缓解职业倦怠。研究表明，具备积极人格特质的个体职业倦怠程度更低（Khalil et al., 2017）。平和倾向作为幼儿教师的一种积极人格特质，有助于教师在应对各种情境时保持冷静、理智与从容。这种特质不仅有利于与幼儿建立积极关系，还能为幼儿提供稳定、安全和支持性的环境。情绪上，平和倾向表现为情绪稳定，自我调节能力强；性格上表现为温和淡定；行为上则表现为谨慎稳重，在复杂情境中冷静应对（Lee et al., 2012）。平和倾向较高的个体更易体验积极情绪，且即使受到干扰，仍能接受和处理积极信息。

平和心态能够增强幼儿教师的心理弹性，帮助其更好地应对工作中的情绪波动和挫折，减少职业倦怠的发生。在工作中，教师需面对与学生、家长沟通以及解决冲突等情绪激动的场景，具备平和倾向的教师更能控制情绪，避免对其工作产生负面影响。

2. 平和倾向通过增加理性思考降低职业倦怠

幼儿教师需要提供高强度的情绪劳动。平和倾向有助于教师在这些情境中保持冷静，管理情绪，避免过度亢奋或疲惫。面对幼儿教育中的冲突与不确定性，具备平和倾向的教师更倾向于采取理性、冷静的方法，减少情绪化反应，从而降低职业倦怠的风险。这种情绪控制能力还能改善师生关系，促进教学中的积极互动。研究表明，教师的情绪不仅影响师生关系质量，还传递重要的社会信息，塑造学生的信仰和情感体验（Frenzel et al., 2021）。具有平和倾向的幼儿教师能够在课堂突发情况下以沉着态度应对，安抚和引导儿童负面情绪，营造和谐的学习环境，有助于儿童的社会情感发展。

平和倾向还能提升教师与家长沟通的效果。教师能够耐心倾听家长表达的担忧，采取理解与支持的态度，与家长建立积极合作的家园共育关系。此外，平和倾向促使教师在做决策时保持谨慎和理智，不因情绪冲动而影响判断，从而制定符合儿童利益与教学目标的方案。平和心态亦有助于教师自我反思和专业发展，冷静分析自身教学中的优势与不足，不断优化教学策略以应对教育需求。具备平和倾向的教师更能从正面看待工作中的困难和压力，感受到职业价值和成就感，从而减少因压力引发的职业倦怠。

在幼儿情感发展的关键阶段，教师对幼儿情绪的理解和管理尤为重要。平和倾向的教师能够通过观察儿童行为、倾听其自我表达，准确把握幼儿的情绪需求。具备这一特质的教师在面对情绪激动的情境时，表现出更高的教学效能感，即对完成教学任务的信念，从而增强其职业长久性。他们能够更有效地应对教育工作的挑战与压力，减少职业倦怠，维持对教育事业的热情。

尽管平和倾向帮助幼儿教师在工作中保持冷静并增强心理韧性，但长期的高情感投入仍可能导致情绪疲劳和职业倦怠（Jiang et al., 2023）。心理韧性，即在逆境中保持积极心态和适应能力的特质，能通过平和心态得到提升。具备平和倾向的教师能够积极应对工作压力，从中学习与成长，增强适应力和自我管理能力。此外，平和心态提升了教师的工作满意度，帮助他们认识到职业成就与意义，减少因压力过大而导致的负面情绪与职业怀疑。

平和倾向也与良好的情绪智力密切相关（张祥利，蒋玉琼，2023）。具备平和倾向的教师能够更有效地识别和管理自己的情绪，并理解幼儿的情绪需求。这种能力有助于创造和谐的学习环境，促进幼儿的情感学习与发展，为其成长提供安全、稳定的支持。

需要注意的是，尽管平和倾向在降低职业倦怠风险方面具有重要作用，然而职业倦怠的产生是多因素作用的结果，包括工作环境、工作压力和社会支持等。即便具备平和倾向的教师仍需采取适当的自我管理策略，如情绪释放和工作平衡，以维护职业健康和幸福感。

三、幼儿教师平和倾向测量工具的编制

基于中国文化提出的"平和倾向"研究尚需进一步探索，特别是针对幼儿教师平和倾向的研究可以为他们的心理健康评估提供新的工具，并为职业倦怠的干预提供新的视角。为此，开发一份针对幼儿教师的平和倾向问卷是重要的基础性工作。

（一）编制初始问卷

1. 访谈与开放式问卷调查

（1）访谈

在编制幼儿教师平和倾向问卷前，访谈是至关重要的准备步骤，这有助于研究者深入了解该群体的心理状态及其对平和倾向的理解。访谈内容需全面涵盖幼儿教师的职业特性、教学方法、学前儿童的特点，以及幼儿教师在职业生涯中可能遇到的具体情境和挑战。通过方便取样法，课题组选取具有多样化特征的 11 名在职幼儿教师参与访谈，力求涵盖不同地区、学校类型及工作年限，以确保研究数据的代表性。

访谈采用线上与线下相结合的形式。线上访谈通过视频通话等方式进行，便于跨地域的教师参与；线下访谈则提供更直接的互动与反馈体验。访谈过程中，注重营造舒适的交流环境，鼓励参与者自由表达观点。访谈完成后，对收集的数据进行系统整理与分析，以揭示幼儿教师对平和倾向的认知结构，并为后续问卷项目的编制提供科学依据，确保问卷更具针对性和预测性。

（2）开放式问卷调查

为确定幼儿教师平和倾向的结构与维度，本研究设计了开放式问卷调查项目，项目涉及幼儿教师常规人口学信息（如性别、年龄、所在园所性质等），此外还包括"你认为一名合格的幼儿教师身上应该具备何种特质？""你身边的幼儿教师同事中是否有平和的人？他们身上有何特点？"等开放式项目。

使用问卷星网络调查平台发布开放式调查问卷，共回收问卷 107 份，有效问卷 104 份，问卷有效率为 97.2%。其中男性幼儿教师 4 人（3.8%），女性幼儿教师 100 人（96.2%）；教授大班的教师为 28 人（26.9%），中班教师为 33 人（31.7%），小班的教师 43 人（41.3%）；教师平均年龄为 28.1 周岁（SD=5.8）；教师平均教龄为 4.59 年（SD=4.34）；教师周工作时间平均为 40.34 小时（SD=10.2）。

回收开放式问卷调查结果后邀请 5 名心理学专业研究生对所收集结果进行编码处理。根据所收集的问卷调查结果与专家、小组讨论后，课题组确定幼儿教师平和倾向的操作性定义与维度。

本研究提出的幼儿教师平和倾向的操作性定义和维度：幼儿教师平静、镇定、温和的倾向。平静代表个体情绪超越情境的稳定、安宁的倾向；镇定代表个体理性处理问题、淡定稳重的倾向；温和代表个体具有的待人随和、温柔的倾向。

2. 形成初始问卷

首先，进行初始问卷的编制。初始问卷项目库的构建主要是通过以下三个途径：一是根据幼儿教师平和倾向的开放式问卷调查结果；二是根据幼儿教师平和倾向的操作性定义；三是参考针对幼儿教师已有的成熟问卷。初始问卷项目库包含 104 个项目（表 3-3）。

表 3-3　幼儿教师关于"平和"开放式调查结果（$n=104$）

大分类	小分类	频次
平静	情绪平稳	40
	平静	40
	控制情绪	38
	不生气易怒	35
	心平气和	35
	不发脾气	34
	宽容	30
	佛系	30
	反应不大	28
	平淡	27
	心情愉悦	25
	豁达	18
温和	温和	42
	言语温和	38
	待人随和	35
	温柔	30
	好相处	28
	易于沟通	25
	乐观	25
	平易近人	22
	待人友善	22
	和蔼可亲	18
	和平	25
镇定	冷静	45
	不急躁	45
	耐心	41
	对待工作积极认真	39
	遇事不慌乱	35
	谨慎	35
	处事不惊	32

续表

大分类	小分类	频次
镇定	淡定	30
	细心	28
	理性	25
	沉稳沉着	20
	灵活	20

其次，邀请专家学者、在职幼儿教师、心理学专业硕士对初始项目的内容效度进行检验，即分析讨论所构建的项目库中所有项目的描述是否妥当、有歧义，并对104个原始项目进行可读性与适宜性评价，对于不合适的部分项目进行修改或删减。

最终编制包含31个项目的"幼儿教师平和倾向问卷"，此为初始问卷。初始问卷使用利克特6点计分，1分代表"非常不符合"，6分代表"非常符合"。

（二）形成正式问卷

初次施测所收集数据用于项目分析与探索性因素分析；正式施测所收集数据用于验证性因素分析及效标检验；重测信度样本数据用于信度检验。

1. 初次施测

从安徽省部分市抽取幼儿教师参与调查。统一通过网络调查平台"问卷星"进行施测，并回收问卷753份。对所回收的数据采用Excel进行筛选与处理，对低于答题设定的最低时间、测谎题答错、明显规律性答题等诸多无效问卷进行删除，问卷处理后共获得661份符合标准的问卷，有效问卷回收率为87.8%。对有效问卷进行描述性统计，男性幼儿教师6人（0.9%），女性幼儿教师655人（99.1%）；专任教师538人（81.4%），保育员60人（9.1%），行政人员51人（7.7%），其他12人（1.8%）；参与调查的幼儿教师平均年龄为30.5岁（SD=8.6，年龄范围从18周岁到56周岁）。问卷采用利克特6点计分法，分别为"非常不符合""大部分不符合""有点不符合""有点符合""大部分符合""非常符合"，分别记为1～6分。数据结果采用Excel进行筛选，SPSS 25.0、MPLUS 8.3进行分析处理，初始问卷施测结果用于项目分析以及探索性因素分析。

项目分析结果显示，根据临界比率法检测31个题项在高低分组上的差异均达到显著性水平，因此不删除项目；根据题总相关法检测，当量表的每个项目得分与量表总得分之间的积差相关系数小于 0.40 的不符合测量学要求，应予以删除，故删除 4 项，严格筛选后得到 27 个项目。

探索性因素分析综合采用特征值大于 1、解释方差总量、平行分析、竞争模型比较等四个标准，在进行首次探索性因素分析时，26 个项目一起进行，采用斜交旋转的因子旋转方法，按照上述标准对项目进行筛选，并根据本研究中幼儿教师"平和倾向"三个维度的操作性定义，并结合每个项目的意义，经过多次探索性因素分析最终得到幼儿教师平和倾向的三个维度，分别是平静倾向、温和倾向、镇定倾向，最终得到 15 个项目。在这 15 个符合标准的项目中，大于 1 的特征值分别是 7.691、1.134、1.114 这三个，能够解释方差总量 66.263%。一般而言，χ^2/df＜5，RMSEA＜0.08，SRMR＜0.08，CFI＞0.90，TLI＞0.90，表示模型拟合良好。模型比较结果显示，四因素模型各项拟合指数要好于其他因素模型，但综合考虑原始理论设想及碎石图显示结果（图 3-2），本研究拟采用三因素模型（χ^2/df=2.92，RMSEA［90%置信区间］=0.054［0.045，0.063］，AIC=22575.98，BIC=22899.53，CFI=0.96，TLI=0.94，SRMR=0.02），共解释方差总量的 66.263%（表 3-4）。

表 3-4　探索性因素分析模型拟合指数一览表

模型	χ^2	df	χ^2/df	AIC	SRMR	RMSEA［90%置信区间］	CFI	TLI	BIC
单因素模型	3436.51***	105	32.73	23248.80	0.06	0.094［0.087，0.101］	0.84	0.82	23451.02
双因素模型	320.84***	76	4.22	22756.19	0.04	0.070［0.062，0.078］	0.93	0.90	23021.32
三因素模型	184.11***	63	2.92	22575.98	0.02	0.054［0.045，0.063］	0.96	0.94	22899.53
四因素模型	128.62***	51	2.52	22509.29	0.02	0.048［0.038，0.058］	0.98	0.95	22886.77

注：*p＜0.05，**p＜0.01，***p＜0.001。下同。

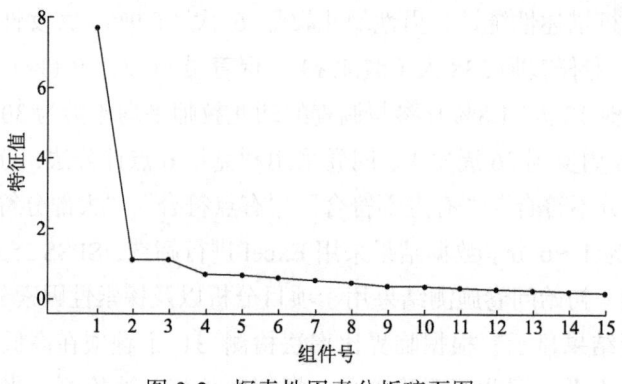

图 3-2　探索性因素分析碎石图

结合 15 个项目在 3 个因子上的负荷矩阵，依据项目归属情况，对三个因子进行命名：

因子 1：主要测量幼儿教师情绪平静、稳定的倾向，包括 Q3、Q5、Q7、Q8、Q9，共 5 个项目，将其命名为"平静倾向"。

因子 2：主要测量幼儿教师温和待人，友善的倾向，包括 Q12、Q13、Q16、Q17、Q19，共 5 个项目，将其命名为"温和倾向"。

因子 3：主要测量幼儿教师理性思考问题、做事稳重的倾向，包括 Q20、Q21、Q23、Q24、Q25，共 5 个项目，将其命名为"镇定倾向"。

2. 正式施测

从安徽省、广东省、湖北省、上海市等部分省市中抽取幼儿教师参与调查。统一通过网络调查平台"问卷星"进行施测，并回收问卷 854 份。对所回收的数据采用 Excel 进行筛选与处理，对低于答题设定的最低时间、明显规律性作答及未通过测谎题等无效问卷作出剔除后，获得有效问卷 765 份，有效问卷回收率为 89.6%。对有效问卷进行描述性统计，男性幼儿教师 20 人（2.6%），女性幼儿教师 745 人（97.4%）；幼儿教师所属公立幼儿园 539 人（70.5%），所属私立幼儿园 226 人（29.5%）；幼儿教师所属城市幼儿园 594 人（77.6%），所属乡镇幼儿园 171 人（22.4%）；所有被试平均年龄 29.1 岁（SD=9.0，年龄范围从 18 周岁到 68 周岁）。

验证性因素分析结果显示幼儿教师平和倾向的三因素结构模型的拟合结果最优（χ^2/df=4.28，RMSEA=0.066，CFI=0.943，TLI=0.931，SRMR=0.041），且其维度下的各个项目负荷值也达到统计学要求（图 3-3）。

采用内容效度、效标关联效度作为幼儿教师平和倾向问卷的效度指标。邀请在职幼儿教师、心理学教师、专家等对问卷项目进行检查，并根据其意见及建议进行修改。采用内心平静量表、教师正念量表中文修订版、教师职业倦怠量表、认知情绪调节问卷中文版中的两个维度（灾难化、责怪他人维度）作为幼儿教师平和倾向问卷的效标工具。上述量表均是符合测量学标准的、被广泛使用的成熟问卷，以这些量表作为效标工具，能够有效测量幼儿教师平和倾向问卷的效标关联效度。结果显示，幼儿教师平和倾向问卷总量表及其各个维度与内心平静量表、教师正念量表中文修订版均呈显著正相关；幼儿教师平和倾向问卷总量表及其各个维度与教师职业倦怠量表、认知情绪调节问卷中文版中的两个维度（灾难化、责怪他人维度）均呈显著负相关。

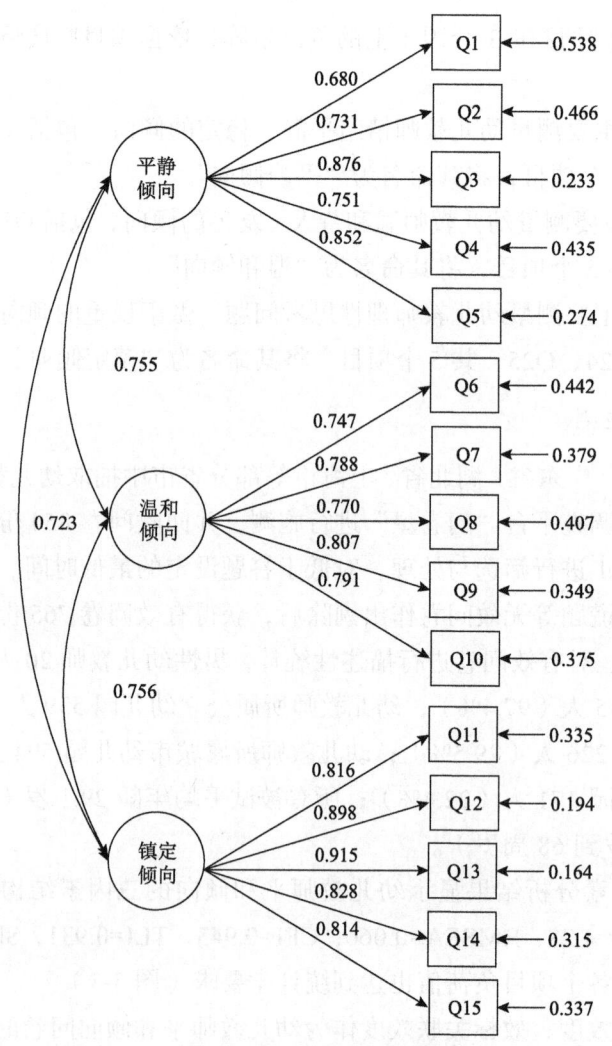

图 3-3　平和倾向问卷路径系数

3. 重测信度

采用问卷星网络调查平台进行问卷发放，选取安徽省池州市 65 名幼儿教师参与调查。首次施测时间为 2022 年 9 月 23 日，间隔 4 周后进行第二次测量。排除脱落与无效问卷后获得有效问卷为 60 份，问卷有效率为 92.3%。

合成信度、克龙巴赫 α 系数、重测信度（间隔 4 周）作为幼儿教师平和倾向问卷的信度指标。所编制的幼儿教师平和倾向三个分维度的合成信度在 0.88～0.93，总问卷的合成信度为 0.94；各维度的克龙巴赫 α 系数在 0.88～0.93，

总问卷的克龙巴赫 α 系数为 0.94；各个维度的重测信度（间隔 4 周）为 0.75～0.86，总问卷的重测信度（间隔 4 周）为 0.90。

综上所述，本部分所编制的幼儿教师平和倾向问卷具有良好的信度与效度，符合测量学标准，可用于基本的幼儿教师平和倾向测量及进行相关研究。

第四章 共情理论在幼儿教师职业倦怠中的应用

本章探讨共情作为应对幼儿教师职业倦怠的一个关键因素。共情，作为一种情感理解和认知反应的能力，对教师在工作中的情绪管理、与学生互动及职业压力的应对起着至关重要的作用。首先，我们将从理论层面入手，探讨共情的基本概念、发展及其在心理学中的定位。接下来，本章将进一步讨论共情与职业倦怠之间的关系，分析共情能力在缓解或加剧职业倦怠中的双重作用。最后，我们将介绍目前常用的共情测量工具，特别是针对幼儿教师群体的量表和评估方法。通过这些内容的逐步展开，本章旨在为理解和提升幼儿教师的共情能力提供理论支持和实践指导，从而有效缓解其职业倦怠问题。

一、共情理论

本节回顾共情的定义、类型及其在心理学领域中的应用，能够更加清晰地理解共情如何作为一种情感调节机制，帮助幼儿教师在高压环境中保持心理健康和减轻职业倦怠。

（一）两成分理论

共情既包括情感性体验，也涵盖认知性理解（Gladstein，1977）。随后，这一理论被多位学者进一步发展与细化，包括卡尔·罗杰斯（Rogers，1975）和丹尼尔·戈尔曼（Goleman et al.，2017），他们对认知共情和情感共情的定义及区分作出了详细阐释。

认知共情指的是理解他人的思想和感受，即从认知层面感知他人的视角和情绪。它包括两个关键维度：透视性，即从他人视角看待问题的能力；理解性，即理解他人的情感表达、情感体验和需求。这一过程涉及注意力、记忆、推理和推断等认知能力。情感共情则是观察到他人的实际或预期情况时，产生的情感反应。它包含共情反应（对他人情感状态的情绪反应）和共情关注（对他人情感状态的关心与关注）。

为了评估共情的两成分，不同的测量工具被广泛应用。例如，霍根共情量表（Hogan Empathy Scale，HES）可测量认知共情和情感共情的不同维度，如透视性、理解性、共情反应和共情关注（Cross & Sharpley，1982）。戴维斯人际反应指数量表（Davis Interpersonal Reactivity Index）则针对情感共情的多方面，如情感共鸣、情感关注等进行测量（Davis，2018）。这些工具为研究者提供了量化共情的重要手段。

尽管共情的两成分理论成为当前研究领域中被广泛使用的理论之一，但其也存在一定的局限性。首先，现有测量工具可能无法完全反映个体的共情能力。共情作为一种复杂现象，受到多种因素影响，难以通过单一工具全面测量。其次，从实际行为与应用角度来看，单独强调认知共情或情感共情的发挥存在一定困难。例如，研究表明，情感共情与幼儿教师和医务工作者的职业倦怠呈高度正相关，而认知共情与之呈负相关（已有研究）。这表明，对于高倦怠群体，简单增加认知共情或减少情感共情可能难以有效改善其状态。

未来的研究需在以下方面深入探索：其一，不断优化测量工具，提高其对共情复杂特征的敏感度；其二，进一步研究认知共情与情感共情在实际情境中的交互作用，尤其是在高压力职业中的应用；其三，探讨如何通过平衡两种共情成分，更有效地缓解职业倦怠等心理问题。通过这些努力，共情的两成分理论将在理论深化和实践应用中实现更大价值。

（二）情感传染理论

情感传染理论认为，共情是一种情感传染现象，即当我们观察到他人的情感状态时，会不自觉地产生类似的情感反应（Elfenbein，2014）。这种传染既可以是积极的，也可以是消极的。例如，当我们感知到他人的快乐和满足时，也会体验到相似的情绪。情感传染被认为是一种自动化、非意识的过程，通过这种情感反应的传递，个体能够更好地理解他人的感受和情绪，从而增强沟通与交流的效果。与角色扮演理论不同，情感传染理论无须认知过程的参与，而是通过情感本身的传递实现共情。

在学前教育实践中，基于情感传染理论，幼儿教师不仅承担着引导和陪伴的角色，更是幼儿情感发展的重要传播者。教师的情感状态直接影响幼儿的情绪体验与发展轨迹。通过非意识的情感传染，教师能够敏锐地感知幼儿的情感状态，并与之建立深层次的情感共鸣。当教师表达积极情感（如轻松愉悦的态度）时，这种情绪可以在班级中扩散，激发幼儿的积极情绪，使其更愿意主动参与学习活动。这不仅促进了幼儿的情感发展，还增强了师生之间的信任与亲密关系，优化了教学互动，使课堂氛围更加温暖与人性化。

（三）镜像神经元理论

镜像神经元是一类特殊的神经元，其活动与观察到的行为密切相关，在理解动物行为和社会认知中起重要作用（Heyes，2010）。镜像神经元最早在灵长类动物大脑中发现，这类神经元随后被证实在其他物种中也存在（Whiten，2013）。它们主要分布于运动皮层和顶叶，具有独特的镜像性质：当个体执行特定动作或观察他人执行类似动作时均会被激活。这为通过观察学习和模仿提供了神经基础，为进化中的社交互动和行为学习带来了优势。

镜像神经元的功能不仅限于运动控制，还扩展至社会认知、语言习得和情感共鸣等领域（Riva & Njiokiktjien，2010）。其活动帮助个体理解他人的行为和情绪，在社交互动中发挥关键作用。同时，这些神经元在学习新技能、建立社交联系方面提供了神经学基础。

近年来，对镜像神经元与共情关系的研究拓宽了我们对社会互动和情感共鸣的理解。传统研究主要关注镜像神经元在观察与模仿中的作用（Kelley & Frinzi，2011），而最新进展揭示了其在认知与情感层面的深远影响。共情涉及复杂的多层次机制，包括认知和情感的深度交互。前脑岛、背侧前扣带皮层等脑区的活动被认为是共情的关键神经基础，表明共情不仅是简单的情感传递，更是复杂的社会性和情感性体验（Kelley & Frinzi，2011）。

这一研究趋势表明，传统的镜像神经元模型正在被更全面的认知与情感模型取代，为理解人类社会互动和情感体验提供了更加深刻的框架。未来的研究需要更多跨学科的协作，进一步揭示镜像神经元与共情之间的关系，为心理学、神经科学及社会科学的发展提供丰富的理论支持。

（四）心理理论

心理理论是指表征自己或他人的心理状态（如意图、信念、期望、知识和情绪），并据此推断他人行为的能力，又称为"社会智力"（social intelligence），依赖于认知系统（张婋婋，徐芬，2005）。个体心理理论的发生发展紧密关联于其社会认知能力的发展，这种特点在儿童早期更为显著（陈英和等，2005）。心理理论的提高有助于人们在生活和工作中更敏感地察觉、理解、满足他人的需求。此外，心理理论的增强还能提高个体的共情能力，以及在生活和工作中更有效地进行人际互动（陈满琪，李春，2003）。在日常生活中，心理理论适用于广泛的社交场景，包括工作、学校、家庭等。能够准确理解他人的心理状态，对于建立良好的人际关系和解决社交问题至关重要。心理理论和共情十分相似的地方在于二者都包含在人际互动过程中对他人的认知和理解。

随着对心理理论研究的不断深入，科学家们聚焦于其神经基础，特别是心理理论在不同发展阶段的演变。行为研究揭示了执行功能在心理理论发展中的关键作用，这与前额叶皮层的活动密切相关。执行功能对心理理论能力的发展起到推动作用。为了深入研究心理理论及其变化，研究者们将目光投向神经影像学。在过去15年里，研究人员对心理理论神经机制的科学兴趣急剧增长，不仅是为了描述在心理理论思考时哪些神经结构被激活，还包括理解执行功能和心理理论机制的重叠，以及其在临床应用中的启示（Butterfill & Apperly，2013；Olley et al.，2010）。

（五）观点采择理论

观点采择是一种复杂的心理过程，指个体在辨别自我与他人观点的基础上，推断并回应他人观点的能力。观点采择可分为两个主要维度：认知观点采择和情感观点采择。认知观点采择侧重于对他人思考和知识的推理，关注其在特定情境中的行为和决策；而情感观点采择则聚焦于对他人情绪状态的感知和理解（贾蕾，李幼穗，2005）。这种双重维度使观点采择成为理解他人思想和情感的综合工具，从而提升人际互动的质量。

观点采择在共情中发挥关键作用，被视为共情的重要组成部分（Decety & Jackson，2004）。通过观点采择，个体能够更深入地理解他人的思考和情绪状态，建立更紧密的社会联系。然而，观点采择并不能完全解释共情的机制。共情既包含"冷认知"的推理功能，也涉及"热认知"的情绪唤醒，是认知与情感的整合体验。相较于认知观点采择，共情更可能激发亲社会行为，因为共情通过共享情绪网络激活动机和行为系统。此外，共情还具有信息传递功能，例如当观察到他人受伤时，可能对引发个体伤害的对象产生负面情绪（de

Vignemont & Singer，2006）。

从进化视角来看，共情被认为是一种智能机制，而观点采择更倾向于社会学习的结果。共情的认知层面通常包括以下步骤：首先，区分自我与他人，并确认自身情绪源于他人；其次，对他人情感进行归因，明确情感来源；最后，通过元认知调控整个共情过程（Decety & Jackson，2006）。尽管心理理论和观点采择解释了共情的认知成分，但其多以"冷认知"形式呈现。例如，情感观点采择虽关注他人情绪，但自身情绪参与度较低，仍属于"冷认知"范畴。

共情作为一个复杂的心理过程，涉及认知、情感和行为多个层面，单一理论难以全面揭示其内在机制。例如，镜像神经元理论和情感传染理论主要关注被动的行为模仿，忽视了认知过程的主动性；而心理理论和观点采择则强调认知活动，却弱化了共情与亲社会行为及道德行为的自然联系。此外，共情还包含行为成分，其产生不仅依赖于情感识别，还涉及动机和行动的驱动（Schulte-Rüther et al.，2008）。

综上所述，共情是认知与情感双重机制的融合体现。未来的研究需整合多种理论模型，进一步探讨其内在运作规律，以更全面地揭示共情的复杂性和多层次性，为心理学等学科提供更加细致的理论框架。

（六）共情的动态模型

共情的动态模型由刘聪慧等学者在整合前人研究的基础上提出，强调共情作为心理现象的多系统协调与动态特性（刘聪慧等，2009）。该模型指出，共情不仅涉及以知觉和行为直接匹配的自动化加工过程，还包括以调节和控制为主的控制性加工过程。这两类过程相互结合，构成共情的内在机制。模型展现了共情作为时间性动态过程的特点，涵盖认知、情绪和行为多个系统的交互作用。

在动态模型中，共情的触发源于个体面对或想象他人的情绪或处境。当认知与情绪系统被激活时，个体首先建立与他人的情感传染。随后，通过区分自我与他人，个体意识到自身情绪来源于他人，并进一步评估他人的实际处境。这一评估过程整合了高级认知，如价值观和道德准则，以验证"我"共情他人的正当性。一旦确立，认知与情绪系统协同作用，个体产生独立的情绪反应，并可能伴随具体行为或行为动机。最终，这种认知与情感结合的结果投向他人，完成共情过程。

共情的方向可表现为高水平的共情关心或低水平的个人悲伤。研究表明，个体在共情过程中可能会触发避免共情的机制，突显了元认知在调控共情中的关键作用。共情被视为瞬间心理过程，个体与他人情绪情感之间的界限模糊。这一模型为理解共情的多层次机制提供了动态框架，全面揭示了共情的复杂性。

动态模型不仅深化了对共情机制的认识，还为探索共情在社会认知、亲社会行为及道德判断中的作用提供了理论支持。通过明确情绪、认知与行为系统的交互作用，该模型反映了共情作为时间性、系统性心理现象的多维特性，为进一步研究共情的实用价值奠定了基础。

二、共情与职业倦怠之间的关系

在许多有着助人性质的职业中，共情发挥着重要作用，然而，随着共情能力的增强，个体也面临着情感过度消耗、对他人冷漠和个人成就感降低的职业倦怠风险。积极共情在减轻职业倦怠方面起到了积极作用，而消极共情与职业倦怠正相关。进一步的研究和探索，有助于增进我们对这个问题的理解，提高助人者的工作满意度，减轻压力，为他人提供更好的服务。

（一）专业人员的共情与职业倦怠

Hunt 等研究了成人护理领域中共情能力与职业倦怠之间的关系（Hunt et al., 2017）。研究表明，护士的年龄与职业倦怠呈负相关。年长的护士由于拥有更多自主权，并与同事和领导建立了良好的关系，对职业倦怠起到了缓冲作用。然而，职业经验的增长未必显著增加倦怠风险，表明护士可能在实践中逐渐掌握了应对职业压力的方法。此外，性别差异在共情能力和职业倦怠中也具有一定影响，文献显示女性护士的共情倾向高于男性，这一结果与既往研究一致。

关于共情能力与职业倦怠之间的关系，文献回顾显示三项研究表明两者呈负相关，但另一项研究发现，情感传染与职业倦怠之间呈正相关。吸收患者情绪困扰的护士可能面临更大的情感负担，从而增加倦怠风险。此外，认知共情和情感共情在职业倦怠中扮演不同角色。部分护士尽管情感共情水平较高，但认知共情水平偏低，导致难以有效应对高情感负担的临床情境，进一步加剧职业倦怠。这表明，共情的不同维度在职业倦怠的形成中具有复杂而微妙的影响。

情感共情作为情绪劳动的一部分，可能对护士造成显著的资源消耗。过度的情感投入和情绪调节能力的不足会增加职业倦怠的风险。为缓解这一问题，提供相应的支持资源至关重要。这些资源既可以是内在的，例如适应性认知共情，也可以是外在的，例如组织提供的管理支持或继续教育。

综上所述，年龄、经验和性别等因素对护士的共情能力与职业倦怠的表现具有一定影响。而共情能力的不同维度对职业倦怠的作用机制需要进一步研究，以指导干预措施的设计，优化护士的心理健康与职业绩效。

（二）幼儿教师的共情与职业倦怠

共情是一种特殊的社交能力，使个体能够感知和理解他人的情绪。对幼儿园教师而言，共情尤为重要，因为学前儿童的情感敏感且认知尚未成熟。教师需要站在儿童的视角理解其情绪状态，通过共情满足儿童的情感需求。由于学前儿童自我调节情绪的能力较弱，教师的共情能力不仅有助于建立良好的师幼关系，还能为儿童提供情感支持与帮助，从而促进其健康发展（杨亚青，2017）。

研究表明，认知共情能力较高的幼儿园教师职业倦怠水平更低（李园园等，2022）。共情能力强的教师更敏锐地感知儿童情绪，并能有效与之沟通，帮助儿童感受到理解与支持，同时也更能应对工作中的情绪挑战。此外，共情在家校合作和同事间的交流中同样重要。通过共情，教师能够更好地理解家长对儿童发展的期望，促进建立积极的家校关系；与同事的共情互动则有助于建立支持性的团队氛围，提升工作效率（胡梦娜，2017）。

缺乏共情可能导致师幼互动陷入困境，包括幼儿对教师感到陌生或惧怕、影响幼儿自我探索以及教学活动的难以开展。共情不足的教师难以准确把握儿童的情绪与需求，从而影响课堂氛围和教学效果。因此，幼儿教师需灵活运用共情能力，深入理解儿童的内心世界，识别并回应情绪化信息，营造信任与支持的氛围，促进儿童自我表达与情感成长。

万荣（2020）对幼儿教师共情、情绪劳动、情绪枯竭和领悟社会支持的研究显示，不同班级类型的教师情绪枯竭水平存在差异：托儿所或小小班教师的情绪枯竭水平最高，大班教师的共情水平则相对较高。此外，未婚教师的情绪枯竭水平高于已婚教师，而已婚教师领悟社会支持的水平更高。学历方面，本科及以上学历的教师情绪枯竭水平高于大专及以下学历的教师。

研究进一步发现，共情与情绪劳动、情绪枯竭及领悟社会支持呈显著相关。共情与情绪枯竭和情绪劳动的三个维度呈正相关，与领悟社会支持呈负相关。共情水平通过深层扮演策略正向预测情绪枯竭，而自然表现策略对情绪枯竭的负向预测则受到领悟社会支持的调节。领悟社会支持较高的个体，深层扮演对情绪枯竭的影响较小，而自然表现对情绪枯竭的负向作用更显著。

共情能力与心理资本（包括自我效能感、希望、韧性和乐观）密切相关（杨莉君，曾晓，2021）。共情能力强的教师通常具备更高的心理资本，更能积极应对工作压力与挑战。共情增强了教师的自我效能感，使其更有信心解决工作中的问题。同时，共情培养了希望和韧性，使教师在面对困难时保持乐观心态。这种积极的心理状态不仅有助于职业发展，还能有效缓解职业倦怠，提升教师的职业幸福感。

通过提升共情水平，教师不仅能够更有效地与儿童建立情感连接，还能优化与家长、同事的沟通，增强自身心理资本，从而更好地应对职业挑战，减少情绪枯竭和职业倦怠的发生。未来研究应进一步关注共情能力的多维作用机制，为幼儿教师的职业发展和心理健康提供更多理论支持和实践指导。

三、幼儿教师共情的测量工具

准确测量共情能力是设计有效干预方案的前提。幼儿教师共情能力的测量主要采用自我报告法。通过向参与者提出与他人情感体验相关的书面问题，并要求他们自述其感受和想法，研究者可以了解个体在共情情境中的表现和感知。常用的共情测量工具如下。

（一）人际反应指数

人际反应指数是一个包含 28 个项目的自评问卷，用于测量不同维度的共情（Davis，2018）。它包括四个子量表，分别为共情关怀（empathic concern）、个人困扰（personal distress）、幻想（fantasy）和采取他人视角（perspective taking）。

共情关怀子量表旨在考察个体对他人需要感受温暖、同情和关心的能力（例如："我经常对不如我幸运的人有温柔、关切的情感"）。个人困扰子量表旨在考察个体在应对紧张的人际情境时自身负面情绪的表现（例如："当我看到有人受伤时，我倾向于保持冷静"）。而幻想子量表旨在考察个体对虚构角色的认同程度（例如："我真的会投入到小说中角色的感受中"）。采取他人视角子量表旨在评估个体未经计划地试图采纳他人观点的能力（例如："我真的会投入到小说中角色的感受中")。参与者需要根据一个5级利克特量表(从1表示"不同意我"到5表示"非常同意我")对各个项目进行评分。所有子量表均表现出良好的内部一致性,分别具有0.77、0.82、0.79和0.81的α值。根据Davis(2018)的研究,共情关怀和个人困扰子量表涉及共情的情感方面,而采取他人视角和幻想子量表则反映了共情的认知方面。人际反应指数题目数量适中,可广泛应用于发展心理学和教育心理学有关研究领域。

（二）共情和同情量表

共情和同情量表（Measure of Empathy and Sympathy，MES）旨在解决现有工具存在的一系列问题（Vossen et al.，2015）。MES采用广泛接受的共情两因子结构，包括认知共情、情绪共情和同情三个维度。与其他工具相比，MES在以下几个方面具有显著的优势：首先，MES将同情作为一个独立维度进行测量，有助于更清晰地区分同情和情绪共情。这一点在准确捕捉被试的情感反应上具有重要价值。其次，MES共有12个简明的条目，相比于一些条目更多的量表，更易于被试理解和回答。这在减轻被试负担的同时，提高了测量的效率。王阳、温忠麟等人于2017年的研究表明了MES可以被拆分为两个独立的量表：一个两维度（认知共情和情绪共情）的共情量表（Measure of Empathy，ME）和一个单维度的同情量表（Measure of Sympathy，MS），并且都具有良好的测量学性质。MES在中国幼儿教师样本中具有良好的测量学性质，共有12个条目，涵盖了认知共情、情绪共情和同情三个维度，每个条目采用1（完全不符合）~5（完全符合）5点计分。ME和MS在中国幼儿教师样本中具有良好的信效度，既满足了内容的简洁性，也符合测量学的要求，具有一定的跨群体适用性，可作为评估幼儿教师共情和同情的中文测量工具（王阳等，2017）。

MES作为一种新兴的共情测量工具，为共情研究提供了新的视角和更为可靠的工具。期待它在未来的研究中能够更好地服务于学术领域，推动共情研究取得新的进展。

（三）杰弗逊共情量表

杰弗逊共情量表（the Jefferson Scale of Empathy，JSE）主要用于测量医生、健康护理职业和医学生的共情水平（Lawrence et al.，2004）。该量表有两个版本，分别用于不同职业群体的共情评估。目前，JSE已经被翻译成17种语言，包括德语、希腊语、匈牙利语、日语等，得到广泛的应用，并显示出较好的内部一致性信度和效度。该共情量表包括 12 个条目，采用利克特 7 点评分制，即完全同意为 7 分，同意为 6 分，部分同意为 5 分，依次类推，完全不同意为 1 分。量表的总得分即为全部条目得分的总和，得分越高表示共情反应水平越高。

（四）共情商数量表

共情商数量表（Empathy Quotient，EQ）是一种测量个体共情能力的量表。它最早由英国心理学家西蒙·巴伦-科恩（Simon Baron-Cohen）及其同事开发，并于 2004 年首次发布（Lawrence et al., 2004）。EQ 是一个自我报告的问卷，旨在评估个体在认知和情感层面上的共情能力。

EQ 包含 60 个陈述句子，参与者需要根据他们的自身经验和观点，使用一个 4 分制（一致、稍不一致、相当不一致、非常不一致）来回答这些陈述句子。这些陈述句子涵盖了多个与共情相关的领域，包括：①认知共情。这些陈述句子涉及个体对他人情感状态和思维过程的理解和识别。例如，"我可以很容易地察觉到别人的不安情绪"。②情感共情。这些陈述句子涉及个体与他人共享情感经验的能力。例如，"当我看到别人受伤或不快乐时，我也会感到不快乐"。③社交共情。这些陈述句子关注个体在社交互动中的共情能力。例如，"我能够在社交场合中感知到他人的情感变化"。参与者的回答会有得分，总分在 0 到 80 之间，越高表示共情能力越强。通常，EQ 得分会分为以下几个范围：0～32，共情能力较低；33～52，共情能力中等；53～80，共情能力较高。共情商数量表（EQ）广泛应用于研究和临床实践中，用于评估个体的共情水平。

第五章　幼儿教师正念与职业倦怠之间的关系：链式中介效应

一、引　言

职业倦怠是在以人为服务对象的职业领域中，个体所表现出来的一种情绪衰竭、去个性化和个人成就感降低的症状（Maslach & Jackson, 1981）。它是幼儿教师普遍面临的职业压力，危及保育质量和儿童发展（Blöchliger & Bauer, 2018）。情绪衰竭被认为是职业倦怠的最重要方面和核心症状（Taris et al., 2005）。最新研究发现幼儿教师的情绪衰竭不仅会影响儿童参与语言和识字前教育的教育活动数量，从而影响学前教育质量（Trauernicht et al., 2023），还会降低课堂上与儿童的互动质量，情绪衰竭程度较高的幼儿教师表现出较低的教学支持、情感支持和课堂组织质量（Ansari et al., 2022）。幼儿教师的职业倦怠不仅导致教学质量下降，还会对整个幼教行业的社会认可度和幼儿的健康成长造成负面影响。幼儿教师职业倦怠是影响幼儿教育质量和水平的关键因素之一。因此，重视并深入研究幼儿园教师职业倦怠的问题、根源及解决策略至关重要，这有助于帮助幼儿教师克服职业倦怠。

近年来，正念作为一种专注于当下的注意力和意识状态，在教育领域得到了广泛认可。它被视为是一种对面临职业压力、倦怠、抑郁和焦虑的个人的有效干预措施（Flook et al., 2013）。职业倦怠的"工作需求-资源模型"（Bakker & Demerouti, 2007）提出了正念是应对职业倦怠的积极个人特征（Zheng et al., 2022）。正念可以作为缓冲倦怠的一种个人资源，直接对职业倦怠产生作用（Taylor & Millear, 2016）。正念被定义为一种有意识地以非评判、开放且接纳的态度去关注当下体验的心理状态，侧重于当下的意识（Kabat-Zinn, 2009）。

在职业健康心理学领域的研究中，正念被视为一种积极特质和个人资源（Gabel-Shemueli et al., 2023），在学前教育环境中测量幼儿教师的正念水平可以成为减轻压力和提高幼儿教师幸福感的有用起点，正念不仅可以帮助幼儿教师应对职业压力，还能增强他们为幼儿提供情感支持的能力（Ma et al., 2022）。此外，正念能够提高幼儿教师的工作满意度并对幼儿产生积极影响（Farewell et al., 2022）。正念作为一种心理资源，能够有效补偿幼儿教师在面对职业压力时所投入的大量情绪劳动，它帮助幼儿教师根据工作的需求和目标做出更恰当的行为选择，保持其对工作的热情，并增强个人的成就感（张娇，程秀兰，2022）。正念在工作需求-资源模型中作为个人资源，不仅能够影响工作需求和资源并与之相互作用，还能够减少导致倦怠症状的负面压力评估过程（Guidetti et al., 2019）。正念是可以适应性地应对和管理压力情况或不良刺激的保护性因素（Wilson et al., 2020）。

幼儿教师的工作发生在幼儿园这个场域中，教师能够感受到幼儿园这一组织给予的各类支持，组织层面的支持是帮助幼儿教师缓解职业倦怠的重要方面，通过为幼儿教师提供组织支持可以减少幼儿教师的职业倦怠（Xu & Yang, 2021）。组织支持感是员工的一种总体知觉和看法，表现为员工认为组织重视他们的价值和贡献以及关心他们利益的程度（Eisenberger et al., 1986）。这种感知可以视为一种有价值的工作资源（Yanbei et al., 2023），就幼儿教师而言，感知到的组织支持使他们相信自己能从组织（即幼儿园）那里得到支持和帮助，进而产生积极的认知体验，从而对负面情绪进行正向调节，组织支持是一种保护性因素（黄旭等，2017）。在众多旨在缓解员工职业倦怠的组织策略研究中，组织支持被普遍视为一种有效手段。当员工感受到组织的关心与支持时，这种感知有助于降低工作压力。一个充满支持性的工作环境能显著减少教师体验到的职业倦怠程度（张丽华等，2007），缺乏组织支持会导致教师的工作倦怠，教师认为组织支持程度越高，其职业倦怠程度越低（Chen et al., 2022）。对于幼儿园教师来说，紧张压抑的工作环境容易产生消极情绪，诱发职业倦怠（张帆，2023）。组织支持感作为典型的工作资源，对于缓解幼儿园教师职业倦怠有着重要作用（孙晓露，周春燕，2020）。关心教师的利益，认可他们的价值，支持他们的工作，让他们感到自己对组织很重要，可以帮助其减少倦怠、离职意向和实际的离职行为（Xu et al., 2023）。

心理安全感是员工的个体特征，是个体对自身内部心理状态的一种主观感知，具体指的是一种内心活动或信念，即员工认为在展现或表达自我时，自己的形象、身份以及职业生涯不会受到来自他人比较负面的评价或待遇（Kahn，1990）。心理安全感是一种重要的工作资源（田惠东等，2024），被认为是职业倦怠的重要预测指标，当个人感知到越低的心理安全感时，情绪衰竭的可能性就越大，而心理安全感越高的员工情绪衰竭发生的可能性就越小（Rathert et al.，2022）。教师心理安全感与情绪衰竭（职业倦怠的关键维度）呈显著负相关，当工作中的压力源增加和加剧时，心理安全感很可能会降低，而倦怠的症状会增加和加剧（Kassandrinou et al.，2023）。心理安全感是影响情绪衰竭的近端因素，是帮助减少情绪衰竭的重要工作资源，个体的心理安全感越高，他们经历资源损失的可能性就越小，情绪衰竭程度也越低，提高心理安全感是干预情绪衰竭的有效策略（Yu et al.，2021）。心理安全感赋予员工对现状及未来的控制感，而在安全的氛围中，员工会更愿意在组织内主动争取资源，以更有效地面对工作的压力和挑战，进而减少情绪衰竭（蒋小群，李超平，2020）。

组织支持感和心理安全感是工作场所中两种关键的心理状态，它们对于员工的职业倦怠具有显著的影响（Li et al.，2022；Zeng et al.，2020）。心理安全感源于个人属性和情境条件的结合，这些条件共同作用促使个体感受到自身的能动性并表现出承担风险、成长和改变意愿的时刻（Rimm-Kaufman，2016）。尽管正念对心理安全感的影响是一个相对较新的研究领域（Bonde et al.，2023），但特质激活理论（Trait Activation Theory，TAT）提供了一种理解心理安全感如何与个体的人格特质相互作用以预测工作行为和态度的框架。根据这一理论，人格特质的影响可能取决于情境（情境线索）提供的诱因（Tett & Guterman，2000），这意味着人格特质和心理安全感可能相互作用，共同影响工作结果（Newman et al.，2017）。也有研究发现，组织支持可以促进心理安全感，提高员工对心理安全感的感知，并且员工对组织支持的看法通过心理安全感的中介机制来促进工作结果（Carmeli & Gittell，2009）。当组织为员工提供支持时，员工往往会感到组织是他们的坚强后盾。员工的心理安全感主要来源于他们感知到的组织和领导层的关怀与支持（蔚佼秧，樊香兰，2022）。资源保存理论（Conservation of Resources Theory，COR）认为能够获得更多资源的个人不太容易受到资源损失的影响，并且更有能力通过使用现有资源来协调资源收益（Hobfoll et al.，2018）。基于 COR，有研究提出了概念框架以突出心理安全感影响工作结果的机制，即支持性工作资源会产生一种心理安全感，从而保护自己免受资源损失的影响，而资源损失又与负面的工作结果有关。COR 和 TAT

共同解释了心理安全感影响工作结果的过程，以及人格特质和心理安全感可能相互作用以影响工作结果的方式（Newman et al.，2017）。

然而，在幼儿教师的职业倦怠研究中，尚无文献探讨组织支持感与心理安全感的联系机制。考虑到组织支持感和心理安全感对职业倦怠的潜在影响，以及正念作为一种个人资源可能与这两种工作资源相互作用，本研究拟采用问卷法，从工作需求-资源模型（JD-R）、资源保存理论（COR）与特质激活理论（TAT）出发，选择幼儿教师作为研究对象，从幼儿教师正念这一视角来挖掘个体资源对职业倦怠的影响，进一步探讨组织支持感、心理安全感在幼儿教师正念与职业倦怠间的作用。综合前人的研究，我们试图在幼儿教师正念与职业倦怠之间建立组织支持感和心理安全感的多重中介模型。本研究假设：正念负向预测幼儿教师的职业倦怠，低正念个体的职业倦怠更高（假设5.1）；组织支持感在正念与幼儿教师职业倦怠之间的关系中起中介作用（假设5.2）；心理安全感在正念对幼儿教师职业倦怠的影响中起中介作用（假设5.3）；组织支持感和心理安全感在正念与幼儿教师职业倦怠之间的关系中起链式中介作用（假设5.4）。

二、研究方法

（一）研究对象

本研究对中国安徽、广东、河南、江苏等地的幼儿教师进行问卷调查，收回问卷1577份。依据以下标准剔除无效问卷：①超过一半的题项未作答或存在明显规律性作答；②测谎题作答错误。共计获得有效问卷1294份，有效率为82.1%。在有效被试中，由于幼儿教师的职业特点，女性1279人（98.8%），男性15人（1.2%），平均年龄30.55±7.91岁。其中教龄5年及以下698人（53.9%），教龄6~10年326人（25.2%），教龄10年以上270人（20.9%）；学历为专科及以下541人（41.8%），大学本科及以上学历753人（58.2%）；教小班459人（35.5%），教中班377人（29.1%），教大班458人（35.4%）；乡镇幼儿园420人（32.5%），城市幼儿园874人（67.5%）；公立幼儿园983人（76%），私立幼儿园311人（24%）。

（二）研究工具

1. 正念注意觉知量表

使用中文版正念注意觉知量表（Mindful Attention Awareness Scale，MAAS）测量幼儿教师的正念（陈思佚等，2012）。该量表由 15 个题目组成，采用利克特 6 点计分，从 1 分"几乎总是"到 6 分"几乎从不"。分数越高，教师的正念水平就越高。在本研究中，正念注意觉知量表的克龙巴赫 α 系数为 0.93。

2. 组织支持感知问卷

使用中文版"感知组织支持量表"计算幼儿教师的组织支持感（Settoon et al.，1996）。量表采用利克特 5 点计分，从 1 分"非常不同意"到 5 分"非常同意"。分数越高，表示感知到的组织支持程度越高。本研究中该量表的克龙巴赫 α 系数为 0.90。

3. 心理安全感量表

使用修订的中文版心理安全感量表测量幼儿教师的心理安全感（李宁，严进，2007），共计 5 个题项。采用 5 点计分，将反向计分转换后，得分越高表明心理安全感越强。本研究中该量表的克龙巴赫 α 系数为 0.73。

4. 教师职业倦怠量表

使用教师职业倦怠量表（MBI-ES）测量幼儿教师的职业倦怠（李超平，时勘，2003）。该量表包含 22 个题目，涵盖情绪衰竭、非人性化和低成就感三个维度。量表采用利克特 5 点计分，从 1 分"从未如此"到 5 分"总是如此"。低成就感维度题目均为反向计分，情绪衰竭和非人性化维度题目均为正向计分，总分越高表示教师职业倦怠水平越高。在本研究中，教师职业倦怠量表的克龙巴赫 α 系数为 0.91。

（三）数据处理

采用 SPSS 27.0 进行描述性分析和相关性分析，并使用 SPSS 宏程序 PROCESS Model 6 进行链式中介效应分析。首先对收集到的数据进行筛选，并在筛除无效数据后进行描述性统计和变量之间的相关性分析。基于相关性分析，我们控制了教龄的影响，并构建了正念对幼儿教师职业倦怠的直接影响途径。

为了检验链式中介效应，我们将组织支持感和心理安全感纳入中介模型，并构建了从组织支持感到心理安全感的影响路径，以生成链式中介模型。使用Bootstrap（重复采样5000次）对回归系数进行显著性检验，以获得标准误差和95%偏差校正置信区间（bias-corrected confidence interval，CI）用于参数估计，$p<0.05$ 为具有显著性的统计结果。

（四）共同方法偏差检验

首先，本研究在程序设置上通过匿名调查、部分题目使用反向计分，以及设置部分测谎题的方法进行了一定的控制。其次，采用 Harman 单因子检验法进行共同方法偏差检验。检验结果显示，特征值大于1的因素共7个，其中第一个因素解释的累计变异量为31.1%，小于40%的临界值，表明本研究不存在严重的共同方法偏差问题。

三、研究结果

（一）描述性统计

结果表明，正念、组织支持感、心理安全感均与职业倦怠呈显著负相关；正念、组织支持感、心理安全感三者之间两两呈显著正相关（表5-1）。

表5-1 研究变量的描述统计与 Pearson 相关（$n=1294$）

变量	M	SD	正念	组织支持感	心理安全感	职业倦怠	情绪衰竭	去个性化	低成就感
正念	4.466	0.829	1						
组织支持感	3.612	0.683	0.306**	1					
心理安全感	4.942	1.122	0.275**	0.506**	1				
职业倦怠	2.456	0.542	−0.529**	−0.628**	−0.542**	1			
情绪衰竭	2.636	0.710	−0.502**	−0.524**	−0.486**	0.886**	1		
去个性化	2.124	0.688	−0.495**	−0.505**	−0.494**	0.880**	0.811**	1	
低成就感	2.524	0.597	−0.297**	−0.509**	−0.348**	0.682**	0.324**	0.370**	1

（二）组织支持感、心理安全感在正念与幼儿教师职业倦怠之间的链式中介效应检验

为了进一步探讨正念影响幼儿教师职业倦怠的内在作用机制，本研究以正念为自变量，组织支持感和心理安全感为中介变量，职业倦怠为因变量，建构组织支持感、心理安全感在正念与幼儿教师职业倦怠之间的链式中介作用模型。研究采用 PROCESS 宏程序中的 Model 6 对组织支持感、心理安全感的链式中介作用进行分析，通过 Bootstrap 重复抽样 5000 次，并计算中介作用的 95%置信区间，若区间内没有 0，则代表中介变量的中介效应显著；若区间内包含 0，则代表中介变量的中介效应不显著（叶宝娟，温忠麟，2013）。

在控制幼儿教师教龄的条件下，课题组以正念为自变量，职业倦怠为因变量，组织支持感和心理安全感为中介变量建立链式中介模型。检验结果依次如表 5-2 所示，正念对职业倦怠（$\beta=-5.24$，$p<0.001$）具有显著负向预测作用，正念对组织支持感（$\beta=0.30$，$p<0.001$）具有显著正向预测作用，正念对心理安全感（$\beta=0.13$，$p<0.001$）具有显著正向预测作用；当正念、组织支持感和心理安全感同时纳入回归方程时，三者对职业倦怠的预测作用均显著，正念（$\beta=-0.33$，$p<0.001$）、组织支持感（$\beta=-0.39$，$p<0.001$）和心理安全感（$\beta=-0.25$，$p<0.001$）均对职业倦怠具有负向预测作用。

表 5-2 链式中介模型中变量关系的回归分析

结果变量	预测变量	R	R^2	F	β	t
职业倦怠		0.54	0.29	260.89***		
	教龄				−0.09	−3.81***
	正念				−5.24	−22.25***
组织支持感		0.31	0.96	68.53***		
	教龄				0.05	1.77
	正念				0.30	11.45***
心理安全感		0.52	0.27	162.21***		
	教龄				−0.04	−1.80
	正念				0.13	5.38***
	组织支持感				0.47	18.75***

续表

结果变量	预测变量	R	R^2	F	β	t
职业倦怠		0.75	0.57	426.57***		
	教龄				−0.08	−4.17***
	正念				−0.33	−17.24***
	组织支持感				−0.39	−18.16***
	心理安全感				−0.25	−11.70***

进一步对中介路径进行检验，结果表明（表5-3）组织支持感和心理安全感在正念与职业倦怠之间的总中介效应的95%置信区间不含0值，即总中介效应显著（中介效应值为−0.19，占总效应的36.54%）。正念主要通过以下3条中介路径来影响幼儿教师的职业倦怠：①正念→组织支持感→职业倦怠，中介效应的置信区间不含0值，表明该路径中介效应显著（中介效应值为−0.12，占总效应的23.08%）；②正念→心理安全感→职业倦怠，中介效应的置信区间不含0值，表明该路径中介效应显著（中介效应值为−0.03，占总效应的5.77%）；③正念→组织支持感→心理安全感→职业倦怠，中介效应的置信区间不含0值，表明该路径中介效应显著（中介效应值为−0.04，占总效应的7.69%）。

表5-3 中介效应值与效应量

效应	路径关系	效应值	SE	下限	上限	效应量/%
直接效应	正念→职业倦怠	−0.33	0.02	−0.37	−0.30	63.46
中介效应	正念→组织支持感→职业倦怠	−0.12	0.01	−0.15	−0.10	23.08
	正念→心理安全感→职业倦怠	−0.03	0.01	−0.05	−0.02	5.77
	正念→组织支持感→心理安全感→职业倦怠	−0.04	0.00	−0.05	−0.03	7.69
	总中介效应	−0.19	0.02	−0.22	−0.16	36.54
	总效应	−0.52	0.02	−0.57	−0.48	

四、讨　　论

（一）正念与职业倦怠显著负相关

本研究发现，幼儿教师的正念与他们的工作倦怠呈显著负相关，这与之前的研究一致（Wang et al.，2022）。正念是将个体的全部注意力不加批判地集中到当下，被认为是个体非常重要的一种特质，也是个体重要的工作资源之一，能够有效预防职业倦怠的发生。具备高正念水平的幼儿教师能够深入观察并接纳工作中的负面情绪与不良体验，以适宜的方式面对压力和挑战，从而减轻职业倦怠的程度（王英杰，李燕，2020）。具备高正念水平的幼儿教师能够更加专注于当下的意识，展现出更多的同情和接纳，同时拥有更为积极的情绪调节能力。通过有效管理负面情绪，这些幼儿教师能够产生额外的积极影响，这不仅使他们在工作中更加充满活力和自信，还有助于减轻情绪衰竭（Cheng et al.，2023）。

正念不仅可以作为幼儿教师的一种内部心理资源，还是幼儿教师重要的个体工作资源（张娇，2020）。正念所强调的对自身体验和周围环境的觉察，能够让教师及时注意到工作环境对其自身状态的影响，并保持接纳的状态，通过接纳自己与周围环境并不进行负面评价，教师能够维持积极的情绪状态，将注意力集中到当下，专心投入工作与生活之中，避免将情绪从工作带到生活（或相反），这样的做法有助于减少职业倦怠的发生（笪崇敏等，2022）。将正念融入日常生活和工作中，可以帮助幼儿教师保持对当下的关注，从而提高其生活质量和工作效率，进而减轻职业倦怠（Yang et al.，2017）。

因此，提升正念水平被认为是一种有前景的方法，以支持幼儿教师的职业健康和福祉，并可能进一步提升师生互动的质量（Braun et al.，2019）。正念作为一种保护性因素在教师专业发展及心理关怀领域起到积极作用，可以缓解幼儿教师职业倦怠问题（程秀兰等，2020）。而且已经有很多研究都认可正念干预训练能够有效提高幼儿教师的正念水平，减少心理症状和职业倦怠（Cheng et al.，2023），这表明通过系统的正念练习和干预，可以促进幼儿教师的心理健康和职业满意度。

（二）组织支持感的中介作用

本研究发现，组织支持感介导了幼儿教师的正念与职业倦怠之间的关系，即幼儿教师的正念水平通过提高组织支持感，进而降低职业倦怠的程度。这表明，高水平正念的幼儿教师报告更高的感知组织支持和较低的倦怠水平。正念的核心要素包括关注当下、开放、不评判和接纳，这将有助于教师更好地感知和理解学生，从而更加包容和支持他们（Hsieh et al.，2021）。此外，正念能够提升教师对组织的归属感和满意度（Zeshan et al.，2023），从而减少孤立感，增加工作动力和满足感进而减少职业倦怠。组织支持感的增强可以视为正念与职业倦怠之间关系的一个重要中介变量,为幼儿教师的职业健康和工作满意度提供额外的支持路径。组织支持感作为员工工作动力的重要来源之一,提高组织支持感增加员工满意度,对增强员工留职意愿,减少员工流失有重要意义(陈婉等,2014)。提高幼儿教师组织支持感,有利于队伍稳定(张丽敏,刘颖,2010)。组织在关心幼儿教师的福祉、认可他们的价值和工作的同时,也能够帮助幼儿教师建立起他们对组织的重要性感觉。这种积极的互动和支持环境对于减少幼儿教师的职业倦怠、离职意向以及实际的离职行为至关重要(Xu et al.,2023)。

(三)心理安全感的中介作用

本研究还确定了心理安全感在幼儿教师正念和职业倦怠之间的中介作用,即正念能够通过提升幼儿教师的心理安全感来减轻其职业倦怠。这一结果与之前的研究结果一致(Kassandrinou et al.,2023),即心理安全感与情绪衰竭(职业倦怠的一个关键维度)存在显著的负相关关系,在工作场所中,当压力源增加时,心理安全感往往会降低,而职业倦怠的症状会增加和加剧。正念强调的不评判态度和对当下意识的接受可以作为压力源的缓冲,帮助个体减轻压力(McBride et al.,2022),这种减压作用不仅有助于提高个体的心理安全感,还能够降低幼儿教师的职业倦怠水平。这启示教育机构应当重视并采取措施提升教师的心理安全感,例如通过正念练习、提供支持性的工作环境和建立积极的组织文化等措施帮助幼儿教师更好地应对工作压力,减轻幼儿教师的职业倦怠,从而维持其职业生涯的健康和持久性。

(四)组织支持感与心理安全感的链式中介作用

总体而言,本研究确定了组织支持感和心理安全感在幼儿教师正念与职业倦怠之间的连锁中介效应,这意味着正念首先提升幼儿教师的组织支持感,进而增强她们的心理安全感,最终有效降低职业倦怠。研究表明高正念的幼儿教师更能获得组织支持感和心理安全感,最终减少职业倦怠。这一发现表明,高正念水平的教师更能感知到组织的支持,这种支持感让他们感到被尊重和价值得到认可,从而有助于提升其心理安全感,而心理安全感可以增强自我意识,调节情绪反应,避免情绪衰竭(Nembhard & Edmondson,2006),最终减少职业倦怠。有研究称正念代表了个人与自己和周围世界的关系的转变(Garro et al.,

2023），具有高正念的个体倾向于观察自己的想法和感受，即使面对不愉快的想法和感受，也能够展现更有建设性的行为，而不是以适应不良的方式做出反应，这也正是高正念的好处，即有积极的自我调节或自我控制能力（Bowlin & Baer，2012）。通过这一链式中介模型，我们能够更全面地理解正念如何通过改善工作资源状况来减轻幼儿教师的职业倦怠。本研究为幼儿教育机构提供了实证基础，强调了在教师培训和发展中融入正念训练的重要性；为幼儿园管理者提供干预策略，以改善幼儿教师的工作环境和心理健康，提升幼儿教师的个人福祉并促进中国幼儿教育行业的持续稳定发展。

综上，本研究发现幼儿教师的正念与职业倦怠呈显著负相关，与组织支持感和心理安全感呈显著正相关。组织支持感与心理安全感和职业倦怠显著负相关。组织支持感与心理安全感呈显著正相关。正念通过组织支持感的中介作用影响幼儿教师的职业倦怠；正念通过心理安全感的中介作用影响幼儿教师的职业倦怠；正念通过组织支持感和心理安全感的链式中介效应影响幼儿教师的职业倦怠。

第六章 幼儿教师社交技能与职业倦怠之间的关系：调节中介效应

一、引 言

教师职业倦怠是教师在教学压力面前表现出来的紧张反应或极端疲劳的状态，它是一种在持续性压力感知下形成的情感、心态和行为上的疲乏感（Byrne，1993），其典型症状是工作满意度低、工作热情和兴趣的降低或丧失及情感的疏离和冷漠（代桂兰，2012）。在幼儿教育领域，幼儿教师的职业倦怠问题备受关注。在中国，随着社会对幼儿教育的重视程度不断提高，幼儿教师的压力和责任也在逐渐增加。幼儿教师的工作不仅要求他们具备扎实的专业知识和技能，还需要他们付出大量的情绪劳动，由于幼儿教师工作涉及高强度的情绪劳动，这可能导致情绪衰竭（陈玉佩，2020），使得教师在应对工作压力时感到力不从心。再加上幼儿教师的工作伴随巨大的压力（卢长娥，韩艳玲，2006；王佳丽等，2022）以及他们在社会交换中感知到的不公平感，如较低的工资福利（于珍，马瑞清，2018）、缺乏大众专业认可度（黄绍文，2006）等，这将导致工作成就感的降低（黎平辉，陈文俊，2020），使幼儿教师可能更容易经历职业倦怠。已有研究进一步证实了工作需求-资源模型在教师工作中具有适用性，可通过增加工作资源以及个人资源来减轻幼儿教师的职业倦怠（Hakanen et al.，2006）。职业倦怠对幼儿教师的工作满意度（代桂兰，2012）和工作表现（Schaufeli，2003；Swider & Zimmerman，2010）产生负面影响，会降低教育质量，甚至影响幼儿的全面发展和成长。因此，关注幼儿教师的职业倦怠问题，分析影响其职业倦怠的因素，对于提高幼儿教育质量和保障幼儿的全面发展具有重要意义。

（一）社交技能与幼儿教师职业倦怠

社交技能是幼儿教师在日常工作中必不可少的技能之一。社交技能是指利用一系列的知识、经验和社会信息，通过移情、人际知觉和情绪表达等解决人际问题的技能（谢宝珍，金盛华，2001）。良好的社交技能能够帮助教师与幼儿、家长和同事建立良好的关系，有助于创造一个支持和积极的课堂环境，促进幼儿的社交和情感发展。社交技能的缺乏可能导致教师在与幼儿或家长的互动中感到挫败，从而增加情绪衰竭、去个人化和低个人成就感的风险。已有研究证实社交技能不足与提前离职密切相关，社交技能较低的个体更容易选择提前辞职（Niitsuma et al.，2012），幼儿教师流失不仅对幼儿园的整体教育质量造成影响，还会给幼儿的教育和成长带来不利影响。社交技能可以被视为工作需求-资源模型中的个人资源之一，社交技能直接影响倦怠的多维度因素，包括情绪衰竭、去性个性化以及个人成就感降低，进而在减少倦怠的发生上起到了积极作用（Pereira-Lima & Loureiro，2017），但是社交技能对职业倦怠可以产生负向影响的相关研究在幼儿教师群体中尚有限。

因此，提出本研究的假设6.1：社交技能负向影响幼儿教师的职业倦怠。

（二）共情对职业倦怠的双轨影响及认知共情的中介作用

共情，是个体知觉并理解他人情感状态并做出反应的能力（de Waal & Preston，2017；颜志强等，2018）。共情分为认知共情和情绪共情两个维度，认知共情是指个体对他人情绪体验的理解，情绪共情是指个体对他人情绪状态的感受（Batson，2009；Walter，2012）。共情能力是教师专业素养的关键要素（陈萍，2020），也是评估一个人是否适合从事教师职业的重要标准（贾京京，2020），共情在一定程度上能够缓解工作需求与工作压力之间的关系，在工作需求-资源模型中作为个人资源与职业倦怠呈负相关（Ma et al.，2021；Tremblay & Messervey，2011；马荣花，2019；杨婷等，2023），可以作为职业倦怠的保护因素（Delgado Bolton et al.，2022；Thirioux et al.，2016）。具体而言，共情能力越高的个体，其职业倦怠水平越低，这说明提高个体的共情能力可能有助于预防和减轻职业倦怠。然而，过多的共情可能导致情绪疲劳，从而增加职业倦怠的风险（王阳等，2018）。目前，关于共情与职业倦怠之间的关系及作用机制的研究尚不清楚，这可能与共情的不同组成成分（认知共情和情绪共情）的不同作用效果相关（Dekel et al.，2018；王阳等，2021），有研究表明当认知共情和情绪共情相互作用时，共情对职业倦怠的预防效果会降低（Bokuchava & Javakhishvili，2022）。共情通过其两个维度对职业倦怠产生不同的影响，其中认知共情可能会对减少职业倦怠产生正向影响（李园园等，2022），而情绪共情则可能对减少职业倦怠产生负向影响（丁雯等，2021）。

　　社交技能包括沟通、交流、互动、合作等能力，这些技能有助于个体更好地理解他人的情感状态和需求，建立良好的人际关系。教师的社交能力越强，教师的共情能力越高（Ahmetoğlu & Acar，2016），在社交技能的作用下，幼儿教师可以提高自己的共情水平，更好地理解他人的情感状态和需求，且共情能力较高的个体其社交技能较好（Eisenberg & Miller，1987）。职业倦怠与共情以及工作环境中的人际关系密切相关，一项分层回归分析显示，工作环境中与主管的良好关系、同事之间的和谐相处以及优化的福利环境都对降低职业倦怠具有积极作用。在社交技能与职业倦怠之间的关系中，认知共情被认为是一个重要的中介变量，因为它可以解释个体如何利用移情、人际知觉和情绪表达等技能来理解他人的情感状态和需求，有助于减轻职业倦怠的程度。而且通过提高对情绪表达的识别能力，即认知共情，还可以促进其社会互动和社交行为的发展（Benitez-Lopez & Ramos-Loyo，2022）。相比之下，情绪共情主要关注个体对他人情绪状态的感受，这可能会导致个体过度关注他人的情绪状态，从而产生情绪疲劳，甚至加重职业倦怠。过多的情绪共情和不够的认知共情会导致压力反应（Hicks & Hanes，2019），倦怠和共情之间的正相关关系可以通过幼儿教师在工作中过度的情感投入来解释（Figley，2002）。认知共情涵盖了更为广泛的心理过程，包括理解他人的情绪状态和需求、调整自己的行为以适应他人的需求等，这些过程在减轻职业倦怠方面可能比情绪共情更为重要。本研究所探讨的重点在于减轻职业倦怠，因此，在探讨社交技能与职业倦怠之间的关系时，我们没有将情绪共情作为中介变量，而是关注认知共情在其中的作用。

　　因此，提出本研究的：假设6.2，即共情对职业倦怠的影响可能存在两个维度的差异，认知共情负向影响职业倦怠，而情绪共情正向影响职业倦怠；假设6.3，即认知共情在社交技能与职业倦怠关系中起中介作用。

（三）正念的调节作用

　　正念的定义为有意识、此时此刻和不加批判的注意而产生对当下的觉知（Kabat-Zinn，2003），且集中注意力、不带偏见地接受当下任何事物和经验是正念的核心内容（Bishop，2002）。正念作为一种心理干预方法，已被广泛应用于教育领域，特别是在减轻教师职业压力和改善其心理健康方面显示出显著效果。这主要表现在为教师提供心理支持、优化社会支持、减轻工作压力、缓解职业倦怠，以及提高幸福感和职业健康水平等多个方面（Fabbro et al., 2020；Roeser et al., 2022；杨宗谕等，2020）。在幼儿教育中，教师的正念训练尤为重要，因为幼儿教师的工作往往需要高度的情感投入和耐心，这可能导致情绪衰竭和职业倦怠。通过正念训练，教师可以学会更好地管理自己的情绪反应，提高对压力的适应能力，从而减少倦怠感。通过提高正念水平，教师在闲暇时间能够更好地从工作中抽离，降低心理压力，提升心理健康水平并增加工作投入（Janssen et al., 2023）。正念可以作为一种能够维持职业健康的心理资源逐渐被纳入工作需求-资源模型，即正念可以作为一种个人资源减轻能量消耗以防止倦怠（Grover et al., 2017；Guidetti et al., 2019）。正念显著缓和了工作需求对倦怠的影响，且正念可以调节工作压力事件与职业倦怠之间的关系（Voci et al., 2016），因此正念是职业倦怠的保护因素（Zhang & He, 2022）。

正念被证实能够减轻焦虑，使个体能更专注和放松地参与社交活动，提高其社交技能（Beauchemin et al., 2008）。高水平的正念通常与社会交往技能的发展呈正相关（Iwasaki et al., 2016），表现为正念水平较高的个体在社交情境中更能展现出适应性强的沟通技巧、更强的同理心和更有效的情绪调节能力，从而在建立和维持人际关系方面表现出更强的能力。此外正念训练可以提高共情能力已得到了大量研究的支持（Ridderinkhof, et al., 2017；Winning & Boag, 2015），正念训练还可以提升个体的情绪调节能力（章翠娟，2021）和自我控制能力（职晓燕等，2023）。正念水平较高的个体在面对社交技能挑战时，可能更能有效处理情绪压力，从而减少情绪共情对职业倦怠的负面影响。有文献表明正念对情绪清晰度和情绪调节有益（Jones, 2018），帮助个体更好地理解自己和他人的内在情感和需求，提高情绪清晰度，从而提高个体的认知共情水平。个体也更好地调节自己的情绪，以更积极的心态应对挑战。对个人进行体验式正念干预，可以提高认知共情水平，减少职业困扰，并提高个人的工作满意度（Salvarani et al., 2019）。综上所述，提出假设 6.4"正念对社交技能和认知共情以及降低职业倦怠产生积极影响"、假设 6.5"正念对整个中介模型的前后半段路径起调节作用"。

（四）研究假设

基于以上研究背景和理论认知，本研究旨在探索幼儿教师的社交技能、共情、正念与职业倦怠之间的关系。具体而言，我们提出了以下假设：第一，社交技能与职业倦怠存在显著负相关；第二，共情对职业倦怠的影响可能存在两个维度的差异，认知共情负向影响职业倦怠，而情绪共情正向影响职业倦怠；第三，认知共情在社交技能与职业倦怠之间起中介作用；第四，正念对社交技能、认知共情和职业倦怠具有显著影响；第五，正念对整个中介模型的前后半段路径起调节作用（图6-1）。

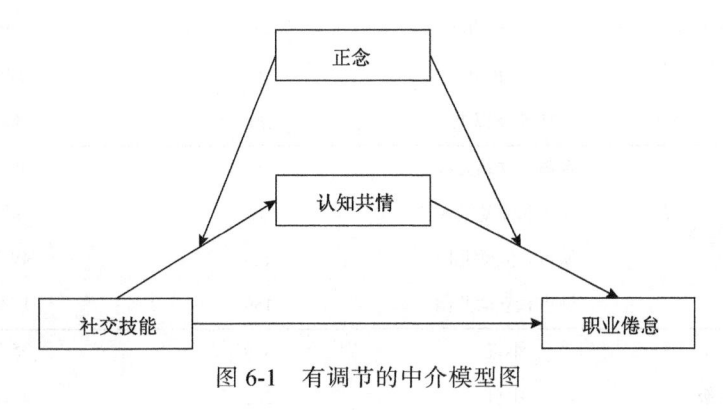

图 6-1 有调节的中介模型图

通过对这些假设的探究，我们有望深入了解幼儿教师的职业倦怠问题，并为提升幼儿教师的工作质量和生活满意度提供有益的启示。为了验证这些假设，本研究将采用量化研究方法，通过问卷法来测量幼儿教师的社交技能、共情、正念以及职业倦怠的相关指标。

二、研究方法

（一）研究对象

本研究采用方便抽样的方法，以幼儿教师为研究对象，通过问卷星网络调查平台进行施测，收回问卷1109份，有效问卷901份，有效率为81.2%。依据以下标准剔除无效问卷：①针对测谎题的答题情况，删除196份未认真填写的问卷；②删除人口学变量数值不正常的5份数据，例如删除填写年龄超出人类寿命年限的数据；③根据被试答题时间按照3倍标准差原则剔除7份异常数据。有效问卷参与者的人口统计学特征如表6-1所示。

表 6-1 研究参与者的人口统计学特征（$n=901$）

变量	选项	n	占比/%
性别	男	7	0.8
	女	894	99.2
教龄	5 年及以下	478	53.1
	6~10 年	234	26.0
	11~15 年	80	8.9
	16~20 年	35	3.9
	21 年及以上	74	8.2
幼儿园性质	乡镇公立幼儿园	257	28.5
	乡镇私立幼儿园	42	4.7
	城市公立幼儿园	443	49.2
	城市私立幼儿园	159	17.6
教授年级	小班	318	35.3
	中班	262	29.1
	大班	321	35.6
最高学历	专科及以下	403	44.7
	大学本科	497	55.2
	研究生及以上	1	0.1

注：因小数点后四舍五入计算，可能会出现合计超过 100%的情况，下同。

（二）研究工具

1. 社交技能量表（SKS）

采用由 Ferris 等编制的社交技能量表（Ferris et al., 2001），该量表只有一个维度，共 7 个项目，无反向计分题目，采用 7 点计分，从 1 分"非常不同意"到 7 分"非常同意"，得分越高说明社交技能越高，例如"我很容易站在他人的立场上思考"。本研究中该量表的内部一致性系数为 0.815，测量工具比较可靠。

2. 共情量表（ME）

采用由 Vossen 等人编制并由王阳、王才康、温忠麟和肖婉婷修订的共情量表中文版，测量幼儿教师的共情水平（Vossen et al., 2015）。量表有两个维度，共 8 个项目,其中 4 个条目反映认知共情水平,4 个条目反映情绪共情水平,无反向计分题目,采用五点计分,从 1 分"完全不符合"到 5 分"完全符合",得分越高说明共情水平越高,例如"我善于识别他人的真实情感"。本研究中该量表分维度的克龙巴赫 α 系数分别为 0.828 和 0.859,总量表内部一致性系数为 0.833。

3. 教师职业倦怠量表（MBI-ES）

采用中国学者修订和验证的教师职业倦怠问卷（Maslach & Jackson,1981）。量表包含 22 个题目,由情绪衰竭、低成就感和去个人化 3 个维度构成,低成就感维度为反向计分,量表采用 5 点计分,从 1 分"从未如此"到 5 分"总是如此",得分越高表示职业倦怠越严重,例如"面对工作时,我感到精力充沛"。在本研究中,该量表分维度的克龙巴赫 α 系数为 0.876、0.845 和 0.820,总量表内部一致性系数为 0.904。

4. 正念注意觉知量表（MAAS）

本研究使用由 Brown 等编制,并由陈思佚等人修订的正念注意觉知量表的中文版测量被试的正念水平（Brown & Ryan,2003）。该量表只有一个维度,共 15 个项目,无反向计分题目,采用 6 点计分,从 1 分"几乎总是"到 6 分"几乎没有",得分越高说明正念水平越高,例如"我吃零食时却没发现自己正在吃什么"。在本研究中,该量表的内部一致性系数为 0.935,经检验信度较好。

（三）数据处理

使用 SPSS 25.0 进行数据整理,采用 Harman 单因子检验法对数据进行共同方法偏差检验。对数据进行描述性分析,再采用 Pearson 相关分析进行相关分析。采用 PROCESS 宏程序的模型 4 进行中介效应分析,模型 58 进行有调节的中介效应分析。

（四）共同方法偏差检验

本项研究针对的是幼儿教师的自我评估数据,可能存在因数据来源相同而导致的方法偏差。为了检验并解决这一问题,我们在研究设计中通过设计反向题目等方式,从实际操作层面减少偏差的可能性,并运用 Harman 单因子检验法，将所有量表题目纳入分析过程。检验结果显示，未旋转因素分析中共有 8 个特征值超过 1 的因子，而最大因子的方差解释率为 27.145%。这些发现意味着本研究的数据质量并未受到严重的共同方法偏差问题的影响。

三、研究结果

（一）描述性统计

结果表明（表 6-2），社交技能与职业倦怠的各个维度均呈显著负相关（$p<0.01$）；共情对职业倦怠各个维度的影响在统计学上不完全显著，认知共情降低职业倦怠（$p<0.01$），而情绪共情与情绪衰竭呈正相关（$p<0.01$），可以预测更高的职业倦怠；正念显著正向影响社交技能、认知共情，负向影响职业倦怠（$p<0.01$）。

表 6-2 研究变量的描述统计与 Pearson 相关（$n=901$）

项目	正念	情绪衰竭	低成就感	去个人化	职业倦怠	社交技能	认知共情	情绪共情	共情
正念	1								
情绪衰竭	−0.508**	1							
低成就感	−0.314**	0.297**	1						
去个人化	−0.506**	0.781**	0.473**	1					
职业倦怠	−0.539**	0.856**	0.714**	0.897**	1				
社交技能	0.278**	−0.164**	−0.240**	−0.181**	−0.238**	1			
认知共情	0.286**	−0.166**	−0.261**	−0.175**	−0.245**	0.365**	1		
情绪共情	−0.010	0.095**	−0.043	0.056	0.045	0.246**	0.352**	1	
共情	0.148**	−0.026	−0.171**	−0.058	−0.103**	0.363**	0.779**	0.862**	1
M	67.8757	20.6704	20.0588	12.8491	53.5782	33.6260	15.4528	13.7836	29.2364
SD	12.47745	5.64812	4.95624	3.88551	11.86150	6.33236	2.66025	3.28917	4.90540

（二）中介效应检验

首先，采用 Hayes 编制的 PROCESS 宏中的 Model 4 对认知共情在社交技能与职业倦怠之间的中介效应进行检验（表 6-3）。结果表明：社交技能对职业倦怠效应显著（$\beta=-0.437$，$t=-7.416$，$p<0.01$）；放入中介变量后，社交技能对职业倦怠效应依然显著（$\beta=-0.313$，$t=-5.016$，$p<0.01$）；社交技能对认知共情的正向预测也较为显著（$\beta=0.154$，$t=11.779$，$p<0.01$）。

表 6-4 表明，社交技能不仅能够直接预测职业倦怠，而且能够通过认知共情的中介作用预测职业倦怠，该直接效应（-0.313）和中介效应（-0.124）分别占总效应（-0.437）的 71.6% 和 28.4%。

表 6-3　认知共情的中介效应检验

项目	模型1（职业倦怠） β	t	模型2（认知共情） β	t	模型3（职业倦怠） β	t
性别	-2.001	-0.470	0.138	0.146	-1.890	-0.451
年龄	-0.465	-5.959**	0.022	1.269	-0.448	-5.818**
教龄	1.603	3.122**	-0.076	-0.671	1.542	3.049**
最高学历	2.890	3.780**	0.168	0.989	3.025	4.0173**
教授年级	0.155	0.349	0.166	1.681	0.289	0.659
园区性质	-0.550	-1.571	-0.084	-1.081	-0.618	-1.791
社交技能	-0.437	-7.416**	0.154	11.779**	-0.313	-5.016**
认知共情					-0.808	-5.433**
R^2	0.119		0.141		0.148	
F	17.295**		20.886**		19.307**	

表 6-4　中介效应结果汇总

项目	β	SE	下限	上限	占比/%
总效应	-0.437	0.0589	-0.5526	-0.3213	100
直接效应	-0.313	0.0623	-0.4351	-0.1904	71.6
认知共情的中介作用	-0.124	0.0306	-0.1893	-0.0678	28.4

（三）有调节的中介效应检验

采用 Hayes 编制的 PROCESS 宏中的 Model 58，并借鉴温忠麟等的研究方法在控制变量为性别、年龄、教龄、学历、教授的年级、所在园区的情况下对有调节的中介模型进行检验,将正念放入模型后,社交技能与正念的乘积项对认知共情的预测作用显著(β=0.003,t=3.055,p<0.01),认知共情和正念的乘积项对职业倦怠的预测作用显著(β=-0.023,t=-2.656,p<0.01)。这表明,正念不仅能够在社交技能对认知共情的直接预测中起调节作用,而且能够调节认知共情对职业倦怠的预测作用。

正念对于调节认知共情的作用在正念的所有水平上均显示出显著性,95%置信区间不包括数字0。针对Model 58进行调节中介作用分析,调节变量正念在低水平时,95%置信区间包括数字0,意味着在此水平没有中介作用。其在平均水平及高水平时,95%置信区间不包括数字0,意味着在此水平有中介作用。综上可知,调节变量正念在不同水平时中介作用不一致,说明其具有调节中介作用。研究对认知共情在不同正念水平下的中介作用大小进行分析(表6-5),当正念水平较高和处于均值时,社交技能通过认知共情影响职业倦怠的间接效应显著,但当正念水平较低时认知共情的间接效应不再显著,表明存在有调节的中介效应。

表6-5 正念不同水平的中介效应

正念	中介效应值	SE	下限	上限
低(M–1SD)	–0.0079	0.0188	–0.0478	0.0272
中(M)	–0.0469	0.0219	–0.0937	–0.0081
高(M+1SD)	–0.1057	0.0349	–0.1785	–0.0423

进一步分析简单斜率,对于正念水平较高(M+1SD)的被试,认知共情对职业倦怠有显著的负向影响作用,简单斜率=–0.6667,t=–3.8976,p<0.05;正念水平较低(M–1SD)的被试,认知共情对职业倦怠有负向影响作用,但预测作用不显著,简单斜率=–0.0873,t=–0.5257,p>0.05。这表明随着个体正念的提高,认知共情对职业倦怠的负向预测作用呈逐渐增长趋势(图6-2)。

对于正念水平较低(M–1SD)的被试,社交技能对认知共情有显著的正向预测作用,简单斜率=0.0903,t=4.8621,p<0.05;对于正念水平较高(M+1SD)的被试,社交技能也对认知共情产生显著正向预测作用,简单斜率=0.1585,t=9.8031,p<0.05。这表明随着正念水平的提高,社交技能对认知共情的作用呈增长趋势(图6-3)。

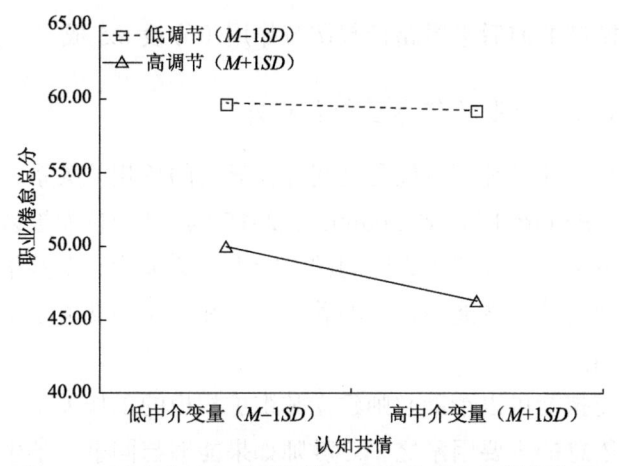

图 6-2 正念在认知共情与职业倦怠关系中的调节作用

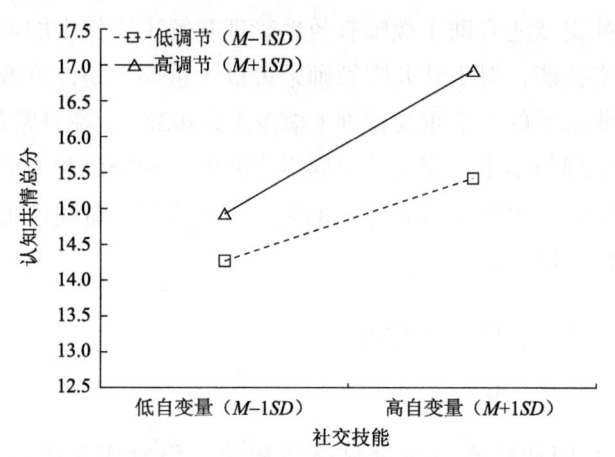

图 6-3 正念在社交技能与认知共情关系中的调节作用

四、讨　论

本研究探索了幼儿教师的社交技能、共情、正念与职业倦怠之间的复杂关系，以及认知共情的中介作用和正念的调节作用。结果显示，幼儿教师的社交技能与职业倦怠水平呈负相关（假设 6.1 成立）；共情对职业倦怠的影响存在双轨效应，认知共情负向影响职业倦怠，而情绪共情正向影响职业倦怠（假设 6.2 成立）；认知共情部分中介了社交技能与职业倦怠之间的关系（假设 6.3 成立）；正念对社交技能、认知共情和职业倦怠具有显著影响（假设 6.4 成立），且正念在中介模型的前后半段路径起调节作用（假设6.5成立）。

（一）社交技能与职业倦怠显著负相关

社交技能与幼儿教师职业倦怠之间存在显著的负相关关系，这一结果与先前的研究一致（Pereira-Lima & Loureiro, 2015）。社交技能被认为是个体有效交流、建立人际关系以及解决人际问题的能力（谢宝珍，金盛华，2001），在教育领域，教师的社交技能不仅影响着与学生和家长的交流质量，还与同事之间的协作密切相关。

首先，社交技能可以帮助教师建立和维护积极的工作关系。良好的人际关系是防止职业倦怠的重要因素之一。教师如果能够与同事、学生和家长建立和谐的关系，将更容易获得工作上的支持和认可，从而减少工作中的孤立感和压力感。其次，社交技能有助于教师有效地管理和解决工作中的冲突。冲突解决技能也属于社交技能，对于幼儿园教师来说极为重要，是评价教师教育智慧、管理能力和专业水平的一个重要标准（李俊杰，2022）。在日常的教学活动中，教师经常需要处理与学生、家长甚至同事之间的各种争议和冲突。拥有高水平社交技能的教师能够更加灵活和有效地应对这些挑战，避免消极情绪的累积，减轻职业倦怠的程度。

（二）共情对职业倦怠的作用

1. 共情的双轨作用

共情与幼儿职业倦怠总维度显著负相关，但对职业倦怠负向作用不大（ -0.103^{**} ），且共情并非与职业倦怠的各个维度都显著负相关，这种情况可能与共情不同成分的不同作用有关。对于认知共情，不仅与职业倦怠各个维度都显著负相关，而且对于职业倦怠的负向作用效果也大于共情总分（ -0.245^{**} ）；情绪共情不仅不能抑制职业倦怠（0.045），甚至显著正向促进情绪衰竭（ 0.095^{**} ）。由此可见，共情对于职业倦怠的影响有双向作用，揭示了共情在幼儿教师职业倦怠中的复杂作用机制：共情主要通过其认知共情发挥积极作用，情绪共情是共情负面效应的主要来源（Dekel et al., 2018；王阳等，2021）。

认知共情与职业倦怠呈显著负相关，且对职业倦怠的负向作用效果强于共情。这意味着，那些能够有效理解学生和家长情感的教师，更能够在工作中保持积极的态度，减少职业倦怠感。认知共情较强有助于调节情绪反应（郭晓栋等，2023），使其在面对工作中的挑战时能更加理性和有效地应对，从而降低职业倦怠的风险。相较之下，情绪共情不仅没有显示出抑制职业倦怠的作用，反而与情绪衰竭呈现显著的正相关。这表明，如果教师过度吸收和共享学生或家长的负面情绪，可能会增大自身情绪的负担，在这种情境中，情绪共情可能成为一个风险因素，因为通过深度共情，教师可能无意中承受了学生的负面情绪，造成情感上的负担。相反，认知共情则作为一种防护机制出现，它使得教师能够理解学生的情绪，而不会将这些情绪内化，这对于保持教师的心理健康和职业的持续性是有益的（Huang et al.，2020）。

2. 认知共情的中介作用

研究结果表明，认知共情在社交技能与幼儿教师职业倦怠之间扮演着中介角色，社交技能与职业倦怠之间的关系如何发挥作用，认知共情的介入为这一问题提供了深入的解释。提高幼儿教师的社交技能，特别是在这个过程中增强他们的认知共情能力，不仅可以改善人际关系，提高职业满意度，还可以有效减少职业倦怠感。共情和沟通技巧是社交技能的关键组成部分，对于建立成功的人际关系至关重要（Eisenberg & Miller，1987）。普遍来说，拥有较强社交技能的教师往往具有较高的共情能力（Ahmetoğlu & Acar，2016）。认知共情能够增强教师与学生、家长以及同事之间的有效沟通，此外，它还赋予教师从更深层次的理解和同情出发，对学生的情感和行为问题采取适当应对策略的能力。具备高水平认知共情的教师能够更好地管理教室，建立积极的学习环境，从而减少工作压力和职业倦怠的可能性。

（三）正念在模型中的作用

1. 正念对幼儿教师社交技能及认知共情的提升与职业倦怠的减轻作用

本研究的结果表明，正念对幼儿教师的社交技能和认知共情具有显著的正向影响，同时对职业倦怠产生负向效应。这一发现为我们提供了一个新视角，即通过培养教师的正念能力，可以提升他们的社交技能和认知共情能力，从而降低职业倦怠的风险。

正念可以减轻焦虑，能更专注和放松地参与社交活动，从而提高社交技能（Beauchemin et al.，2008）。当教师练习正念时，他们会刻意关注自己的情绪和思想，以及这些情绪和思想如何影响他们与他人的互动。这种增强的自我意识有助于教师在与学生、家长和同事互动时，采取更加温和和有效的沟通方式，从而提升了社交技能。通过提高正念水平,个体可以提高人际交往能力,提高共情能力(牛临虹,2020)。通过提升在当下的觉察能力,正念还可以帮助教师更好地认识和理解他人的情绪和需求。这种对他人内心世界的敏锐觉察是认知共情发展的基础。正念情绪调控模型指出,正念可助个体更准确地识别他人的情绪并管理自己的情绪(Mesmer-Magnus et al., 2017),可以提高认知共情能力。在职场环境中,这种能力促使个体能够及时意识到压力的存在,接受而不是抵制这种压力感,进而使用适当的策略进行自我调节。提高识别他人情绪这一能力有助于减轻职业相关的压力,并缓解幼儿教师的职业倦怠(周晓芸等,2019)。通过提升正念,教师能够更好地处理工作中的压力和挑战,减少情绪衰竭,从而降低职业倦怠的风险。这表明,将正念作为幼儿教师职业发展项目的一部分可能是减轻职业倦怠的有效策略。

2. 正念的调节作用

研究发现,社交技能对于认知共情的影响受到正念水平的调节。具体而言,无论社交技能水平高低,当幼儿教师的正念水平越高时,其认知共情能力也越高。这意味着正念可以加强社交技能对于认知共情的影响。进一步地,本研究发现,正念可以通过认知共情的间接中介效应,调节社交技能对职业倦怠的影响。即当幼儿教师的正念水平越高时,他们的认知共情水平会更高,并且这种高水平的认知共情可能会降低他们的职业倦怠水平。这说明正念在调节社交技能和认知共情对职业倦怠的间接影响时起到了关键作用。

正念在提升社交技能和认知共情方面具有重要作用,这为幼儿教师职业倦怠的研究和干预提供了新的视角。由此可见,正念可作为一种保护因素,可以帮助幼儿教师在面对情绪挑战时更好地感知和调节自己的情绪,提高认知共情能力。正念训练有助于教师更好地管理和调节情绪,使得他们能够更理性、温和地对待他人,并以更平静的内心态度来应对工作中的压力体验(何元庆,2020),因此,正念是干预幼儿教师职业倦怠的重要措施(Daya & Hearn, 2018)。

(四)意义与局限

本研究通过探索幼儿教师的社交技能、共情、正念与职业倦怠之间的关系,并深入分析认知共情的中介作用和正念的调节作用,为教师培训和职业干预提供了新的视角。尽管社交技能与职业倦怠之间的负相关关系已经得到了确认,在教育实践中可以提升教师的社交技能,并通过社交技能的提升来有效降低职业倦怠的水平。教师培训项目应当将社交技能的提升作为重要内容之一，帮助教师建立更有效的沟通策略和人际交往技巧，从而在提高教育质量的同时，降低教师的职业倦怠感。此外，学校和教育管理者也应当认识到创建支持性的工作环境，增强教师间的合作与支持对于减少职业倦怠的重要性。在提升教师共情能力的过程中，应该强调认知共情的培养，帮助幼儿教师更好地理解和评估他人的情绪，同时，也需要教授教师如何保护自己免受共情过度带来的负面影响。在教师培训中，可以加入正念训练的环节，通过正念训练，教师可以学会更好地管理自己的心态和情绪，提高心理承受能力，从而在面对职业倦怠时，能够更好地应对和调整。总之，在实践中，应重视社交技能和认知共情能力的培养，以及正念水平的提升，以帮助幼儿教师更好地应对工作中的压力和情绪挑战，降低职业倦怠的风险。

本研究存在一定的局限：本研究探索幼儿教师的社交技能、共情、正念和职业倦怠之间的关系，但仅仅依靠数据可能无法完全捕捉到复杂的关系，没有使用质性研究方法以及更多的样本数据进行验证，因此研究结果的普遍性有限。由于研究的横断面设计，没有通过正念干预来检查其对职业倦怠的影响，因此无法确定它们之间的因果关系。未来的研究可以通过采用纵向研究设计来更深入地理解社交技能、认知共情和职业倦怠之间的动态关系，采用实验性设计更直接地测试因果关系。

综上，本研究发现社交技能与幼儿教师职业倦怠各维度均存在显著的负相关关系，社交技能在预测幼儿教师职业倦怠方面产生显著的负向影响。共情对职业倦怠有双轨效应，认知共情负向影响职业倦怠，而情绪共情正向影响职业倦怠。认知共情在社交技能与职业倦怠之间起到中介作用。正念对幼儿教师的社交技能、认知共情具有显著的正向影响，与职业倦怠显著负相关。正念调节社交技能、认知共情和职业倦怠的中介模型的前后半段路径。

第七章　幼儿教师社交技能与职业倦怠之间的关系：链式中介效应

一、引　言

职业倦怠是一种由长期工作压力引起的心理疲劳状态，通常表现为情绪衰竭、去个性化和成就感降低。情绪衰竭是指个体在工作中长期面对情绪要求过高、无法满足的情况下，逐渐耗尽情感资源，个体感到筋疲力尽、无力承受工作压力，对工作失去热情和投入感。去个性化是指个体对工作对象（例如客户、学生或患者）产生冷漠、消极和无情的态度，个体对工作环境中的他人或任务抱有怀疑、疏离和敷衍的态度，缺乏同理心和关注。成就感降低是指个体对自身在工作中取得的成就感和能力感持续下降，个体产生自我怀疑、自我贬低的想法，对自己的能力和成就感到不满意（Leiter & Maslach, 2003）。它是职场中普遍存在的问题，尤其在教育行业中，由于持续的情绪劳动和高压环境，教师群体经常面临较高的职业倦怠风险（Jang & Hong, 2024）。

幼儿教师在教育领域中至关重要，他们承担着培养幼儿健康成长的重要任务。然而，对于幼儿教师而言，他们不仅要处理教学任务，还要应对孩子的情绪需求和管理家长的期望，这使得他们尤其容易感到压力重大和筋疲力尽（Rosa & Madonna, 2020），因此幼儿教师普遍存在职业倦怠（情绪衰竭、去个性化和缺乏成就感），其中，情绪衰竭是最为普遍的倦怠类型，表现为对工作和学生的情感反应变得麻木和冷漠（Al-Adwan & Al-Khayat, 2017）。这不仅影响他们的工作表现，也可能会影响幼儿教育的质量和稳定性。

社交技能作为幼儿教师工作中至关重要的一环，对于构建良好的师生关系、提升团队协作能力、有效应对工作挑战具有重要意义。社交技能缺陷会导

第七章 幼儿教师社交技能与职业倦怠之间的关系：链式中介效应

致人们在社交互动方面出现一系列社交和适应性障碍（Del Prette Z A P & Del Prette A，2013）。教师的社交技能包括良好的沟通能力、团队合作能力、情绪管理能力等，这些能力有助于教师与同事、学生和家长建立积极的人际关系。正念作为一种积极的心态和情绪调节方式，被认为可以帮助教师更好地处理工作中的情绪和压力，从而减轻职业倦怠的程度（Earle，2017）。此外，组织支持作为一种重要的资源和保障，可以为个人提供必要的支持和帮助，从而缓解职业倦怠（Luo et al.，2022）。因此，本研究选择了社交技能、正念和组织支持这三个影响变量，旨在探讨它们对幼儿教师职业倦怠的影响，并进一步考察正念和组织支持之间的链式中介作用关系。

通过深入研究幼儿教师的社交技能、正念和组织支持对职业倦怠的影响机制，可以为提升幼儿教师的工作状态、保障教师的身心健康提供理论支持和实践指导。同时，对于教育管理部门和学校管理者来说，本研究的结果也将有助于制定更加有效的干预措施，促进教育教学工作的可持续发展。

（一）社交技能与幼儿教师职业倦怠

社交技能是指个体在与他人互动时所表现出的沟通能力、解决冲突的技巧以及建立良好人际关系的能力。这些技能对于教师来说至关重要，因为他们需要与学生、家长及同事建立和维护有效的合作关系（Pereira-Lima & Loureiro，2017）。研究表明，具备良好的社交技能的个体可以更有效地管理职场中的人际互动和减少工作压力，有助于成功地专业实践（Pereira-Lima & Loureiro，2015），从而减轻职业倦怠。从需要层次角度来看，教师人际关系需要的满足是自我价值实现的基础，良好的人际关系不仅使教师在心理上具有安全感、归属感，还能帮助教师走出困境，实现自我价值（Maslow，1958）。根据工作需求-资源模型，社交技能作为一种个人资源，可以提高教师的工作效率和满意度，减少工作冲突和压力，有利于构建支持性的工作环境，从而降低职业倦怠的发生率（Bakker et al.，2004）。基于以上分析，本研究提出假设7.1：社交技能负向预测幼儿教师职业倦怠。

（二）正念在社交技能与幼儿教师职业倦怠之间的中介作用

正念是一种古老的心理学和冥想实践，源自佛教的教导。正念被定义为一种特定形式的注意力，是一种有意识地关注当前时刻的体验，不加评判或批判，接受一切正在发生的事物，包括自己的思绪、感受、身体感觉和周围环境，以一种开放、温和以及非反应性的态度对待这些经验（Kabat-Zinn & Hanh, 2009）。

正念作为一种积极的心理状态和工作态度，可以帮助幼儿教师更好地管理情绪、减轻压力，从而降低职业倦怠的风险（Kim, 2018）。工作需求-资源模型的能量耗竭过程（Demerouti et al., 2001a）认为，持续的工作要求会逐渐消耗个体的身心资源，加之工作资源受到威胁时，就会导致焦虑、压力、倦怠等消极结果出现，但个体若拥有充裕的个人资源，就可以缓解以上消极结果。如正念作为一种积极的心理资源，可以帮助个体更好地调节和恢复身心资源（Mesmer-Magnus et al., 2017），已有研究证实教师的正念水平可以显著负向预测职业倦怠及其各维度，尤其是情绪衰竭和去个性化维度（Guidetti et al., 2019），具有较高正念水平的教师比低正念水平的教师更少体验到职业倦怠感（Abenavoli et al., 2013）。

社交技能和正念水平之间存在着密切的关系（Esmmaeelbeygi et al., 2020）。社交技能的一部分是情绪管理和自我意识的能力。具备良好的社交技能的人更容易意识到自己的情绪状态，并能够有效地调节情绪（Brackett et al., 2011）。这种情绪调节和自我意识的能力有助于培养正念，通过觉察和接纳当前的情绪状态来实现正念。并且，社交技能中的倾听和共情能力对于正念的培养也至关重要。基于以上分析，本研究提出假设 7.2：社交技能可能通过影响正念进而对幼儿教师的职业倦怠产生影响。

（三）组织支持感在社交技能与幼儿教师职业倦怠之间的中介作用

组织支持感指员工感知到的组织对其工作提供的支持程度，包括资源、培训机会以及同事间的互助。组织支持感是一种重要的资源（Hobfoll, 1989），它可以增强员工对自己处理角色需求的能力的信心（Lazarus, 1991）。组织支持感被定义为员工认为他们的贡献受到组织重视的程度，以及组织关心他们的幸福程度。因此，感知到更高的组织支持的教师，往往可以找到工作的意义和价值，有助于降低其职业倦怠水平。

同时，组织支持作为一种重要的外部资源，可以减少幼儿教师职业倦怠（Schaack et al., 2020），可以为幼儿教师提供工作上的支持和认可，促进其工作满意度和职业发展（Hyseni Duraku et al., 2025）。已有研究表明，组织支持感与职业倦怠呈显著负相关（Jawahar et al., 2007），组织支持可以通过情感性支持和工具性支持两方面帮助个体缓解压力，是降低职业倦怠的重要因素，可以为个体提供安全感、归属感，使其以更积极的态度应对压力，从而避免由于压力源的增加而加重职业倦怠（Baptista & Cardoso, 2021）。另外，组织认同理论认为，员工对组织的认同程度和组织对员工的支持度可以显著影响员工的工作态度和行为（Ashforth & Mael, 1989）。当员工感受到组织对其的支持和关心时，会提高其对组织的认同感，减少负面情绪和压力，降低职业倦怠的可能性。

所有的工作都是社会性的。即使是最孤立的工作也需要一些社交互动，而且大多数都需要很多（Phillips et al., 2014）。社交技能被认为与积极的工作关系呈正相关（Carmeli & Vinarski-Peretz, 2010），具备良好的社交技能可以帮助幼儿教师与各方保持积极互动和良好的人际关系，建立起互信和合作的氛围（Jennings & Greenberg, 2009）。组织支持理论认为，通过积极的沟通和人际关系，更容易获得组织内部的支持和认可，有助于幼儿教师收到及时、有效的反馈，从而提高教学水平和促进专业发展，从而增强组织支持感（Cohen & Wills, 1985）。因此，社交技能可能通过影响组织支持感进而对幼儿教师职业倦怠产生影响。基于以上分析，本研究提出假设 7.3：组织支持感在社交技能影响幼儿教师职业倦怠之间起中介作用。

（四）正念与组织支持感在社交技能与幼儿教师职业倦怠之间的链式中介作用

正念实践有助于幼儿教师更加专注于当下的工作和环境，增强对周围支持的感知能力（Liu et al., 2020）。通过正念，幼儿教师能够更深刻地体会到组织的关怀和支持，包括来自领导和同事的支持，以及组织提供的资源和机会，这能激发其工作潜力（Ihl et al., 2022）。这种增强的感知能力让幼儿教师更加珍惜组织的支持和关怀，从而增强组织支持感。自我决定理论是由心理学家 Edward L. Deci 和 Richard M. Ryan 于 1985 年提出的（Deci & Ryan, 2013），根据自我决定理论，人们在工作中有三种基本的心理需求，即自主性、能力和关系（Deci & Ryan, 2000）。正念实践有助于幼儿教师更加深入地认识自己的内在需求，并培养自主性。正念能够使个体拥有更高的自控能力，更好地应对工作中的压力和挑战（Franco et al., 2010），从而减少对外部支持的依赖。这种内在的自主性和自我管理能力使得幼儿教师更加积极地感知和利用组织提供的支持，增强组织支持感。因此，幼儿教师的社交技能可能通过正念和组织支持链式中介作用于职业倦怠。因此，基于以上分析，本研究进一步提出假设7.4：正念与组织支持感在社交技能与幼儿教师职业倦怠之间的关系中起链式中介作用。

综上，本研究拟采用问卷法，探讨社交技能是否影响幼儿教师职业倦怠，重点分析正念和组织支持感在社交技能与幼儿教师职业倦怠关系中的链式中介作用（图7-1）。

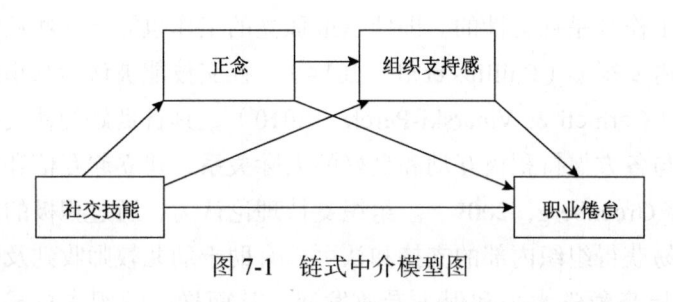

图 7-1 链式中介模型图

二、研究方法

（一）研究对象

采用方便取样法，在安徽、广东等地面向幼儿园教师发放问卷，共收回问卷1350份，整理得到1173份有效问卷，有效率为86.9%。依据以下标准剔除无效问卷：①存在明显规律性作答；②测谎题作答错误；③被试答题时间超过或低于三倍标准差。

本研究对象共计1173人，其中女性幼儿教师1161人，男性幼儿教师12人；教龄5年及以下640人，6~10年294人，11~15年112人，15年以上127人；乡镇公立幼儿园121人，乡镇私立幼儿园266人，城市公立幼儿园574人，城市私立幼儿园212人；专科及以下学历496人，大学本科学历667人，硕士研究生及以上学历10人；平均年龄为30岁，标准差为7.898。

（二）研究工具

1. 社交技能量表

采用社交技能量表（Ferris et al., 2001），该量表只有一个维度，共7个项目，例如"我很容易站在别人的立场上思考"，无反向计分题目，采用利克特 7 点计分，从 1 分"非常不同意"到 7 分"非常同意"，得分越高说明社交技能越高（Ferris et al., 2001）。本研究中该量表的克龙巴赫 α 系数为 0.81。

2. 组织支持感知量表

采用组织支持感知量表（Shen & Benson, 2016），共 8 个项目，例如"我的组织关心我的意见"，组织支持感知量表的所有题目都有明显载荷（>0.40），量表采用利克特 5 点计分，从 1 分"非常不同意"到 5 分"非常同意"，分数越高，表示感知到的组织支持程度越高。本研究中该量表的克龙巴赫 α 系数为 0.91（Shen & Benson, 2016）。

3. 正念注意觉知量表

采用正念注意觉知量表单一维度的正念量表，共 15 个项目，例如"我有时的某些情绪过了一会儿才被自己觉察到"，采用利克特 6 点计分，从 1 分"几乎总是"到 6 分"几乎没有"，均为正向计分，量表得分越高说明个体的特质正念水平越高。本研究中该量表的克龙巴赫 α 系数为 0.93（Brown & Ryan, 2003）。

4. 职业倦怠量表

采用王国香等（2003）翻译的教师职业倦怠量表。该量表共 22 个条目，例如"工作一天后，我感到精疲力竭"，量表包括三个维度：情绪衰竭、非人性化和低成就感。采用利克特 5 点计分，从 1 分"从未如此"到 5 分"总是如此"，总分越高，说明教师的职业倦怠水平越高（Maslach & Jackson, 1981），本研究中该量表的克龙巴赫 α 系数为 0.78。

（三）数据处理

采用 SPSS 26.0 软件进行数据处理，并使用 SPSS 中的 PROCESS 插件进行链式中介效应分析。首先对收集到的数据进行筛选，并在筛除无效数据后进行描述性统计和变量之间的相关性分析。基于相关性分析，建立了社交技能对幼儿教师职业倦怠的直接途径。为了检验链式中介效应，我们将正念和组织支持感纳入中介模型，并构建了从正念到组织支持感的影响路径，以生成链式中介模型。使用 Bootstrap（重复采样 5000 次）对回归系数进行显著性检验，以获得标准误差和 95%置信区间用于参数估计，$p<0.05$ 为具有显著性的统计结果。

（四）共同方法偏差检验

由于本研究采用自我报告法收集数据，可能导致共同方法偏差问题。首先，本研究在程序设置上通过匿名调查、部分题目使用反向计分以及设置部分测谎题的方法进行了一定的控制。其次，我们采用 Harman 单因子检验法进行共同方法偏差检验，结果显示，特征值大于 1 的因素共 8 个，其中第一个因素解释的累计变异量为 29.3%，远远小于 40%的临界值，表明本研究不存在严重的共同方法偏差问题（Podsakoff et al., 2003；周浩，2004）。

三、研究结果

（一）研究变量之间的相关分析

研究变量的描述性统计和相关性如表 7-1 所示。结果显示：社交技能、正念与组织支持感之间两两呈显著正相关，社交技能、正念、组织支持感均与职业倦怠及职业倦怠的各维度（情绪衰竭、去个性化、低成就感）之间呈显著负相关。

表 7-1　各变量的描述统计与相关分析（n=1173）

项目	社交技能	正念	组织支持感	情绪衰竭	去个性化	低成就感	职业倦怠
社交技能	1						
正念	0.265***	1					
组织支持感	0.168***	0.298***	1				
情绪衰竭	−0.141***	−0.499***	−0.520***	1			
去个性化	−0.122***	−0.493***	−0.506***	0.819***	1		
低成就感	−0.257***	−0.321***	−0.509***	0.354***	0.402***	1	
职业倦怠	−0.209***	−0.531***	−0.619***	0.892***	0.887***	0.698***	1
M	33.518	67.040	28.949	21.055	12.682	20.107	53.844
SD	6.302	12.247	5.522	5.678	4.076	4.714	11.975

（二）中介效应模型检验

先对主要变量和控制变量进行标准化处理，以减少多重共线性，增强模型的收敛性。我们将性别和年级作为控制变量，社交技能作为自变量，职业倦怠作为因变量，正念和组织支持作为中介变量，进行Bootstrap中介变量检验，样本量选择5000，设置95%置信区间（表7-2）。

结果显示（图7-2），社交技能对职业倦怠影响的总效应显著（β=-0.209，$p<0.001$），纳入中介变量后，社交技能不仅能显著正向预测正念（β=0.265，$p<0.001$），且能显著正向预测组织支持感（β=0.096，$p<0.01$）；但社交技能对职业倦怠的直接效应不显著（β=-0.026，p=0.226）。正念不仅能显著正向预测组织支持感（β=0.273，$p<0.001$），而且能够显著负向预测幼儿教师职业倦怠（β=-0.374，$p<0.001$）；组织支持感能够显著负向预测职业倦怠（β=-0.504，$p<0.001$）。

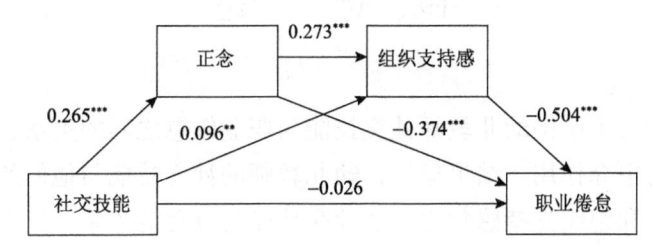

图7-2 正念、组织支持感在社交技能与职业倦怠之间的链式中介作用

表7-2 社交技能与幼儿教师职业倦怠关系中的链式中介效应分析

项目	方程1（正念）		方程2（组织支持感）		方程3（职业倦怠）		方程4（职业倦怠）	
	β	t	β	t	β	t	β	t
社交技能	0.265	9.394***	0.096	3.317**	-0.209	-7.318***	-0.026	-1.2123
正念			0.273	9.473***			-0.374	-17.056***
组织支持感							-0.504	-23.514***
R^2	0.070		0.097		0.044		0.516	
F	88.255***		63.112***		53.552***		414.857***	

进一步使用Bootstrap程序检验中介效应的显著性（Shrout & Bolger, 2002）。采用重复随机抽样法在原始数据（N=1173）中抽取1000个Bootstrap样本，矫正偏差的Bootstrap置信区间检验结果表明，表7-3中的中介路径系数的95%置信区间没有包括0，这些路径系数显著。换言之，正念和组织支持感是社交技能影响幼儿教师职业倦怠的中介。

表 7-3　社交技能对幼儿教师职业倦怠链式中介效应检验

路径	效应值	SE	下限	上限	效应量/%
社交技能→职业倦怠	−0.026	0.021	−0.067	0.016	12.44
社交技能→正念→职业倦怠	−0.099	0.013	−0.125	−0.074	47.37
社交技能→组织支持感→职业倦怠	−0.048	0.016	−0.080	−0.018	22.97
社交技能→正念→组织支持感→职业倦怠	−0.036	0.006	−0.049	−0.025	17.22
总中介效应	−0.183	0.024	−0.231	−0.138	87.56
总效应	−0.209	0.029	−0.265	−0.153	

四、讨　论

本研究探讨了中国幼儿教师社交技能与职业倦怠之间的关系，以及正念和组织支持感的中介作用。结果显示，幼儿教师的社交技能与他们的倦怠呈显著负相关；正念和组织支持感独立调节社交技能与倦怠的关系；正念和组织支持感在社交技能和职业倦怠之间起着链式中介作用。

（一）社交技能与职业倦怠之间的关系

本研究发现，社交技能显著负向预测幼儿教师的职业倦怠水平，这与前人的研究一致（Cosio Dueñas et al., 2019）。具体来说，研究指出社交技能的缺乏可能对幼儿教师构成重大挑战，尤其是在与同事、家长以及幼儿的互动中，这种挑战和困难可能导致工作压力和情绪负担的增加，进而减少幼儿教师的工作满意度，并最终导致职业倦怠的发生。社交技能是情商的重要组成部分（Goleman, 1998），拥有更高社交技能的幼儿教师往往具有更高的情商，高情商的个体具备识别情绪、运用情绪促进思维、理解情绪及其相关知识与反思性调节情绪以增进情绪和智力的能力（Salovey & Mayer, 1990），这使得幼儿教师能够准确地感知和理解他人的情感和需求。同时，幼儿教师也更擅长有效地表达自己的观点和意见，并能与家长和幼儿进行有效沟通，建立和维护良好的人际关系，使得工作互动更加流畅，从而提高自己的工作满意度和降低职业倦怠的风险。

（二）正念的中介作用

本研究确定了正念在幼儿教师社交技能与职业倦怠之间的中介作用，即幼儿教师的社交技能通过增强他们的正念水平，进而有效降低职业倦怠的程度。一方面，个体社交技能与正念呈显著正相关，这与以往研究结果相一致（Beauchemin et al., 2008），即具有较高社交技能的个体可能更容易建立积极的社交关系，从而获得正面的社交反馈和支持，有利于培养和促进正念的发展。另一方面，正念可以负向预测幼儿教师的职业倦怠，该结果与以往研究结果相符（Jang & Lee, 2020），且符合工作需求-资源理论，即正念可以通过提升个体的资源调节能力、情绪管理能力、专注力和自我关怀能力，来降低职业倦怠（Abenavoli et al., 2013）。它有助于个体在工作中更好地管理和恢复资源，减少消耗，提高工作满意度和绩效，以此减轻职业倦怠。具体来说，正念有助于个体在工作中更好地管理和恢复资源，减少消耗，提高工作满意度和绩效，从而减轻职业倦怠。社交技能较高的幼儿教师往往拥有更高的正念水平，这有助于缓解职业倦怠。这强调了提升幼儿教师社交技能和正念水平的重要性，以促进幼儿教师的心理健康和职业发展。

（三）组织支持感的中介作用

本研究还确定了组织支持感在幼儿教师社交技能与职业倦怠关系中的中介作用，即具备高社交技能的幼儿教师往往能够拥有更高的组织支持感，进而一定程度降低职业倦怠。社交技能可以通过作用于组织支持感对个体职业倦怠产生影响。一方面，社交技能可以正向预测个体感知到的组织支持，这符合以往研究结果（Hochwarter et al., 2006），也符合社会交换理论观点（Blau, 2017），即通过展示自己的社交技能，个体可以更有效地与同事、上司和组织建立关系并进行交流，从而获得更多的资源和支持，提高组织支持感。另一方面，组织支持感对职业倦怠有显著负向预测作用，这与以往研究结果相一致（Jawahar et al., 2007）。根据工作需求-资源模型理论的观点，组织支持感作为一种个人资源，可以增强教师的工作动力和归属感，提高工作满意度，减少职业倦怠的发生。因此，社交技能可能通过影响幼儿教师的组织支持感，来影响幼儿教师的职业倦怠。

（四）正念和组织支持感的链式中介作用

另外，本研究还发现"社交技能→正念→组织支持感→职业倦怠"构成的链式中介也是社交技能影响幼儿教师职业倦怠的重要途径。即社交技能首先通过提升幼儿教师的正念水平,然后增强他们的组织支持感,最终有效降低职业倦怠。一方面,良好的社交技能使个体更能够有效地与他人交流和互动,当个体能够有效地处理与他人的交往中出现的情绪冲突和压力时,他们往往更容易保持内心的平静和平衡(Barsade, 2002),这有助于培养正念,通过积极的社交互动,个体能够学会更好地控制情绪,更加镇定地应对生活中的各种挑战,从而促进正念的培养和发展;另一方面,正念可以使个体更加专注并意识到当前的情境和自身的感受、想法和行为,高正念水平的个体更容易感知到组织提供的支持和资源,包括来自同事、领导和组织的各种支持形式,如信息支持、情感支持、工作资源等(Anggraeni & Febrianti, 2022)。正念被认为可以帮助个体提高自我觉知能力、情绪调节能力和专注力,在工作中可以帮助员工积累资源(Zivnuska et al., 2016),从而让员工更好地感知到组织支持的存在和影响。

因此,当幼儿教师通过正念实践培养出积极的心态和同理心时,他们更可能感受到组织对他们的支持和关怀,增强对组织的信任感和归属感,从而减轻职业压力和减少职业倦怠的可能性。这样,正念和组织支持感构成了一种链式中介关系,有效地整合了正念理论和社会交换理论,社交技能通过这一链式中介作用影响幼儿教师的职业倦怠。深入探讨正念和组织支持感在社交技能与幼儿教师职业倦怠之间的联合作用,为我们提供了新的思路,以探讨教师如何更好地应对工作压力,减少职业倦怠的风险。这不仅丰富了相关理论,也为教育管理者和政策制定者提供了实用的指导,帮助他们设计和实施有效的干预措施,以提升教师的工作质量和福祉。

(五)意义与局限

探讨影响幼儿教师职业倦怠的因素具有重要意义,因为这有助于深入了解职业倦怠产生的根源,为采取有效的预防和干预措施提供依据。通过探讨影响幼儿教师职业倦怠的因素,可以发现工作环境中可能存在的问题,如工作压力、人际关系等,从而有针对性地改善工作环境,提高幼儿教师的工作满意度和幸福感。还可以帮助学校和管理部门制定针对性的干预策略,例如提供心理健康支持、改善工作条件、加强职业发展支持等,有助于减轻幼儿教师的职业倦怠感受。另外,分析职业倦怠的影响因素还有助于揭示幼儿教师在工作中可能遇到的困难和挑战,为个性化的职业发展支持和培训提供依据,促进幼儿教师的个人成长和专业发展。并且,通过了解这些因素,可以更好地保障幼儿的权益,提升幼儿的学习体验和教学效果。职业倦怠不仅影响幼儿教师个体，也可能对整个教育系统产生负面影响。因此，探讨影响职业倦怠的因素有助于促进教育系统的健康发展，维护幼儿教师队伍的稳定和教育质量的提升，还有助于建立积极向上的教育氛围，提升教育质量，保障幼儿教师和幼儿的权益，推动教育事业的可持续发展。

然而，本研究仍有一些局限性：①采用横断面设计。研究采用了横断面设计，仅能提供相关关系的观察，而不能推断因果关系。未来的研究可以考虑采用纵向或实验性设计，以更好地理解正念、组织支持感、社交技能和职业倦怠之间的因果关系。②未考虑其他潜在因素。研究关注了正念、组织支持感、社交技能和职业倦怠之间的关系，但未考虑其他潜在因素的影响，如工作量、工作需求等。未来的研究可以进一步探索这些因素，并进行更全面的分析。③本研究仅探讨了社交技能、正念、组织支持感和职业倦怠之间的关系，并未更进一步进行干预研究。未来的研究可在此理论基础上加入正念训练，研究结果将更加具有实践意义（Creswell，2017；Cullen，2011）。

综上，本研究发现幼儿教师社交技能能够显著负向预测职业倦怠；正念在社交技能和职业倦怠之间的关系中起到中介作用；幼儿教师感知到的组织支持在社交技能和职业倦怠之间的关系中起到中介作用；正念和感知到的组织支持在社交技能对职业倦怠的影响中起链式中介作用。

第八章 幼儿教师共情与职业倦怠之间的关系：调节中介效应

一、引　言

2018年发布的《中共中央 国务院关于全面深化新时代教师队伍建设改革的意见》为幼儿园教师队伍的建设和教师培训指明了方向，该意见中强调，要大力振兴教师教育，不断提升教师的专业素质能力，并建设一支高素质善保教的幼儿园教师队伍。然而，目前幼儿园教师队伍的建设存在许多问题，其中幼儿园教师的职业倦怠问题受到了研究者的广泛关注。职业倦怠是指教师由于不能有效缓解各种因素所导致的工作压力，或深感付出与回报不对等而表现出的对所从事职业的消极态度和行为（赵玉芳，毕重增，2003）。相比于其他学段，幼儿教师往往会面对更多的情绪挑战，这使得他们的职业倦怠保持在较高水平（Huang et al., 2020；杨亚青，2017）。这是由幼儿教师的工作特点导致的：处于学前期发展阶段的儿童由于认知发展尚未成熟，情绪较为敏感，其一日生活各方面均依赖于教师的引导与照料，加之目前部分幼儿园的生师比仍然较高，这极大地消耗了教师的情绪资源。此外，幼儿园教师直接面对的群体是3~6岁的幼儿，在这一发展阶段中，幼儿情绪存在的普遍特点是易冲动、易外露、不稳定和易受他人感染（Denham, 1998），这意味着幼儿园教师在与幼儿沟通相处时，需付出更多的情绪劳动，且自身情绪会融入幼儿生活的方方面面，属于高强度的情绪劳动策略群体。而幼儿园教师的工作及生活状态与幼儿园保教质量息息相关，同时对教师专业发展及园所氛围产生一定影响。因此，有必要对幼儿园教师职业倦怠进行深入探讨。

（一）幼儿教师共情与职业倦怠

基于幼儿园教师的工作特点，个体的共情能力可能是预测其职业倦怠的重要变量。共情是指个体知觉并理解他人情绪的一种社会认知能力（de Waal & Preston，2017）。共情能力强的个体具有较多的亲社会行为，攻击性行为则较少出现。在幼儿的日常生活中，幼儿园教师需要基于儿童立场进行换位思考，主动去观察与理解幼儿的情绪状态。共情能力较强的幼儿园教师无疑能够更及时与准确地理解幼儿所表现出的情绪并做出适宜的处理，反之则可能增加已有的情绪劳动策略负荷，出现情绪压力（杨亚青，2017）。阳泽和胡洁的研究发现，共情是教师和幼儿之间关系的桥梁，共情能力越强的幼儿园教师越能够以复杂性思维审视幼儿，把幼儿当作独立的个体来进行理解和交流。Peck 等人的研究则进一步表明，共情将使得幼儿园教师感受到幼儿的体验，并与之进行同步和交流，最终做出合适的反馈（Peck et al.，2015）。这既有助于幼儿园教师理解并包容幼儿的发展性差异，也有助于幼儿园教师对幼儿及其家庭抱有积极的观点及态度。这意味着，共情有助于降低幼儿园教师的职业倦怠，以更加主动的、积极的方式去面对和处理工作压力。然而，有些研究者对共情和职业倦怠之间的关系持相反的意见，他们认为能力越大责任越大，共情作为一种可以觉察和理解他人情绪的能力，共情能力越高可能意味着要更多地进行情绪劳动，因此共情能力有可能会增加个体的职业倦怠水平（Wróbel，2013）。总之，随着对共情与职业倦怠之间的关系的研究逐渐丰富，不少研究者逐渐对二者的关系抱有融合的视角，认为共情与职业倦怠之间的关系是双轨的（Altmann & Roth，2021；Wilkinson et al.，2017）。有的研究者认为（Altmann & Roth，2021），出现这种双轨关系的原因是研究方法的局限性；也有研究者通过共情的结构去解释，认为认知共情与职业倦怠负向关联，而情感共情与职业倦怠正向关联（Huang et al.，2020；王阳等，2017）。总而言之，目前学界对于这种双轨关系的解释仍不确定，同时缺乏对于具体对象的研究。因此我们提出假设 8.1：幼儿教师共情可以显著负向预测职业倦怠。

（二）情绪劳动策略的中介作用

情绪劳动策略（Emotional Labor，EL）是指员工为了表达组织期望的情绪，进行必要的心理调节。组织期望员工表达的情绪被称为展示规则（Display

Rule），这是指组织对员工在情绪展示的类型、多样性、频率、持续时间等方面的要求（Ashforth & Humphrey，1993）。在教育领域，Yin 和 Lee（2012）将情绪劳动策略定义为教师根据对教师职业的规范信念和期望，在教学背景下教师努力抑制、生成和管理他们的情绪的内在感受和外在表达的过程。情绪劳动可以通过表层表演（surface acting，SA）、深层表演（deep acting，DA）和自然扮演（expression of naturally felt emotions，EON）三种策略来实现（Ashforth & Humphrey，1993；Grandey，2000）。表层表演是指员工内在的情绪与组织要求不一致，但他们伪装并表达出符合要求的情绪，实际上并没有改变内在感受。深层表演则是指员工调整与组织要求不符的内在感受，并表达出组织所需的情绪，这类似于情绪调节过程模型中的先行关注策略。自然扮演是指员工自然而然地表达出组织需要的情绪，而不需要刻意地调整自己的情绪。

共情被认为是一种情绪劳动（Vinson & Underman，2020），共情能力越强的个体拥有更敏感的对于他人情绪的感知能力（Chlopan et al.，1985）。这意味着共情能力与情绪劳动是一种正向关系。并且之前的研究者还发现表层扮演可以中介共情对情绪衰竭的正向作用（Wróbel，2013），这代表共情会通过表层扮演导致职业倦怠的关键成分情绪衰竭的增加。这可能是由于表层扮演会给员工带来职业倦怠，例如表层扮演对情绪衰竭有很强的正向预测力（Brotheridge & Grandey，2002；Grandey et al.，2012；Grandey，2003；胡君辰，杨林锋，2009）。除职业倦怠外，表层扮演与职业幸福感的其他指标也存在密切联系，如工作满意度降低（Bono & Vey，2005）、消极情绪状态（Judge et al.，2009；刘朝等，2013）、紧张感增加（吕晓俊等，2012）、情绪失调（Zapf & Holz，2006）、自我真实感减弱（马淑蕾，黄敏儿，2006）、工作家庭冲突（Cheung & Tang，2009）和离职意向或行为（Chau et al.，2009）等。因此我们提出假设 8.2：表层扮演可以中介共情与职业倦怠之间的关系。

与表层扮演相反，深层扮演可能对个体幸福感产生有益的影响，如提高员工的工作满意度、工作绩效以及降低工作倦怠等（Brotheridge & Lee，2002；Chen et al.，2012；Grandey，2003）。有的研究者认为造成这种情况的原因是：相比于表层扮演，深层扮演会消耗更少的认知（如注意力）和动机（如驱动力、适应力）等方面的心理资源（Grandey，2000；Totterdell & Holman，2003）并且还会获得如真实感（Brotheridge & Lee，2003）、成就感（Williams，2003）等心理资源。研究也发现自然扮演对员工的有益影响，如降低员工的压力和情绪衰竭（Cheung & Lun，2015；Karim & Weisz，2011）以及提高员工的工作满意度（Cheung et al.，2011；Zhang & Zhu，2008）。因此我们提出假设8.3：深层扮演和自然扮演可以中介共情与职业倦怠之间的关系。

（三）正念的调节作用

在职业健康心理学领域的研究中，正念被视为一种稳定的个人特质或状态（Dane & Brummel，2014），是个体以开放、接纳的态度去觉知身体或情绪状态、将全部注意力不加批判地集中到当下的一种心理特征，不仅可以作为幼儿教师的一种内部心理资源，还是幼儿教师重要的个体工作资源。正念植根于工作需求-资源模型，被概念化为一种个人资源，能够影响工作需求和资源并与之互动（Guidetti et al.，2019），且正念是一种具有多种好处的强大资源，以多种方式在工作需求-资源模型中起作用（Grover et al.，2017）。此外，与正念相关的练习也被研究证明可以起到提高共情水平的作用（Flook et al.，2015；Germer & Neff，2013；Shapiro et al.，2005；Tan et al.，2014）。正念可以为幼儿教师提供丰富的心理资源，从而提高幼儿教师的共情水平和亲社会倾向（Donald et al.，2019），这使得幼儿教师可以更好地应对工作中的情绪劳动。因此我们提出假设8.4：正念可以调节情绪劳动策略对于共情和职业倦怠关系的中介作用。

（四）研究假设

综上所述，本研究考察了幼儿教师共情、情绪劳动策略与正念对职业倦怠的综合影响（图8-1）。以幼儿教师为参与者，构建有调节的中介模型，探讨情绪劳动策略的中介作用与正念在共情与职业倦怠关系中的调节作用。

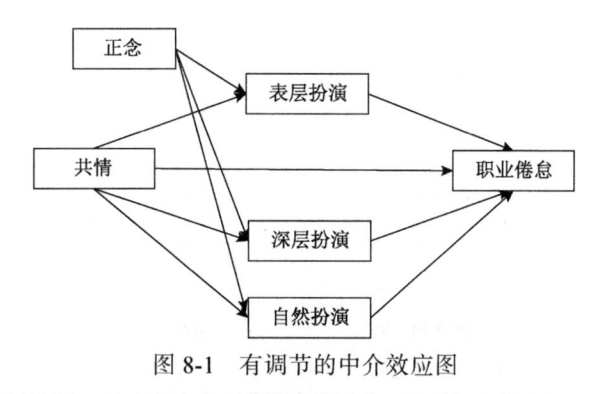

图8-1 有调节的中介效应图

二、研究方法

（一）样本和数据收集

我们对安徽、广东、辽宁、河南等地的幼儿教师进行了调查，所有参与调查的幼儿教师都需要完成四个测试：共情量表（ME）、情绪劳动策略量表（Emotional Labor Scale，ELS）、正念注意觉知量表（MAAS）和教师职业倦怠量表（MBI-ES）。通过网络问卷的形式收集了问卷 1305 份，其中通过筛选标准的有效问卷共 947 份，有效率为 72.6%（表 8-1）。本研究的问卷筛选标准为：①测谎题回答正确（此题请选比较符合）；②年龄至少为 18 周岁；③作答时间大于 250 秒；④问卷答案不为规律数字。

表 8-1 研究参与者的人口统计学特征和相关变量（n=947）

变量	选项	n	占比/%
性别	男	10	1.1
	女	937	98.9
教龄	5 年及以下	494	52.2
	6~10 年	247	26.1
	11~15 年	96	10.1
	16~20 年	34	3.6
	21 年及以上	76	8.0
省份	安徽	622	65.7
	广东	143	15.1
	辽宁	28	2.9
	河南	19	2.0
	其他	135	14.3
最高学历	大学本科及以上	551	58.2
	专科及以下	396	41.8
学校类型	乡镇公立幼儿园	249	26.3
	乡镇私立幼儿园	56	5.9
	城市公立幼儿园	466	49.2
	城市私立幼儿园	176	18.6

续表

变量	选项	n	占比/%
教授年级	小班	325	34.3
	中班	280	29.6
	大班	342	36.1

（二）测量工具

1. 共情量表

在本研究中采用王阳、温忠麟等人（王阳等，2017）翻译的共情和同情量表中的共情量表，其在中国幼儿教师中有着较好的信效度，为双维量表，包括认知共情（条目1~4）、情绪共情（条目5~8）2个维度，采用5点计分法，例项如"我善于识别他人的真实情感""当朋友伤心难过时，我也会变得伤心"，所有题目均为正向计分，得分越高表明受访者的共情能力越强。本研究中共情量表的克龙巴赫 α 系数为0.844，大于0.7，信度较好（Bland & Altman，1997）。

2. 正念注意觉知量表

采用陈思佚、崔红等人翻译的中文版正念注意觉知量表，在中国使用时，该心理测量工具具备出色的心理测量学指标（陈思佚等，2012）。中文版正念注意觉知量表为单维量表，包括15个题目（如，我有时的某些情绪过了一会儿才被自己觉察到），这些题目与个人日常生活中的认知、情绪和生理等方面有关。采用6点计分法，从1分"几乎总是"到6分"几乎没有"，所有题目均为正向计分，得分越高表明受访者在当下的注意觉知水平越高。本研究中中文版正念注意觉知量表的克龙巴赫 α 系数为0.937。

3. 情绪劳动策略量表

采用孙阳等人翻译修订的情绪劳动策略量表（Diefendorff et al.，2005；孙阳等，2013），量表共14个题项，包括表层扮演（7题）、深层扮演（4题）和自然扮演（3题）三个维度，使用利克特5点计分，例项如"面对孩子时，表现的情绪与我内心的感受不一样""我努力感受需要向孩子展示的特定情绪"和"我向孩子表达的情绪是自然流露的"。本研究中，表层扮演、深层扮演和

自然扮演的 α 系数分别为 0.788、0.751 和 0.779。

4. 教师职业倦怠量表

本研究使用了王国香等开发的教师职业倦怠量表（王国香等，2003），该量表包含 22 个条目，涵盖情绪衰竭、非人性化和低成就感三个维度，例项如"工作一天后，我感到精疲力竭""对幼儿教育工作我感到心灰意冷"。量表采用利克特 5 点计分，从 1 分"从未如此"到 5 分"总是如此"。低成就感维度题目均为反向计分，情绪衰竭和非人性化维度题目均为正向计分，总分越高表示教师职业倦怠水平越高。本研究中，该量表信度较好，克龙巴赫 α 系数为 0.836。

（三）数据分析

研究删除了测谎题作答错误者的问卷数据，以确保数据的质量和可靠性。在将所有变量输入模型之前进行了 z 变换，以比较效应大小并减少多重共线性（Duffy et al.，2014）。年龄、教龄、最高学历、学校类型、教授年级被作为协变量纳入分析。使用 SPSS 宏观过程来进行调节中介分析。首先，建立了一个回归模型来检验幼儿教师共情对职业倦怠的影响。接下来，采用双变量皮尔逊相关性来检验变量之间的基本关联，并在后续模型中将人口统计学变量作为协变量进行控制。我们使用模型 7 进行了有调节的中介效应分析，并使用 95%置信区间。在相关分析中，$p<0.05$ 被认为有统计学意义。95%置信区间如果包括 0 则间接效应在 0.05 水平上具有统计学意义（Hayes et al.，2017；Preacher & Hayes，2008）。

三、研 究 结 果

（一）描述性统计及相关性分析

描述性统计结果和相关性分析的结果见表 8-2。职业倦怠与共情、正念以及情绪劳动策略中的深层扮演和自然扮演呈显著负相关，而表层扮演与职业倦怠呈显著正相关。此外，共情与正念以及三种情绪劳动策略之间均存在显著正相关关系。

表 8-2 描述性统计和相关性分析

变量	职业倦怠	共情	正念	表层扮演	深层扮演	自然扮演	M	SD
职业倦怠	1						2.42	0.542
共情	−0.084**	1					3.58	0.562
正念	−0.557**	0.088**	1				4.46	0.785
表层扮演	0.118**	0.108**	−0.050	1			3.27	0.606
深层扮演	−0.169**	0.209**	0.141**	0.451**	1	1	3.82	0.570
自然扮演	−0.327**	0.194**	0.291**	−0.034	0.334**	1	4.09	0.548

（二）幼儿教师共情对职业倦怠的影响

幼儿教师共情对职业倦怠的影响见表 8-3。在控制了其他变量后，共情可以显著负向地预测幼儿教师的职业倦怠水平，验证了假设 8.1。

表 8-3 幼儿教师共情对职业倦怠的影响

项目	B	SE	t	p
常量	2.712	0.113	23.908	<0.001
共情	−0.082	0.031	−2.603	0.009

（三）中介效应检验

情绪劳动策略的中介作用见表 8-4。在没有情绪劳动策略的情况下，共情对职业倦怠的总影响是显著的（β=−0.8700，t=−2.7735，p<0.001）。此外，共情对三种情绪劳动策略都有显著的正向影响。当将三种情绪劳动策略作为中介因素时，我们发现，共情可以通过表层扮演正向影响职业倦怠，由此验证假设 8.2；同时共情可以通过深层扮演和自然扮演负向影响职业倦怠，验证了假设 8.3。此外，当引入中介变量之后共情对职业倦怠的影响变得不显著（β=−0.0263，t=−0.8663，p>0.05）。数据分析表明，情绪劳动策略在解释共情与职业倦怠之间的关联中起着完全中介作用（间接效应量=−0.17，95%置信区间=−0.21～−0.14），如表 8-5 所示。

表 8-4 共情的中介效应检验

项目	模型1(因变量:职业倦怠) β	t	模型2(因变量:表层扮演) β	t	模型3(因变量:深层扮演) β	t	模型4(因变量:职业倦怠) β	t	模型5(因变量:职业倦怠) β	t
年龄	−0.0380	−5.8565***	−0.0043	−0.6242	0.0063	0.9384	−0.0026	−0.3911	−0.0378	−6.0779***
教龄	0.0970	2.2075*	0.0286	0.6306	0.0647	1.4573	0.0642	1.4343	0.1175	2.8550**
最高学历	0.3524	5.5957***	0.1429	2.1934*	0.0890	1.3956	−0.1910	−2.9675**	0.2934	4.9279***
学校类型	0.0225	0.7549	−0.0605	−1.9621*	−0.0465	−1.5393	−0.0036	−0.1184	0.0250	0.8912
教授年级	−0.3180	−0.8542	0.0563	1.4636	−0.0075	−0.1989	−0.0093	−0.2444	−0.0447	1.2787
共情	−0.8700	−2.7735***	0.0963	2.9658**	0.1917	6.0342***	0.1947	6.0720***	−0.0263	−0.8663
表层扮演									0.1682	4.9874***
深层扮演									−0.1463	−4.0459***
自然扮演									−0.2510	−7.7848***
R^2	0.090		0.026		0.066		0.049		0.200	
F	15.48		4.13		11.10		8.07		26.40	

表 8-5 中介效应、直接效应和总效应分解

路径	B	SE	下限	上限	占比/%
总效应	−0.0870	0.0314	−0.1486	−0.0254	100.00
直接效应	−0.0263	0.0303	−0.0857	0.0332	23.01
总间接效应	−0.0607	0.0142	−0.0895	−0.0339	77.99
通过表层扮演的间接效应	0.0162	0.0076	0.0032	0.0326	13.56
通过深层扮演的间接效应	−0.0281	0.0093	−0.0481	−0.0116	23.51
通过自然扮演的间接效应	−0.0489	0.0112	−0.073	−0.0287	40.92

（四）有调节的中介效应分析

表 8-6 给出了有调节的中介模型的检验结果。在将正念纳入模型后我们发现，共情与正念的交互作用对情绪劳动的三种策略均有正向的影响，这说明正

念可以增强共情对于情绪劳动策略的正向预测作用。进一步分析正念与共情的交互作用对于情绪劳动策略的影响（表 8-7），对于深层扮演和自然扮演来说，较低水平的正念也可以增加共情对其的正向预测作用；对于表层扮演来说，只有中等和较高水平的正念才能增加共情对其的正向预测作用。

表 8-6 有调节的中介效应分析

项目	模型1（因变量：表层扮演）B	t	模型2（因变量：深层扮演）B	t	模型3（因变量：自然扮演）B	t	模型4（因变量：职业倦怠）B	t
年龄	−0.0023	−0.3363	0.0040	0.5986	−0.0087	−1.3219	−0.0378	−6.0779***
教龄	0.0203	0.4488	0.0680	1.5454	0.0784	1.8186	0.1175	2.8550**
最高学历	0.1324*	2.0261	0.1195	1.8813	−0.1268	−2.0370*	0.2934	4.9279***
教授年级	0.0608	1.5818	−0.0148	−0.3956	−0.0266	−0.7258	−0.0447	−1.2787
学校类型	−0.0617	−2.0070	−0.0524	−1.7541	−0.0129	−0.4390	0.0250	0.8912
共情	0.1023**	3.1471	0.1810	5.7310***	0.1697	5.4850***	−0.0263	−0.8663
正念	−0.0514	−1.5644	0.1259	3.9466***	0.2733	8.7386***		
共情×正念	0.0656*	2.5241	0.0678	2.6831**	0.0530	2.1394*		
表层扮演							0.1682	4.9874***
深层扮演							−0.1463	−4.0459***
自然扮演							−0.2510	−7.7848***
R	0.1866		0.2969		0.3526		0.4498	
R^2	0.0348		0.0881		0.1243		0.2023	
F	4.2283		11.3320		16.6418		26.402	

表 8-7 正念对共情与情绪劳动策略的调节作用

调节作用	区间	B	SE	下限	上限
正念对共情与表层扮演关系的调节作用	1（M−1SD）	0.0411	0.0403	−0.0379	0.1202
	0（M）	0.1024	0.0325	0.0387	0.1662
	−1（M+1SD）	0.1749	0.0437	0.0891	0.2606
正念对共情与深层扮演关系的调节作用	1（M−1SD）	0.1179	0.0391	0.0410	0.1947
	0（M）	0.1812	0.0316	0.1192	0.2432
	−1（M+1SD）	0.2560	0.0425	0.1727	0.3393

续表

调节作用	区间	B	SE	下限	上限
正念对共情与自然扮演关系的调节作用	1（M-1SD）	0.1204	0.0384	0.0452	0.1957
	0（M）	0.1699	0.0309	0.1092	0.2306
	−1（M+1SD）	0.2284	0.0416	0.1467	0.3100

四、讨　论

本研究探讨了中国幼儿教师共情与职业倦怠之间的关系，以及情绪劳动策略的中介作用和正念的调节作用。

（一）共情与职业倦怠之间的关系

我们的研究结果表明，幼儿教师的共情可以显著负向预测其职业倦怠水平，支持假设 8.1。这与大多数研究者的结论一致（Hunt et al., 2017）。根据前人的研究，我们推测这是因为：有更高共情能力的幼儿教师往往对工作有更高的胜任力（Peck et al., 2015），这使得他们可以用更平和的心态去面对工作和生活中的事件，这就使得他们在心理方面的损耗更小，从而有更小的职业倦怠风险。

（二）情绪劳动策略的中介作用

本研究发现，情绪劳动策略是影响幼儿教师职业倦怠水平的重要因素，并证实了情绪劳动策略完全中介了幼儿教师的共情与职业倦怠之间的关系。首先，幼儿教师共情会积极预测他们的情绪劳动。共情能力越高的幼儿教师们往往有着更强的对情绪的感知和回应能力，这也就意味着他们能发现和回应更多的情绪劳动需要从而进行更多的情绪劳动。这可能会让我们担心：高共情的幼儿教师会进行更多情绪劳动，这会不会导致他们变得更加倦怠？令人振奋的是答案是否定的，根据表 8-5 我们可以发现，尽管幼儿教师在采用表层扮演策略进行共情时会导致职业倦怠的增加，但使用深层扮演和自然扮演策略则会减少职业倦怠，并且这两种效应叠加之后的总效应仍然与职业倦怠呈显著的负向关系。这意味着在工作中进行更多情绪劳动的幼儿教师确实可能会因为表层扮演损害职业健康，但与此同时进行的深层扮演和自然扮演会为职业健康提供积极的价值（Brotheridge & Lee，2002；Chen et al.，2012；Grandey，2003），并且积极的价值大于对职业倦怠的损害。这样的研究结果也从情绪劳动的角度为共情和职业倦怠的双轨关系提供了解释。与使用之前研究者的研究结论去解释共情与职业倦怠的双轨关系相比（Huang et al.，2020；王阳等，2018），使用本研究的发现去解释共情与职业倦怠的双轨关系对实际工作更有价值，因为情绪劳动是幼儿教师实际工作场景中经常出现的工作要求，而且幼儿教师在共情过程中不能控制自己多做哪一种共情。因此，之后的研究可以进一步从情绪劳动策略这一更贴近幼儿教师实际工作情况的视角去探讨共情与职业倦怠的双轨关系，并且提出相应的建议。

（三）正念的调节作用

此外，这项研究还发现了幼儿教师的正念对共情和情绪劳动策略的正向调节作用。共情能力较高的幼儿教师在觉察和回应更多情绪劳动要求的同时更应该利用科学的心理资源保护自己免受职业健康的损害，而正念作为一种被广泛认可的积极心理资源在本研究中被验证可以进一步加强共情对职业倦怠的负向关系，并且可以保护进行更多情绪劳动的幼儿教师减少职业健康的损害（van Gordon et al.，2014；王阳等，2018）。这为促进中国幼儿教师职业健康提供了可能的方法。

（四）研究的局限与启示

本研究需要考虑几个局限性。首先，影响倦怠的因素是多方面的，目前的研究主要集中在个体因素上。环境因素可以包含在未来的研究中，以检查个体和环境因素对倦怠的影响。其次，这项研究方法只局限于问卷调查，相对缺乏正念干预对幼儿教师情绪劳动和职业倦怠影响的研究，未来的研究可以向正念干预的实证研究努力。最后，本研究的样本为中国的幼儿教师群体，不能解释所有文化背景下、所有助人行业中共情与职业倦怠之间的双轨关系，未来仍需要多文化背景下、多种助人行业的相关研究。

共情在许多研究中被验证可以起到减少职业倦怠的作用（Hunt et al.，2017），但共情仍会通过表层扮演路径增加职业倦怠，这并不意味着表层扮演是完全负面的策略。相反，在实际的工作情境中，表层扮演策略很适合幼儿教师应对需要立刻做出反应的情绪劳动挑战。因为表层扮演由于不需要认知的过多参与，只需要表现出符合当前环境要求的情绪来应对挑战，相比于另外两种策略更具有时效性和普遍适用性。幼儿教师在工作中有时不得不使用表层扮演策略，因此我们并不认为幼儿教师在工作中不应该使用表层扮演策略，我们的研究更倾向于告诉幼儿教师们如何在使用表层扮演策略的时候保护自己。幼儿教师可以通过提高共情能力来提高工作表现从而达到减少工作倦怠的目的，而不是在工作中进行更少的情绪劳动。我们鼓励那些可以敏锐觉察幼儿情绪需求并及时做出回应的幼儿教师继续这样做，这是因为虽然在情绪劳动过程中会有因素导致倦怠，但也会收获许多其他的心理资源（Brotheridge & Lee, 2002; Chen et al., 2012; Grandey, 2003）。

综上，本研究采用有调节的中介模型探讨了幼儿教师共情对职业倦怠的影响，并探讨了情绪劳动策略的中介作用和正念的调节作用。结果显示，幼儿教师的共情与他们的职业倦怠呈负相关；情绪劳动策略完全中介了共情与职业倦怠之间的关系；正念在共情和情绪劳动策略之间起到了调节作用。

第九章 幼儿教师正念对职业倦怠的影响：干预研究

一、引　言

当前国家发展学前教育的迫切要求，使得幼儿教师在工作中面临更大的压力和挑战，再加上承担保教融合的特殊任务以及工作强度高、工作量大、工作时间长（日均可达9.28小时）、放松时间少等客观因素导致幼儿教师出现了疲惫感的消极情绪体验（林媛媛等，2017），其职业倦怠的发生率很高（Li et al., 2020）。职业倦怠的发生率与一个人的工作性质和工作环境密切相关。幼儿在认知、情感调节和社会化方面的不成熟特性，为幼儿教育工作带来了特殊性和高压性（Lambert et al., 2019）。幼儿教师长时间在繁重的护理教育工作及高压工作环境中就会产生一些心理行为反应，如不能及时感知与觉察到烦躁焦虑、心理失衡、自我否定、郁闷退缩、低价值观等负性情绪，就会因自身资源过多地消耗而出现职业倦怠。

组织支持感是员工的一种总体知觉和看法，表现为员工认为组织重视他们的价值和贡献以及关心他们利益的程度（Eisenberger et al., 1986）。具有高度组织支持感的人对他们的组织有一种满意感，然后转化为对组织的依赖感。高度的组织支持感可以有效缓解幼儿教师的工作压力，减少工作倦怠（Zheng & Wu, 2018）。心理安全感是一种员工个体特征的表现，它反映了员工对自己内部心理状态的主观感知。具体来说，心理安全感是指员工在展现或表达自我时，相信自己的形象、身份和职业生涯不会受到他人的负面评价（Kahn, 1990）。心理安全感与对工作场所的其他感知密切相关，换句话说，低心理安全感的员工与高心理安全感的员工以不同的思维和认知体验工作场所，心理安全感较低的人对组织环境的感知模式更消极，倦怠感更高（Fleming et al.，2024）。高心理安全感的幼儿教师能以积极的认知去面对工作场所中的事情，经历资源损失的可能性小，工作中遇到困难时能够保持心理韧性，减少情绪衰竭的出现。社会认知理论认为，一个人的环境会影响他们的内部认知，从而影响他们对环境的反应，个人性格和组织因素都会影响工作绩效和态度。有效的组织支持可以帮助个人应对环境的负面影响，实现个人目标（Tang et al.，2023）。组织支持感和心理安全感是工作场所中两个关键的心理状态，它们对于员工的职业倦怠具有显著的影响（Li et al.，2022；Zeng et al.，2020）。

正念减压训练可通过培养个体的正念意识及正念行为进行压力管理，对调节情绪、维护心身健康有正向促进效果，进而减少职业倦怠（Luken & Sammons，2016）。本研究基于正念减压训练的团体辅导方案对正念水平得分较低、职业倦怠得分较高且有改善欲望的符合条件的幼儿老师进行干预，旨在通过提高其正念水平，从而增强幼儿教师的组织支持感和心理安全感，进而有效降低职业倦怠的程度。在团体辅导干预过程中，领导者带领团体成员开展各项与正念相关主题的活动，认真观察并记录团体成员的表现和反应，对团体过程进行反馈总结，验证干预效果，探究幼儿教师职业倦怠的影响因素以及正念如何影响组织支持感和心理安全感这类心理类变量，为幼儿教师心理辅导及心理健康教育工作提供实践意义。本研究假设如下：

假设 9.1：实验组接受团体辅导之后的正念得分、组织支持感得分和心理安全感得分要显著高于接受团体辅导之前，职业倦怠得分显著低于接受团体辅导之前。

假设 9.2：实验组接受团体辅导之后的正念得分、组织支持感得分和心理安全感得分要显著高于对照组，职业倦怠得分显著低于对照组。

假设 9.3：基于正念减压训练的团体辅导能够提高幼儿教师的正念水平、组织支持感水平和心理安全感水平，从而降低其职业倦怠水平。

二、研究方法

（一）研究对象

研究从参与问卷的 150 名幼儿教师中进行被试的筛选，综合考虑正念水平得分较低（得分为 43~75 分）、职业倦怠得分较高（得分为 53~80 分）以及被试的参与意向，初步选取 66 名被试参与研究。为保证两组的同质性和研究的公平性，随机把这 66 名教师分成实验组和对照组，每组 33 名，但过程中因成员流失，为保证数据完整性，凡缺少一次及以上数据的被试不列入研究，最终选取其中的 30 人作为实验组，30 人作为对照组。实验组进行基于正念减压训练的团体辅导干预，每周一次，时间安排在每周四下午，为期 6 周，每次 90 分钟左右。对照组不参与辅导，和往常一样完成自己的幼儿教师工作。

（二）研究工具

研究工具为正念注意觉知量表、组织支持感知问卷、心理安全感量表与教师职业倦怠量表，具体见第五章"二、研究方法"部分。

（三）研究设计

研究采用实验组对照组前测后测实验设计，检验团体辅导的干预效果。实验组干预方式为基于正念减压训练的团体心理辅导（共 6 次，每周一次，每次 90 分钟），对照组不接受任何活动辅导或处理。干预前后均对实验组和对照组进行正念、职业倦怠、组织支持感和心理安全感的测量。实验设计如表 9-1 所示。其中，O 表示研究者对被试进行观察和测量的相关指标，X_1 表示研究者对被试进行的团体辅导干预。

表 9-1　团体辅导实验设计

组别	前测	实验处理	后测
实验组	O_1	X_1	O_2
对照组	O_3		O_4

（四）团体辅导方案

本研究的团体辅导干预方案（表 9-2）以团体动力学、人际交互理论、正念减压训练（以个体或团体正念练习为主要方式，主要包括正念呼吸、身体扫描、慈心练习等活动）和中医养生八段锦等为理论基础，融合了正念团体咨询方案的相关内容，已有研究证实正念团体咨询方案在提升幼儿教师群体的正念水平、改善心理健康状况上是可行的（何元庆等，2018）。与此同时，也有研究发现八段锦联合正念减压疗法对缓解负面情绪及职业倦怠有显著疗效（刘晓芳，宋丽萍，2021）。

表 9-2 团体辅导方案

团辅主题	团辅目标	团辅内容
相遇葫芦老师	1. 初步建立团体，引导团体成员相互认识和了解，营造和谐友善、彼此信任的团体氛围。 2. 介绍团体活动的主题、形式和目标，了解成员加入团体的目的和期待，激发团体成员的内部动力，为后续团体辅导打下基础。 3. 帮助成员认识正念以及练习正念的益处，初步体验正念的三调放松、正念呼吸和正念八段锦。	1. 相遇正念 2. 呼吸正念 3. 正念的益处 4. 正念八段锦 12
悠悠正念品茶	1. 创设情境，引导成员进一步体验正念。 2. 在正念品茶中，培养注意力和了解全身感受，正念自己的想法、感受及工作中的自己。	1. 内观止语 2. 茶水如镜 3. 茶水如画
拓展觉察空间	1. 在具体的活动中觉察自己的情绪及观察自己的情绪变化，练习不让外界的事情影响自己。 2. 寻求个体和组织中的工作资源，在正念的状态中处理各种困扰。	1. 觉察情绪 2. 增强应对资源 3. 正念八段锦 34
增强内在安全	1. 关注躯体感受，从身体的某一部位开始观察自己的动作和情绪变化，觉察身体中的情绪。 2. 熟悉正念练习的要点，建构自己的安全岛，练习不让外界的事情影响自己，增强自己的内在安全感。	1. 觉察身体 2. 增强安全感 3. 正念八段锦 56
创造支持氛围	1. 认识自我关怀和共通人性，用关怀的态度对待自己和他人。 2. 进行工作慈心讨论，以慈悲的态度看待自己和工作。 3. 寻找自己的内在智者，为自己遇到困难时能够从内在寻求到支持。	1. 关怀三部曲 2. 增强支持感 3. 正念八段锦 78
悠悠正念而行	1. 回顾团体活动的体会和收获，进行活动的总结反馈。 2. 对工作、生活中的正念进行表达感受，进行呼吸空间（常规性+应对型）、正念练习、身体扫描等正念活动的练习。 3. 对团体成员进行后测，收集后测数据。	1. 回顾团体 2. 工作中的正念 3. 生活中的正念

（五）数据处理

在团体心理辅导结束后，实验组和对照组分别填写正念注意觉知量表、教师职业倦怠量表、组织支持感知问卷和心理安全感量表。使用 SPSS 27.0 对相关数据进行独立样本 t 检验、配对样本 t 检验和重复测量方差分析，以探讨本次基于正念减压训练的团体心理辅导对幼儿教师团体正念、组织支持感、心理安全感和职业倦怠的影响。

三、研究结果

（一）实验组、对照组前测的差异性检验

经过独立样本 t 检验分析，数据结果如表 9-3 所示。实验干预前，实验组（N=30）和对照组（N=30）在正念、职业倦怠、组织支持感和心理安全感上均不存在显著性差异。这说明实验组和对照组的被试分配不存在差异，具有干预的可行性。

表 9-3 实验组、对照组前测的差异性检验

项目	实验组前测（$M±SD$）	对照组前测（$M±SD$）	t
正念	63.83±7.54	63.20±9.40	0.29
职业倦怠	55.63±6.85	53.63±7.35	1.10
组织支持感	29.10±5.03	29.10±4.63	0.00
心理安全感	24.40±5.17	26.47±4.76	−1.61

（二）实验组、对照组后测的差异性检验

为了考察正念团体心理辅导干预的有效性，我们采用独立样本 t 检验对团体心理辅导干预后的实验组和对照组被试在正念注意觉知量表、教师职业倦怠量表、组织支持感知问卷和心理安全感量表上的得分进行分析，数据结果如表 9-4 所示。实验干预后，实验组和对照组在正念、职业倦怠、组织支持感和心理安全感上均存在显著差异。其中，实验组的正念、组织支持感和心理安全感得分显著高于对照组；实验组的职业倦怠得分显著低于对照组。

表 9-4 实验组、对照组后测的差异性检验

项目	实验组后测（$M±SD$）	对照组后测（$M±SD$）	t
正念	69.53±8.98	60.83±9.86	3.57[***]
职业倦怠	45.87±8.11	55.37±9.42	−4.19[***]
组织支持感	31.70±4.39	28.97±5.60	2.10[*]
心理安全感	28.50±3.95	25.73±5.23	2.31[*]

(三)实验组前后测的纵向差异检验

采用配对样本 t 检验对干预前和干预后实验组被试在正念注意觉知量表、教师职业倦怠量表、组织支持感知问卷和心理安全感量表上的得分进行分析,数据结果如表 9-5 所示,实验组的前测和后测在正念、职业倦怠、组织支持感和心理安全感上均存在显著差异。这说明在团体辅导干预后,实验组的被试在正念、组织支持感和心理安全感水平上显著提升,在职业倦怠水平上显著降低,证明正念团体辅导干预对提升幼儿教师的正念、组织支持感和心理安全感、降低职业倦怠水平是有效的。

表 9-5　实验组前后测的纵向差异检验

项目	实验组前测（$M±SD$）	实验组后测（$M±SD$）	t
正念	63.83±7.54	69.53±8.98	−3.97***
职业倦怠	55.63±6.85	45.87±8.11	5.07***
组织支持感	29.10±5.03	31.70±4.39	−3.90***
心理安全感	24.40±5.17	28.50±3.95	−4.91***

(四)对照组前后测的纵向差异检验

采用配对样本 t 检验干预前和干预后对照组被试在正念注意觉知量表、教师职业倦怠量表、组织支持感知问卷和心理安全感量表上的得分进行分析,数据结果如表 9-6 所示,对照组的前测和后测在正念、职业倦怠、组织支持感和心理安全感上均无显著差异。这说明没有参与正念团体辅导干预的幼儿教师,在正念、职业倦怠、组织支持感和心理安全感上均没有明显改善。

表 9-6　对照组前后测的纵向差异检验

项目	对照组前测（$M±SD$）	对照组后测（$M±SD$）	t
正念	63.20±9.40	60.83±9.86	1.91
职业倦怠	53.63±7.35	55.37±9.42	−1.42
组织支持感	29.10±4.63	28.97±5.60	0.17
心理安全感	26.47±4.76	25.73±5.23	0.93

分别以正念、职业倦怠、组织支持感和心理安全感为因变量,以时间(前测和后测)为被试内因子,以组别(实验组和对照组)为被试间因子,进行2×2重复测量方差分析。

(五)正念的重复测量的方差分析对比分析

对正念进行分析发现,前后测的主效应不显著[$F(1, 58)=3.09, p=0.08, \eta_p^2=0.05$],组别的主效应显著[$F(1, 58)=4.85, p=0.03, \eta_p^2=0.08$],前后测与组别的交互作用显著[$F(1, 58)=18.09, p<0.001, \eta_p^2=0.24$]。通过简单效应分析发现,在前测上,组别的主效应不显著[$F(1, 58)=0.08, p>0.05$];在后测上,组别的主效应显著[$F(1, 58)=12.77, p<0.001$]。实验组的正念得分($M=69.53, SD=8.98$)明显高于对照组($M=60.83, SD=9.86$),在实验组上,前后测的主效应显著[$F(1, 58)=18.07, p<0.001$],在对照组上,前后测的主效应不显著[$F(1, 58)=3.11, p>0.05$]。即在六周团体辅导干预后,实验组的正念水平要高于对照组,具体情况如图9-1所示。

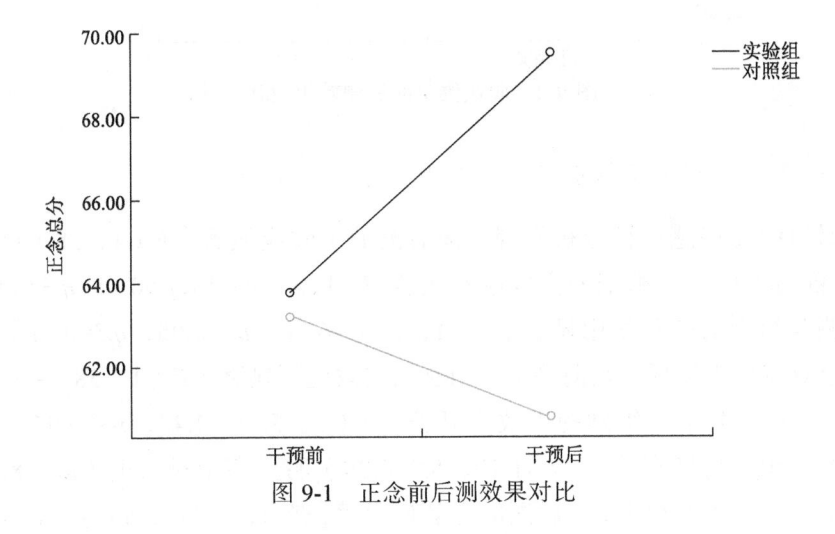

图9-1 正念前后测效果对比

(六)职业倦怠的重复测量的方差分析对比分析

对职业倦怠进行分析发现,前后测的主效应显著[$F(1, 58)=12.43, p<0.001, \eta_p^2=0.18$],组别的主效应显著[$F(1, 58)=4.75, p=0.03, \eta_p^2=0.08$],前后测与组别的交互作用显著[$F(1, 58)=25.47, p<0.001, \eta_p^2=0.31$]。

通过简单效应分析发现，在前测上，组别的主效应不显著［$F(1,58)=1.19$，$p>0.05$］；在后测上，组别的主效应显著［$F(1,58)=17.53$，$p<0.001$］。实验组的职业倦怠得分（$M=45.87$，$SD=8.11$）明显低于对照组（$M=55.37$，$SD=9.42$），在实验组上，前后测的主效应显著［$F(1,58)=36.74$，$p<0.001$］，在对照组上，前后测的主效应不显著［$F(1,58)=1.16$，$p>0.05$］。即在6周团体辅导干预后，实验组的职业倦怠水平要低于对照组，具体情况如图9-2所示。

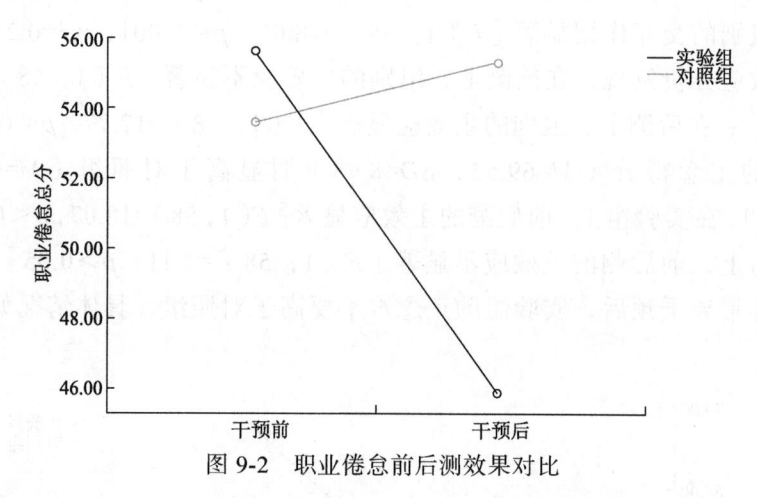

图9-2 职业倦怠前后测效果对比

（七）组织支持感的重复测量的方差分析对比分析

对组织支持感进行分析发现，前后测的主效应显著［$F(1,58)=5.60$，$p<0.05$，$\eta_p^2=0.09$］，组别的主效应不显著［$F(1,58)=1.38$，$p=0.25$，$\eta_p^2=0.02$］，前后测与组别的交互作用显著［$F(1,58)=6.88$，$p<0.05$，$\eta_p^2=0.11$］。通过简单效应分析发现，在前测上，组别的主效应不显著［$F(1,58)=0$，$p>0.05$］；在后测上，组别的主效应显著［$F(1,58)=4.42$，$p<0.05$］。实验组的组织支持感得分（$M=31.70$，$SD=4.39$）明显高于对照组（$M=28.97$，$SD=5.60$），在实验组上，前后测的主效应显著［$F(1,58)=12.45$，$p<0.001$］，在对照组上，前后测的主效应不显著［$F(1,58)=0.03$，$p>0.05$］。即在6周团体辅导干预后，实验组的组织支持感水平要高于对照组，具体情况如图9-3所示。

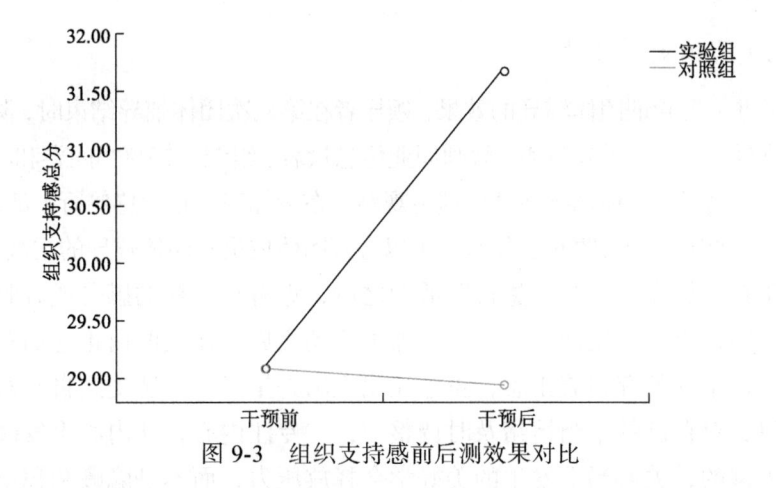

图 9-3　组织支持感前后测效果对比

（八）心理安全感的重复测量的方差分析对比分析

对心理安全感进行分析发现，前后测的主效应显著［$F(1,58)=8.59$，$p=0.005$，$\eta_p^2=0.13$］，组别的主效应不显著［$F(1,58)=0.1$，$p=0.75$，$\eta_p^2=0.002$］，前后测与组别的交互作用显著［$F(1,58)=17.70$，$p<0.001$，$\eta_p^2=0.23$］。通过简单效应分析发现，在前测上，组别的主效应不显著［$F(1,58)=2.59$，$p>0.05$］；在后测上，组别的主效应显著［$F(1,58)=5.34$，$p<0.05$］。实验组的心理安全感得分（$M=28.50$，$SD=3.95$）明显高于对照组（$M=25.73$，$SD=5.23$），在实验组上，前后测的主效应显著［$F(1,58)=25.47$，$p<0.001$］，在对照组上，前后测的主效应不显著［$F(1,58)=0.82$，$p>0.05$］。即在 6 周团体辅导干预后，实验组的心理安全感水平要高于对照组，具体情况如图 9-4 所示。

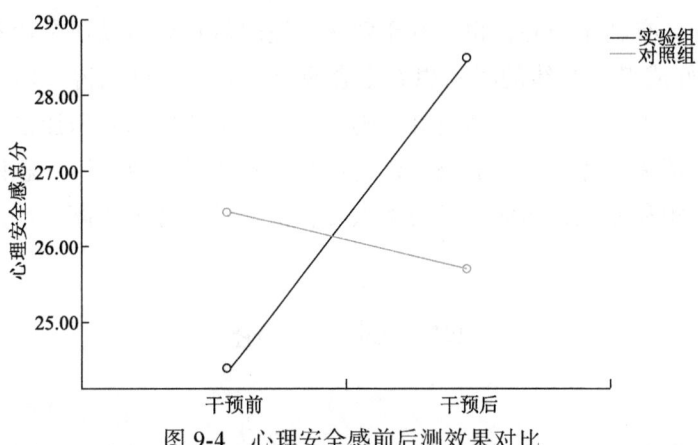

图 9-4　心理安全感前后测效果对比

（九）团体效果评估

为了进一步验证团体辅导的效果，领导者在第六次团体辅导结束时，除了让团体成员填写正念注意觉知量表、教师职业倦怠量表、组织支持感知问卷和心理安全感量表，还填写了团体辅导活动反馈主观题（在参加完"正念悠悠行"活动之后，您有什么样的感受或者收获了什么？）以考察团体成员对团体辅导的主观感受。

对于在参加完"正念悠悠行"活动之后，您有什么样的感受或者收获了什么这一问题，成员的反馈如下："参加过活动之后，让我明白正念的意义，生活中、工作中处处存在着正念，正念让我充满力量"；"感受到自己对教育工作的反思，对自己的不当情绪及时调整"；"专注内心，从内心出发改善情绪才是最关键的，关心当下发生的美好学会释放压力，而不是隐藏和积压负面情绪"；"活动很有意义，更加了解自己需要什么"；"让我在工作中学会自我调节，减轻压力"；"活动很好，关爱老师的心理健康"；"收获很大，学习正念以后，在生活中能更多地觉察不一样的美感和体验"；"学会接纳与包容，拥有一颗慈心、善心，通过一些使人身心愉悦的方式调节自己的心态，正言、正行、正念！一切会更好"；"理解正念的意义，我觉得正念就是认真做好当下的每一件事，认真工作，照顾好自己和身边的亲人、朋友，为自己建设一个强大的内部环境，开心地过好每一天"；"关注自己的内心，感受当下，活在当下。认真地去感受生活中的每一处风景，用心去体会。学会了更多的理解和包容，每次感到愤怒时就会让自己多一点冷静和包容"；"了解了正念，也会有意识地去做一些正念的事情，了解一个新的概念也让我产生了一些困惑，有关正念我想应该还有更多需要了解的，后续自己再慢慢了解"；"正念是一项向上的活动，有利于身心，也有利于解压。适时做正念活动还是蛮不错的"；"在心情不好或者有情绪的时候想着正念两个字会让自己觉得一切都不那么重要。做好自己当下该做的事情就好。随着老师发给我们的音乐让自己静下心来感受自己的情绪，随着音乐放空自己的大脑，真的很有效果"。总体而言，团体辅导活动顺利完成，团体成员对本次团辅活动的满意度较高。

四、讨　　论

根据数据分析结果，团体心理辅导干预前实验组和对照组的正念、组织支持感、心理安全感和职业倦怠水平均不存在显著差异，说明在干预前实验组和对照组的被试分配均匀，各变量之间基本持平。干预后实验组的正念、组织支持感和心理安全感水平均得到显著提升，职业倦怠水平显著下降，而对照组各变量水平不存在显著差异，说明本研究基于正念减压训练的团体心理辅导能有效提升团体成员的正念、组织支持感、心理安全感并降低职业倦怠。本研究证实，为期6周的正念干预能有效提升幼儿教师的正念水平、组织支持感水平和心理安全感水平，并降低职业倦怠水平，这与现有的研究结果一致（Cheng et al., 2023），基于正念减压训练的干预可以显著提高幼儿教师的正念水平并减少职业倦怠。有研究也发现线上正念干预的教师表示当自己沉浸当下工作，会觉得工作更有活力，疲倦感也会减弱（马颖等，2024）。当幼儿教师身处职业倦怠时，正念，一种积极的个人资源，作为心理保护机制会调动他们积极的心态，调节幼儿教师的职业倦怠感。同时，幼儿教师通过正念调节，可以以一种新视角面对因工作带来的各种问题，从而降低其职业倦怠感。有研究发现较高的正念水平是较低水平的心理困扰和倦怠的重要预测因素，培养正念有助于预防心理困扰和倦怠（Harker et al., 2016）。

正念训练作为基础的心理疗法，强调的是有意识地觉察事物的新差异，并形成多维视角，从而积极考虑和优化当下行为。正念训练如身体扫描、静坐冥想等能够训练幼儿教师的觉知能力，让幼儿教师有意识地察觉自己，帮助其认清消极思想存在，并慢慢地认识和接受目前这种状态，仅仅了解它，不要评判它，从"行为模式"切换到"存在模式"（王龙珍等，2024），提高幼儿教师对负性情绪的认知、自我控制能力和情绪觉察的敏感性，让幼儿教师客观地去感知心理应激因素带给身体的变化，建立对工作环境和组织支持感的正向认知（方崇芳等，2024），从而提高幼儿教师的组织支持感。根据互惠规范，获得高度组织支持感知的员工可能会建立他们的满意度，并将其转移到对组织的心理依恋感中，并可能以积极的工作态度或行为对组织做出积极的反应（Gouldner，1960）。员工感知的组织支持与职业倦怠水平的降低显著相关，感知组织支持越高，职业倦怠越低，当感知到组织提供的理想支持水平时，员工在应对重复性工作任务时可能会更有效率，不那么单调，相反，感知组织支持减少可能会增加员工的职业倦怠（Yu et al., 2021）。本研究表明基于正念减压训练的团体心理辅导能够提高幼儿教师的组织支持感，感知组织支持高的幼儿教师能产生积极的认知体验，从而对负面情绪进行正向调节，进而减少职业倦怠。

同时，基于正念减压训练的团体心理辅导干预能够改善幼儿教师固有的认知方式，提高幼儿教师的情绪调节能力，改善幼儿教师的注意朝向（周晓芸等，2019），将注意力有意识从不由自主的内心活动中转移至当下，并保留接纳与开放的态度，正念水平高的幼儿教师更能有意识察觉自己和他人的情绪状态，自主进行情绪管理和控制，在良好心态环境下客观自信看待问题、解决问题，做到有效与组织环境相容（肖凤等，2021），提高心理安全感，保持一种积极心理特质，这有利于幼儿教师缓解负面情绪，降低压力感知，从而缓解职业倦怠。较高的心理安全感与较低的职业倦怠有关（Mohr et al., 2023）。当员工拥有的心理安全感水平较高时，他们的"敢于做"水平就会提高，高水平的心理安全感是通过安全和支持性环境实现的（Khattak et al., 2022）。基于正念减压训练的团体辅导不仅从团体辅导的层面上构建了一个安全、支持性、放松的保密环境，使幼儿教师产生归属感，还能够从正念的层面提高自我觉察、减少压力和焦虑以及提高情绪调节能力和沟通技巧，从而提高幼儿教师的心理安全感，进而减少职业倦怠。

综上，本研究结果支持研究假设，即基于正念减压训练的团体心理辅导经过一系列正念技术，培养了幼儿教师的正念意识，提高了幼儿教师组织支持感水平和心理安全感水平，从而降低了其职业倦怠水平。因此在幼儿教师的教学工作中，应注重培养幼儿教师的正念意识，帮助建立和加强幼儿教师的组织支持，从而提升其组织支持感和心理安全感，降低其职业倦怠水平。此外，基于正念的团体心理辅导干预方式能促进幼儿教师的正念、感知组织支持和心理安全感积极发展及职业倦怠水平下降，证明了团体辅导干预的有效性，为幼儿教师心理健康教育提供了实践依据。

除此之外，本研究进一步验证了职业倦怠的工作需求-资源模型，根据工作需求-资源模型，工作需求与工作资源之间的相互作用会影响倦怠的发展（Demerouti et al., 2001a）。工作需求-资源模型指定了两种资源，工作资源和个人资源，两者都会影响职业倦怠和心理健康（Hakanen et al., 2008）。工作资源可以缓冲工作需求对工作倦怠的影响（Bakker et al., 2005）。个人资源也可以用来处理工作需求对职业倦怠的影响（Bakker & Demerouti, 2017）。考虑到个人的工作需求是固定的，不能随意改变，本研究从个人资源（正念）和工作资源（组织支持感、心理安全感）角度探讨其对职业倦怠的影响，正念植根于工作需求-资源模型，被概念化为一种个人资源，能够影响工作需求和资源并与之互动进而影响教师的倦怠（Guidetti et al., 2019），有研究表明正念可以融入幼儿教师的日常生活和工作中，保持正念状态并关注当下可以提高生活质量和工作效率，从而减轻他们的工作倦怠（Yang et al.，2017）。而正念作为一种可调节的正向心理资源，对幼儿教师的组织支持感、心理安全感和职业倦怠感有很大影响。本研究通过基于正念减压训练的团体心理辅导也证实正念干预可以通过提高组织支持感和心理安全感进而降低幼儿教师的职业倦怠，这也是本研究的理论贡献。现有文献较多关注正念对职业倦怠的影响，相对忽略了正念对组织支持感、心理安全感的影响，尤其是正念对心理安全感的影响是一个相对较新的研究领域（Bonde et al.，2023）。

关于幼儿教师正念、组织支持感、心理安全感和职业倦怠四者之间的关系，本研究不仅通过问卷调查法初步揭示这些变量间的链式中介作用，还通过基于正念减压训练的团体心理辅导进行干预验证了正念对提高组织支持感和心理安全感及降低职业倦怠的作用，对正念减少幼儿教师的职业倦怠方面的应用提供了理论依据，但仍存在一些局限性，首先，由于使用了自我报告法，反应偏倚可能影响了研究结果的准确性；其次，干预后没有对参与者进行随访；最后，虽然收集了一些如参与者的日常正念反馈定性数据，但没有对其进行深入分析，未来的研究应结合定量和定性方法来全面评估正念干预的效果。

尽管存在这些局限性，但目前的研究在理论和实践上都作出了一些贡献。理论上，从工作需求-资源模型理论的角度进一步拓展了对幼儿教师职业倦怠的研究，并提出了正念与组织支持感、心理安全感之间关系的新视角，尤其是完善了正念如何增强心理安全感的研究。此外，本研究通过确认组织支持感和心理安全感的链式中介作用，进一步扩展了现有研究，这有助于了解正念如何影响职业倦怠。从实践的角度来看，我们的研究结果为幼儿教育工作从业者以及组织提供了降低职业倦怠的可操作的方案。首先，教育工作者幼儿教师可以在日常生活与工作中注重对自己正念意识的培养以促进其对教育过程的积极体验；其次，幼儿园组织应当为幼儿教师提供充分的组织支持，以增强幼儿教师的归属感和心理安全感，从而降低职业倦怠；最后，为了进一步优化研究成果的应用，未来的研究应考虑包括更多元化的数据收集方法，例如通过同事或上级的评价来补充自我报告数据，以减少反应偏倚的影响。同时，开展长期跟踪研究以探索正念干预的持久效应，并利用混合方法研究来深化对定性数据的理解，以便更全面地揭示正念如何作用于幼儿教师的职业健康与福祉。

第十章 幼儿教师职业倦怠的总体特点与干预模式

本研究采用问卷调查法、实验法，发现中国幼儿教师职业倦怠处于中等水平，其中情绪衰竭维度为中等偏上；幼儿教师职业倦怠在教龄上存在差异；正念团体辅导可有效提升幼儿教师正念水平，提升组织支持感和心理安全感，降低职业倦怠水平。本章讨论幼儿教师职业倦怠的整体特点和基于多维度的整合干预模式。

一、幼儿教师职业倦怠总体特点

本研究采用王国香、刘长江和伍新春开发的教师职业倦怠量表（王国香等，2003），对安徽、广东、辽宁、河南等地的幼儿教师进行了调查，抽取有效被试4375名进行调查，以期探讨我国幼儿教师职业倦怠的现状与特点。研究结果表明：幼儿教师职业倦怠处于中等水平，其中情绪衰竭维度为中等偏上；幼儿教师职业倦怠水平在人口学变量上具有一定的差异性：不同教龄的职业倦怠水平存在显著差异，教龄为11~21年的职业倦怠水平最高；而幼儿教师职业倦怠水平在学历、所在园所方面都无显著差异。

职业倦怠是一种集体现象，而不仅仅是个人问题。幼儿教师是受职业倦怠影响最严重的群体之一。他们每天承担着繁重的护理和教育工作，同时还要应对来自孩子家长、幼儿园和社会的压力。幼儿教师面对的学生通常处于早期认知、社交、身体和情感发展阶段，这增加了工作的复杂性（Lambert et al., 2019）。这些因素共同增加了他们的工作压力和挑战，并提高了他们经历职业倦怠风险的可能性。工作强度大、工作时间长且放松时间少等客观因素导致幼儿教师出现了疲惫感和消极情绪体验（林媛媛等，2017）。幼儿教师的职业倦怠不仅对个人的身心健康和生活质量造成负面影响，还可能对幼儿的发展产生不良影响，甚至可能引发严重虐待事件。由于长期面临社会地位不高、薪酬较低等问题，加之多为合同制聘任，这个职业群体的就业稳定性和安全感较差（谢蓉，曾向阳，2011）。社会对幼儿教师工作的不正确看法也是使得他们出现职业倦怠的一个重要原因。因此，对幼儿教师职业倦怠现状调查至关重要，以了解其影响因素及程度，为解决问题提供有效的对策。本研究通过大样本调查表明，整体上，幼儿教师的职业倦怠处于中等水平（2.51），从高分到低分，三个维度依次为情绪衰竭、去个人化、低成就感，分别为 2.65、2.32、2.29，情绪衰竭为中等偏上水平，更加需要引起重视。其他两个维度也接近中等水平，总体来说并不乐观，需要加强对幼儿教师的支持，改善工作环境，建立支持性的同事关系，降低职业倦怠的发生率。

  同时，我们在人口学差异比较中发现，不同教龄的幼儿教师职业倦怠水平存在显著差异，具体来说，5 年及以下和 11～15 年教龄的幼儿教师职业倦怠水平最高，其次是 6～10 年教龄的教师，职业倦怠水平最低的是 16 年以上教龄的教师。这和宋寒（2015）的研究结果不一致，可能是因为 5 年及以下教龄的幼儿教师面临着适应新环境、掌握教学技能和形成教学风格等方面的挑战。他们可能需要花费更多的时间和精力来应对这些挑战，同时也可能会感受到对工作的不确定性和焦虑；而教龄为 11～15 年的幼儿教师已经积累了一定的教学经验，但同时也可能面临着工作的疲劳和厌倦。在这个阶段，教师可能会感到工作的重复性较高、挑战性下降，同时可能也会面临个人和职业生涯的困惑和焦虑，从而导致职业倦怠水平较高。教龄为 6～10 年的幼儿教师可能已经逐渐适应了工作环境，但仍然需要面对工作的压力和挑战。在工作站，他们可能会感受到一定程度的疲劳和厌倦，但同时也可能会体验到一定程度的满足感和成就感，因此职业倦怠水平处于中等。而教龄为 16 年以上的幼儿教师可能已经积累了丰富的教学经验和专业技能，同时也可能已经建立了稳定的职业生涯，他们可能更加自信和满足于自己的工作，同时也可能更加懂得如何应对工作中的挑战和压力，从而出现较低水平的职业倦怠。幼儿教师职业倦怠水平在学历、园所性质之间无显著差异，这和以往的研究结果不一致（张静驰，周楠，2019），这可能是因为不同学历、不同园所性质的幼儿教师面临的职业压力和挑战可能是相似的，即使在一些专业知识、教学任务、工作要求、工作环境、资源上存在差异，也不足以导致职业倦怠水平的差异。

幼儿教师的工作性质决定了他们需要处理复杂的教育任务和幼儿的情感需求。他们需要应对幼儿的身心发展，并在保育和教育之间取得平衡。这些工作特点可能导致他们在工作中经历各种挑战，从而产生一定程度的职业倦怠。数据分析结果显示，幼儿教师职业倦怠水平处于中等程度，人口学变量会对职业倦怠水平产生一定的影响。这提示我们要对职业倦怠水平较低的教师给予关注，提供支持，采取相应的措施来减轻教师的压力和负担、提高教师的工作积极性和热情，从而更好地促进幼儿的健康成长和发展。

二、幼儿教师职业倦怠的整合干预模式

本研究探讨了幼儿教师职业倦怠的现状、影响因素以及通过正念干预缓解职业倦怠的有效性和可行性，并提供了一个较为全面的框架来理解并应对幼儿教师的职业倦怠：以"工作需求-资源模型"为理论基础，正念作为核心元素，考虑工作任务的要求（如情绪劳动）、支持个体应对这些要求的资源（包括社交技能、共情能力等）以及组织层面的支持因素（组织支持感、心理安全感等），创造性地提出基于多维度的整合干预模式。

（一）正念干预模式

1. 正念对幼儿教师职业倦怠的影响

在教育领域，幼儿教师是扮演重要角色的群体，他们的工作涉及对幼儿进行全方位的关怀与教育。然而，由于工作的复杂性和情绪劳动的特殊性，幼儿教师往往容易出现职业倦怠的问题，这对教育质量和幼儿的健康成长都会产生负面影响。正念作为一种注重当下、非评判性的注意力和意识状态，被认为可以帮助人们更好地应对压力和情绪。本研究表明，正念是影响幼儿教师职业倦怠的一个重要因素，其中又存在组织支持和心理安全感的链式中介作用。正念对于减轻幼儿教师的职业倦怠具有积极作用。通过正念实践，教师可以更好地管理自己的情绪，减少工作压力，提升工作效率。组织支持感和心理安全感被证明与职业倦怠有密切关系。当教师感到组织支持和心理安全时，他们更倾向于积极参与工作，从而减轻职业倦怠的可能性。本研究发现了一个有趣的链式中介效应：正念不仅直接影响幼儿教师的职业倦怠，而且还通过提升教师的组

织支持感和心理安全感来间接降低职业倦怠。这意味着正念首先增强了教师对组织的信任和认同，从而让他们感受到更多的支持；其次，正念也增强了教师对自己在组织中的价值和作用的认识，从而提升了他们的心理安全感。这种双重效应共同作用，使得教师更加积极地面对工作，减少了职业倦怠的风险。

正念能干预教师职业倦怠已经得到了证明（Wang et al., 2022），可以缓解压力、调节情绪。本研究通过正念减压训练的团体辅导方案，针对正念水平较低、职业倦怠较高且渴望改善的幼儿教师进行干预。研究旨在提升他们的正念水平，增强组织支持感和心理安全感，从而有效降低职业倦怠。研究结果发现，使用正念团体辅导能有效提升幼儿教师的正念水平、组织支持感、心理安全感，同时可以降低幼儿教师的职业倦怠水平，与现有研究结果保持一致（Cheng et al., 2023）。

正念练习帮助教师提高对自身情绪和反应的觉察能力，增强自我调节的能力。当教师能够更好地理解和管理自己的情绪时，他们在工作中会表现得更为冷静和理性，这有助于减少紧张和焦虑，提升心理安全感。随着情绪调节能力的提升，教师更容易感受到组织的支持，因为他们能够以更积极的心态面对工作中的挑战和变化。另外，正念干预通过减轻教师的焦虑和压力，使他们在工作环境中更加放松和自信。减轻的压力和焦虑使教师更能够集中精力处理日常工作和面对突发事件，从而增加对工作环境的信任和安全感。这种信任和安全感会让教师更容易感受到组织在资源和支持方面的投入和关心。除此之外，正念练习可以增强教师的同理心和沟通技巧，促进更好的同事关系和支持系统。当教师能够更开放和非评判性地与同事、家长及管理者交流时，团队合作和沟通效果会显著提升。这种改善的人际关系使教师感到工作环境的更加友好和支持性，从而提升了组织支持感和心理安全感。通过正念练习，还可以帮助教师建立一种内在的支持系统，使他们在面对外部压力时有一种内在的平静和安稳感。通过内在支持的增强，教师即使在面对不确定性和压力时，也能保持心理安全感。同时，这种内在平静使他们更能感受到组织在提供支持和资源方面的努力和关怀。

正念减压训练的团体辅导干预方案能够改善幼儿教师固有的认知模式，提升他们的情绪调节能力，并增强其对注意力的控制（周晓芸，彭先桃，2019）。这种干预方法有助于教师将注意力有意识地从无意识的内心活动中转移到当下，并保持接纳与开放的态度。具有高正念水平的幼儿教师能够更敏锐地觉察自己和他人的情绪状态，自主进行情绪管理和控制，在积极的心态下客观自信地看待和解决问题,从而更好地与组织环境相融合(肖凤等,2021)。这种正念状态提高了心理安全感,促进了积极的心理特质,有助于缓解负面情绪和降低压力感知,从而减轻职业倦怠。

2. 正念干预幼儿教师职业倦怠的意义

这一研究结果对于教育管理者和从业者都有一定的实践启示和意义。教育管理者可以通过加强对幼儿教师的正念培训,提升他们的心理素质,减少职业倦怠。同时,组织应该着重营造一个支持性和安全的工作环境,让教师感受到组织的关心和支持,从而增强他们的工作积极性和幸福感。管理者可以采取一系列措施,建立支持性的工作环境,包括:提供良好的职业发展机会和晋升途径,让教师感受到自己的工作得到认可和重视;设立定期的团队建设活动和员工聚餐,增进同事之间的情感联系和团队凝聚力;建立开放的沟通机制,鼓励教师表达自己的想法和建议,让他们感受到在组织中被听取和理解;建立良好的领导与员工关系,让教师感受到领导的支持和信任;提供心理健康支持服务,如心理咨询和心理健康培训,帮助教师更好地应对工作压力和情绪困扰;鼓励并支持教师参与专业发展和自我提升活动,增强其自信心和职业满意度等。

(二)共情干预模式

1. 共情对幼儿教师职业倦怠的影响

幼儿教师共情是职业倦怠的一个重要影响因素,其中又存在情绪劳动策略的中介作用和正念的调节作用。结果显示,幼儿教师的共情与职业倦怠呈负相关;情绪劳动策略完全中介了幼儿教师共情与幼儿教师职业倦怠之间的关系;正念在幼儿教师共情和情绪劳动策略之间起到了调节作用。这些结果表明了共情对幼儿教师的身心健康存在重要影响,可通过正念与情绪劳动策略的干预缓解幼儿教师职业倦怠。

共情在许多研究中被验证可以起到减少职业倦怠的作用。在教育领域,幼儿教师是承担着重要责任的群体,他们不仅需要传授知识,更要关注和照顾幼儿的情感需求。研究表明,幼儿教师的共情能力与职业倦怠之间存在一定的关联,而这种关联并不单纯,还与情绪劳动策略和正念有关。在幼儿教师这一职业中,共情扮演着重要的角色。一位拥有较高共情能力的教师能够更好地理解学生的情感状态,与他们建立起更紧密的关系,从而更好地开展教育工作。然而,与此同时,高度的表层共情也可能使教师更容易受到学生情绪的影响,特别是幼儿教师在应对幼儿突发情境时的情绪大概率是消极的,这时通过表层扮演表现出平静温和的情绪让幼儿尽快平静下来非常重要。这种情绪传递可能会增加教师的心理负担,导致职业倦怠的发生。对于共情高的幼儿教师来说,他们可能会更频繁地面临与学生情感相关的工作场景,因此需要更加灵活地运用情绪劳动策略来处理这些情绪。然而,如果教师过度依赖于表层情绪扮演,即通过隐藏真实情感来应对工作中的情绪压力,这种做法可能会导致内心的疲惫和不真实感,进而加重职业倦怠的程度。幼儿教师可以通过提高共情能力来提高工作表现从而缓解职业倦怠,而不是在工作中进行更少的情绪劳动。不可忽视的是,本研究还发现了幼儿教师正念对共情和情绪劳动策略的正向调节作用,通过正念训练,他们可以培养对自身情绪和他人情绪的觉察能力,从而更好地应对工作中的情绪压力。同时,正念还能够帮助教师更加真实地表达情感,减少表层情绪扮演所带来的负面影响,从而降低职业倦怠的风险。

2. 共情干预幼儿教师职业倦怠的意义

这一研究结果对于教育管理者和从业者都有一定的启示和意义。教育管理者为教师提供情绪管理培训,帮助教师学习如何有效地处理工作中的情绪,避免过度依赖表层情绪扮演;教育者还可引入正念实践,通过正念训练提升教师的情绪觉察能力和情绪调节能力,以减轻职业倦怠的程度;学校建立支持系统,为教师提供情绪支持和心理咨询服务,让他们在面对工作压力时能够及时获得帮助和支持等。

(三)社交技能干预模式

1. 社交技能对幼儿教师职业倦怠的影响

本书第六章与第七章的结果均表明社交技能与幼儿教师职业倦怠之间存在显著的负相关关系,即社交技能水平越高,幼儿教师职业倦怠水平越低。社交技能对幼儿教师职业倦怠的影响可以从 4 个方面来解释:

第一,社交技能的不足可能会给幼儿教师带来严峻的挑战。这些挑战在与同事、家长及幼儿的沟通交流中尤为凸显。由此产生的种种困扰和难题,不仅会加重教师的工作压力,还会增加其情绪上的负担。这种负担的增加,会降低幼儿教师的工作满意度,长此以往,容易导致教师产生职业倦怠。

第二,社交技能是构成情商的不可或缺的元素(Goleman,1998)。通常情况下,社交技能更强的幼儿教师,其情商也更高。高情商的幼儿教师能够敏锐地辨识不同的情绪，并巧妙地运用这些情绪来激发思考。他们深刻理解情绪的内涵及其相关知识，并且能够自我反省和调整情绪，以此提升自己的情绪和智能水平（Salovey & Mayer，1990）。这样的能力赋予幼儿教师精准洞悉并理解他人情感和需求的能力，同时，他们还展现出在表达自身观点和意见方面的高超技巧，这让他们能够与家长和幼儿之间实现高效沟通，进而建立起稳固的人际关系网络。这些优势不仅使工作交流变得更为顺畅，还有助于提高教师的工作满意度，并减少他们陷入职业倦怠的风险。

第三，社交技能对于教师而言，是建立并维系积极工作关系的得力助手。优质的人际关系在防止职业倦怠方面扮演着举足轻重的角色。当教师能够与同事、学生和家长建立起融洽和谐的关系时，他们更有可能在工作中获得各方的支持和肯定。这种紧密的人际互动不仅有助于教育教学工作的顺利开展，还能够显著降低教师在职场中的孤立感和沉重压力，从而降低职业倦怠水平。

第四，社交技能对于教师来说，不仅是构建良好人际关系的基石，更是有效管理和解决工作中的冲突的关键。冲突解决技能，作为社交技能的重要组成部分，对幼儿教师而言意义尤为重大，它不仅是衡量教师教育智慧、管理水平和专业素养的标杆（李俊杰，2022），更是保障教育环境和谐稳定的重要因素。在日常教学活动中，教师需要频繁地处理与学生、家长乃至同事之间的纷争和冲突。具备出色社交技能的教师，能够更灵活、高效地应对这些挑战，及时化解矛盾，防止负面情绪累积，进而有效减轻职业倦怠的程度，保持教育工作的热情和动力。

2. 社交技能干预幼儿教师职业倦怠的意义

基于工作需求-资源理论，我们探讨如何通过增加个人资源降低职业倦怠水平，而社交技能属于个人资源的一种，社交技能涵盖了运用丰富的知识、实践经验以及社会信息，借助移情、人际知觉以及情绪传递等手段来处理人际关系的技巧（谢宝珍，金盛华，2001）。精湛的社交技能对于教师而言，是构建与幼儿、家长及同事和谐关系的桥梁，有助于营造一个充满支持与积极向上的课堂氛围，从而推动幼儿的社交及情感成长。若缺乏社交技能，教师在与幼儿或家长的沟通中可能会感到力不从心，进而增加情绪衰竭、人格解体以及成就感降低的风险。现有研究已经证明，社交技能的欠缺与教师的提前离职有密切关联，那些社交技能不足的教师更倾向于提前离职（Niitsuma et al.，2012）。幼儿教师的流失，不仅会降低幼儿园的整体教育质量，更会对幼儿的全面教育和成长产生不良影响。

（四）研究展望

本研究的不足之处及未来研究的方向：①由于研究中的样本分布不均匀，可能在样本选择方面存在偏差，研究对象不能完全包含全国各省各地区的幼儿教师，研究结果的推广还需要进一步验证。②被试采用问卷报告，可能存在自我报告偏倚。实验数据可能受到幼儿教师自我报告的偏倚影响。幼儿教师可能倾向于回答问题以符合社会期望或为自己辩护，而不是提供真实的反馈。这可能导致研究结果的失真。③虽然实验结果显示干预对幼儿教师职业倦怠有显著影响，但其长期效应尚未得到验证。在干预效果的评估中，需要考虑干预效果的持续性和稳定性，以及可能存在的后续效应。未来的研究可以考虑进行长期跟踪调查，以更全面地评估干预效果的持久性。

弥补这些不足之处需要更加严格的实验设计、合适的数据分析方法、有效的测量工具以及更全面的数据收集和分析。进一步完善实验设计和研究方法，可以提高研究结果的可信度和适用性，包括长期的纵向跟踪研究和跨文化比较研究，可以更好地理解幼儿教师职业倦怠及其影响因素，为幼儿教师职业倦怠问题的理解和干预提供更有效的支持和指导。

参考文献

操凯, 杨宁. (2022). 幼儿教师职业压力与职业倦怠的关系: 心理弹性的调节作用. *基础教育参考*, 11, 34-39.

曹颖莹. (2020). 上海市公办幼儿教师职业倦怠现状的调查研究. 上海: 上海师范大学.

陈建国, 叶运莉, 李卉, 等. (2019). 四川省农村幼儿教师职业倦怠现况及影响因素分析. *中国职业医学*, 46(6), 723-726, 31.

陈来. (2016). 中华文明的价值偏好与现代性价值的差异. *人民教育*, (19), 77-79.

陈满琪, 李春. (2003). 儿童心理理论研究现状与发展趋势. *江西教育学院学报(社会科学)*, 24(2), 23-26.

陈萍. (2020). 新教师共情能力现状与对策研究. *中国教育技术装备*, (13), 18-19.

陈思佚, 崔红, 周仁来, 等. (2012). 正念注意觉知量表(MAAS)的修订及信效度检验. *中国临床心理学杂志*, 20(2), 148-151.

陈婉, 尚鹤睿, 曾科, 等. (2014). 社会工作者心理资本在组织支持感与职业倦怠间的中介作用. *中国健康心理学杂志*, 22(7), 1063-1064.

陈晓, 周晖, 王雨吟. (2017). 正念父母心: 正念教养理论、机制及干预. *心理科学进展*, 25(6), 989-1002.

陈英和, 崔艳丽, 王雨晴. (2005). 幼儿心理理论与情绪理解发展及关系的研究. *心理科学*, 28(3), 527-532.

陈玉佩. (2020). 建构亲密与控制情绪: 幼儿教师的情感劳动研究: 以北京市 3 所幼儿园的田野调查为例. *妇女研究论丛*, (2), 45-62.

程秀兰, 张慧, 曹金金, 等. (2020). 幼儿教师正念水平与离职意向的关系: 职业倦怠的中介作用. *陕西学前师范学院学报*, 36(12), 79-88.

程秀兰, 张慧, 马颖, 等. (2022). 幼儿园教师教学正念与职业倦怠的关系: 情绪智力和自我效能感的链式中介效应. *学前教育研究*, (3), 65-78.

崔芳, 南云, 罗跃嘉. (2008). 共情的认知神经研究回顾. *心理科学进展*, 16(2), 250-254.

代桂兰. (2012). 教师职业倦怠问题研究综述. *淮南师范学院学报*, 14(4), 117-120.

但菲, 孙小鑫. (2020). 近十年我国幼儿教师职业倦怠研究综述: 基于 CiteSpace 和 UCINET 计量可视化分析. *教育观察*, 9(36), 1-5, 16.

丁雯, 姜雯宁, 边雪晴, 等. (2021). 教师情绪智力和职业倦怠: 组织公平感的中介作用. *心理技术与应用*, 9(7), 391-401.

方崇芳, 丁慧琴, 卢青春, 等. (2024). 正念减压训练干预对精神科护士情绪智力和职业倦怠的影响. *临床心身疾病杂志*, 30(1), 137-142.

冯国艳, 姒刚彦. (2015). 花样游泳运动员正念训练干预效果. *中国运动医学杂志*, 34(12), 1159-1167.

冯进. (2009). 西方教师职业倦怠研究述评. *中华文化论坛*, (S1), 143-145.

高良, 郑雪, 严标宾. (2010). 幸福感的中西差异: 自我建构的视角. *心理科学进展*, 18(7), 1041-1045.

宫静. (2017). 幼儿教师职业倦怠: 基于人力资源管理视角的研究. 济南: 山东财经大学.

宫静, 黄科. (2020). 人力资源管理视域下的幼儿教师职业倦怠. *西部素质教育*, 6(3), 110, 120.

笥崇敏, 李劲松, 杨舒涵. (2022). 角色压力对校长职业倦怠的影响: 正念的中介作用. *中国健康心理学杂志*, 30(4), 562-567.

关少化. (2004). 焦虑: 幼儿教师职业倦怠管窥. *学前教育研究*, (2), 5-7.

郭璞洋, 李波. (2017). 正念是什么: 从正念内涵研究发展角度的思考. *心理科学*, 40(3), 753-759.

郭晓栋, 郑泓, 阮盾, 等. (2023). 认知和情感共情与负性情绪: 情绪调节的作用机制. *心理学报*, 55(6), 892-904.

郝红艳. (2020). 基于改善幼儿教师职业倦怠的课程建构研究: 以河南地区为例. *河南教育(职成教)*, (12), 51-52.

何婧, 吴桂翎. (2019). 安徽省幼儿教师职业倦怠的调查研究. *合肥师范学院学报*, 37(5), 87-91, 99.

何元庆. (2020). 大学生平和倾向的结构、特点及其与合作的关系研究. 福州: 福建师范大学.

何元庆, 连榕. (2018). 正念训练干预职业倦怠的回顾与展望. *福建师范大学学报(哲学社会科学版)*, (6), 79-87, 170.

何元庆, 连榕. (2021). 状态性平和亦或是倾向性平和? 平和的概念、测量与文化差异. *心理学探新*, 41(5), 443-452.

何元庆, 翟晨靓, 曹晓燕, 等. (2018). 正念团体咨询对幼儿教师心理健康的干预效果. *中国卫生事业管理*, 35(8), 631-632, 640.

胡君辰, 杨林锋. (2009). "情绪劳动"要求与情绪耗竭: 情绪劳动策略的中介作用研究. *心理科学*, 32(2), 423-426.

胡梦娜. (2017). 教师共情信念: 改变共情与职业倦怠关系的重要因素. 金华: 浙江师范大学.

黄绍文. (2006). 幼儿教师专业发展的现实困境. *学前教育研究*, (6), 48-49.

黄旭, 王钢, 王德林. (2017). 幼儿教师组织支持和职业压力对离职意向的影响: 职业倦怠的中介作用. *心理与行为研究*, 15(4), 528-535.

贾京京. (2020). 教师共情: 蕴涵、价值及其养成. *红河学院学报*, 18(5), 58-60.

贾蕾, 李幼穗. (2005). 儿童社会观点采择与分享行为关系的研究. *心理与行为研究*, 3(4), 305-309.

蒋小群, 李超平. (2020). 校长服务型领导如何降低教师情绪衰竭: 心理安全感和不确定性规避的作用. *教育学报*, 16(2), 109-118.

黎平辉, 陈文俊. (2020). 公平缺失与回归: 社会交换视角下我国幼儿教师的职业困境及其纾解对策. *陕西学前师范学院学报*, 36(9), 98-103.

李超平, 时勘. (2003). 分配公平与程序公平对工作倦怠的影响. *心理学报*, 35(5), 677-684.

李超平, 时勘, 罗正学, 等. (2003). 医护人员工作家庭冲突与工作倦怠的关系. *中国心理卫生杂志*, 17(12), 807-809.

李俊杰. (2022). 幼儿园新手—熟手—专家教师解决大班幼儿同伴冲突的比较研究. 上海: 华东师范大学.

李宁, 严进. (2007). 组织信任氛围对任务绩效的作用途径. *心理学报*, 39(6): 1111-1121.

李文静, 郑全全. (2008). 日常经验研究: 一种独具特色的研究方法. *心理科学进展*, 16(1), 169-174.

李晓巍, 郭媛芳, 王萍萍. (2019). 幼儿教师职业倦怠的现状及其与幼儿园组织气氛、教师教学效能感的关系. *教师教育研究*, 31(1), 66-72.

李亚茹. (2022). 迷惘走向坚定: 一位幼儿教师职业倦怠的叙事研究. 信阳: 信阳师范学院.

李印, 布丹丹. (2023). 高校教师劳动异化与职业倦怠归因分析. *江苏高教*, (6), 79-85.

李永鑫, 杨瑄. (2008). 倦怠与生理疾病关系的研究现状及展望. *中国心理卫生杂志*, 22(9), 697-700.

李永占. (2016). 幼儿教师社会支持、工作投入和心理健康关系. *中国职业医学*, 43(3), 332-336.

李永占. (2020). 幼儿教师工作压力对职业倦怠的影响: 心理资本的调节作用. *教育现代化*, 7(17): 154-157.

李园园, 鄢超云, 韦嘉. (2022). 幼儿园教师认知共情对职业倦怠的影响. *中国健康教育*, 38(7), 613-616, 626.

李泽英, 胡锦秀, 吴荔红. (2022). 幼儿教师社会支持与职业倦怠的关系研究: 基于心理弹性的中介作用检验. *教育评论*, (7), 99-104.

梁慧娟, 冯晓霞. (2004). 北京市幼儿教师职业倦怠的状况及成因研究. *学前教育研究*, (5), 32-35.

林道武. (2014). 大学生内心平静量表的信效度检验. 北京: 首都师范大学.

林媛媛, 孟迎芳, 林谷洋. (2017). 幼儿园教师一日工作情感体验分析: 基于日重现法的研究. *学前教育研究*, (8), 3-14.

刘朝, 刘沁薇, 王赛君. (2013). 银行柜员情绪表现规则对情绪劳动影响的实证研究. *财经理论与实践*, 34(3), 120-123.

刘聪慧, 王永梅, 俞国良, 等. (2009). 共情的相关理论评述及动态模型探新. *心理科学进展*, 17(5), 964-972.

刘丹, 缴润凯, 王贺立, 等. (2018). 幼儿教师情绪劳动策略与职业倦怠的关系: 基于潜在剖面分析. *心理发展与教育*, 34(6), 742-749.

刘慕霞. (2019). 乡村幼儿教师职业倦怠现状及其心理应对策略. *陕西学前师范学院学报*,

35(7), 112-118.

刘晓芳, 宋丽萍. (2021). 八段锦联合正念减压疗法对临床护士负面情绪及职业倦怠的影响. *辽宁中医药大学学报*, 23(9), 211-214.

刘兴华, 徐慰, 王玉正, 等. (2013). 正念训练提升自愿者幸福感的6周随机对照试验. *中国心理卫生杂志*, 27(8), 597-601.

刘野, (2010) 移情在品德形成中的作用与训练. *教育科学*, 26(6), 11-14.

卢长娥, 韩艳玲. (2006). 幼儿教师工作压力现状及其与心理健康的关系探讨. *学前教育研究*, (Z1), 95-97.

罗岗. (2021) 护士职业倦怠干预措施研究进展. *广西中医药大学学报*, 24(4): 85-88.

吕晓俊, 徐向茹, 孙亦沁. (2012). 基层公务员的情绪劳动、组织公正和工作压力的关系研究: 以上海市若干行政区为例. *管理学报*, 9(10), 1464-1469.

马荣花. (2019). 职业倦怠对护士共情能力的影响及应对方式探讨. *河南医学研究*, 28(19), 3599-3600.

马淑蕾, 黄敏儿. (2006). 情绪劳动: 表层动作与深层动作, 哪一种效果更好? *心理学报*, 38(2), 262-270.

马颖, 张慧, 向唯鸣, 等. (2024). 乡村幼儿园教师社会情感线上正念干预方案设计及其实施效果. *陕西学前师范学院学报*, 40(4), 48-58.

苗建华. (2000). 先秦两汉琴论的美学研究. *南京艺术学院学报(音乐及表演版)*, (2), 24-26.

缪佩君, 谢姗姗, 陈则飞, 等. (2018). 幼儿教师心理弹性与职业倦怠的关系大五人格的中介效应. *心理与行为研究*, 16(4), 512-517.

牛临虹. (2020). 正念疗法对手机依赖大学生的人际关系及共情能力的影响. *国际精神病学杂志*, 47(6), 1161-1165.

潘君利, 左瑞勇, 汤永隆, 等. (2009). 民办园教师的职业倦怠与其心理健康的关系. *学前教育研究*, (3), 53-55.

秦立霞, 罗涛, 王省堂, 等. (2020). 正念减压疗法对高校教师知觉压力及职业倦怠的影响. *山东医药*, 60(2), 67-69.

邱丽瑾, 沈明泓. (2021). 自贡市公立幼儿园教师职业倦怠的调查研究. *基础教育研究*, (19), 18-21.

任俊, 黄璐, 张振新. (2012). 冥想使人变得平和: 人们对正、负性情绪图片的情绪反应可因冥想训练而降低. *心理学报*, 44(10), 1339-1348.

石才英, 刘蕊. (2021). 幼儿园教师职业倦怠与社会支持的关系研究. *基础教育研究*, (3), 28-30.

史玉辉. (2018). 朱光潜"静穆"诗学观念的传统文化精神. *南京师范大学文学院学报*, (4), 101-107.

宋寒. (2015). 农村幼儿教师心理健康研究: 以湖北省某市农村为例. 武汉: 华中师范大学.

孙晓露, 周春燕. (2020). 人岗匹配程度对幼儿园教师职业倦怠的影响: 工作满意度的中介和组织支持感知的调节. *学前教育研究*, (1), 42-53.

孙阳, 王元, 张向葵. (2013). 幼儿教师职业承诺与情绪耗竭: 情绪劳动的中介作用. *心理与行为研究, 11(4), 497-502.

田惠东, 徐强强, 张玉红, 等. (2024). 工作家庭冲突与乡村教师消极工作情绪: 正念教学的中介作用和心理安全感的调节作用. *心理科学*, 47(1), 170-177.

万荣. (2020). 共情对幼儿教师情绪枯竭的影响: 一个有调节的中介模型. 荆州: 长江大学.

王凡, 程秀兰. (2022). 幼儿教师情绪智力和职业倦怠的关系: 基于潜在剖面分析. *兵团教育学院学报*, 32(5), 35-43.

王国香, 刘长江, 伍新春. (2003). 教师职业倦怠量表的修编. *心理发展与教育*, 19(3), 82-86.

王佳丽, 沈鹏飞, 邓建军. (2022). 内蒙古自治区幼儿教师职业压力与职业倦怠: 职业认同的中介效应. *校园心理*, 20(4), 270-275.

王晶, 潘静磊, 包艳宇. (2015). 幼师职业倦怠的现状、成因及对策研究: 以河北省秦皇岛市为例. *河北科技师范学院学报(社会科学版)*, 14(1), 96-101.

王龙珍, 杨菲, 方萍, 等. (2024). 混合式正念减压干预对ICU护士心理弹性、职业倦怠感及离职意愿的影响. *当代护士(下旬刊)*, 31(4), 143-147.

王路曦. (2019). 中日幼儿教师心理弹性的比较研究. *教育研究与实验*, (4), 81-87.

王诗茗, 张振铎, 刘兴华. (2016). 平静心境量表在大学生中的试测. *中国心理卫生*, 30(7), 543-547.

王阳, 王才康, 温忠麟, 等. (2017). 共情和同情量表在中国幼儿教师样本中的效度和信度. *中国临床心理学*, 25(6), 1027-1030, 1021.

王阳, 温忠麟, 肖婉婷, 等. (2018). 幼儿教师共情的负面效应: 一个有调节的中介模型. *心理科学*, 41(6), 1423-1429.

王阳, 肖婉婷, 戴步云, 等. (2021). 感同身受不如善解人"情"? 情绪共情和认知共情与情绪加工的关系. *中国临床心理学*, 29(1), 173-176, 181.

王英杰, 李燕. (2020). 幼儿园教师正念与职业倦怠的关系: 职业压力和自我效能感的作用. *现代基础教育研究*, (40), 140-148.

蔚佼秧, 樊香兰. (2022). 组织支持感对交流轮岗教师敬业度的影响研究: 心理安全感的中介作用. *教育理论与实践*, 42(28), 38-43.

吴佳辉, 林以正. (2005). 中庸思维量表的编制. *本土心理学研究*, (24), 247-300.

咸月月, 高艳艳. (2020). 郑州市幼儿教师职业倦怠现状调查研究. *山西青年*, (12), 68-69.

肖凤, 李爽, 任英, 等. (2021). 临床护士情绪智力、自我效能感、工作环境与关怀行为的相关性. *护理研究*, 35(3), 396-401.

谢宝珍, 金盛华. (2001). 实践智力、社会智力、情绪智力的概念及其教育价值. *心理学探新*, 21(2), 21-25.

谢谦宇. (2023). 公办幼儿园教师职业倦怠的主要表现及成因分析. *西部素质教育*, 9(11), 126-130.

谢蓉, 曾向阳. (2011). 幼儿教师职业倦怠的缓解与职业幸福感的提升. *学前教育研究*, (6), 67-69.

信广来, 马栋予. (2015). 中国思想的哲学研究. *杭州师范大学学报(社会科学版)*, 37(6), 1-8.

徐慰. (2013). 正念训练提升内心平静的效果. 北京: 首都师范大学.

徐慰, 刘兴华. (2013). 正念训练提升幸福感的研究综述. *中国心理卫生*, 27(3), 197-202.

徐慰, 符仲芳, 王玉正, 等. (2017). 日常生活中压力对愤怒情绪的动态影响: 特质正念的调节作用. *中国临床心理学*, 25(3), 485-488.

徐西良, 杨华宇, 闫晓丽, 等. (2023). 中小学班主任职业倦怠与抑郁的关系: 情绪劳动的调节作用. *中国健康心理学*, 31(5), 671-678.

颜志强, 苏金龙, 苏彦捷. (2018). 共情与同情: 词源、概念和测量. *心理与行为研究*, 16(4), 433-440.

杨莉君, 曾晓. (2021). 幼儿园教师共情对职业倦怠的影响: 心理资本的中介作用与教龄的调节作用. *教师教育研究*, 33(5), 84-92.

杨婷, 张红梅, 张雅琳. (2023). 心理脱离对儿科护士职业倦怠的影响分析: 共情能力的中介作用. *军事护理*, 40(11), 53-56, 61.

杨秀玉, 杨秀梅. (2002). 教师职业倦怠解析. *外国教育研究*, 29(2), 56-60.

杨雪冬. (2010). 大国成长中需保持平和心态. *政府法制*, (5), 9.

杨亚青. (2017). 幼儿教师共情能力现状研究. 石家庄: 河北师范大学.

杨中芳. (2009). 传统文化与社会科学结合之实例: 中庸的社会心理学研究. *中国人民大学学报*, 23(3), 53-60.

杨中芳. (2014). 中庸研究与华人本土心理学. *中国社会心理学评论*, (2), 304-319.

杨中芳, 林升栋. (2012). 中庸实践思维体系构念图的建构效度研究. *社会学研究*, 27(4), 167-186, 245.

杨宗谕, 江彬, 盖博特. 2020. 正念训练对中小学教师压力的缓解作用. *中小学心理健康教育*, (33), 71-73.

姚燕. (2021). 新手幼儿教师职业倦怠的案例研究. *吕梁学院学报*, 11(1), 80-84.

叶宝娟, 温忠麟. (2013). 有中介的调节模型检验方法: 甄别和整合. *心理学报*, 45(9), 1050-1060.

于成林, 刘智勇, 姚永成, 等. (2020). 不同人格特征医生自我效能感和抑郁倾向调节职业倦怠的作用. *河南预防医学*, 31(8), 628-631.

于珍, 马瑞清. (2018). 近十年来我国幼儿教师工资待遇问题研究综述. *陕西学前师范学院学报*, 34(4), 122-127.

余青云, 张海钟. (2010). 基于正念禅修的心理疗法述评. *医学与哲学(人文社会医学版)*, 31(3), 49-51.

俞璇. (2017). 鞍山市幼儿教师职业倦怠现状及其影响因素的研究. 鞍山: 鞍山师范学院.

袁桂平. (2020). 幼儿教师职业倦怠影响因素探析. *黑龙江科学*, 11(3), 136-137, 141.

岳亚平, 冀东莹. (2017). 幼儿园教师工作家庭冲突特点及与职业倦怠的关系. *学前教育研究*, (1), 23-33.

翟成, 盖笑松, 焦小燕, 于博充. (2016). 正念训练中的认知转变机制. *东北师大学报(哲学社会科学版)*, (2), 182-187.

张帆. (2023). 幼儿园教师职业压力与职业倦怠的关系研究. 长春: 东北师范大学.

张娇. (2020). 幼儿教师正念特质与职业倦怠的关系研究. 西安: 陕西师范大学.

张娇, 程秀兰. (2022). 幼儿教师正念对职业倦怠的影响: 情绪智力的中介作用. *陕西学前师范学院学报*, 38(8), 84-91.

张兢兢, 徐芬. (2005). 心理理论脑机制研究的新进展. *心理发展与教育*, 21(4), 110-115.

张静驰, 周楠. (2019). 中国幼儿教师心理健康状况研究进展. *中国学校卫生*, 40(3), 474-477.

张丽华, 王丹, 白学军. (2007). 国外教师职业倦怠影响因素研究新进展. *心理科学*, 30(2), 492-494.

张丽敏, 刘颖. (2010). 幼儿教师组织支持感的现状调查. *中国教师*, (15), 35-37.

张舒. (2017). 安静自我量表的信效度检验及初步应用. 郑州: 郑州大学.

张祥利, 蒋玉琼. (2023). 实习护生五态人格与情绪智力对择业焦虑的影响. *职业与健康*, 39(15), 2114-2118.

张雅倩. (2023). 积极心理学视角下幼儿教师职业倦怠的消解策略. *基础教育研究*, (18), 10-12.

张玉瑾, 丁湘梅. (2022). 脱贫地区幼儿教师职业倦怠状况及与心理资本的关系. *兴义民族师范学院学报*, (3), 33-38, 44.

张玉敏. (2004). 幼儿园教师职业倦怠感研究. 南京: 南京师范大学.

章翠娟. (2021). 大学生情绪表达灵活性对正念和情绪调节能力的调节效应. *中国健康心理学*, 29(8), 1265-1271.

赵杰. (2021). 幼儿园教师职业倦怠的影响因素分析: 基于人口学特征的 meta 视角. *现代中小学教育*, 37(4), 61-66.

赵娜. (2020). 县域内学前教师职业倦怠现状及影响因素研究. 长春: 东北师范大学.

赵玉芳, 毕重增. (2003). 中学教师职业倦怠状况及影响因素的研究. *心理发展与教育*, 19(1), 80-84.

职晓燕, 刘志伟, 严芳. (2023). 正念认知疗法对男性酒精依赖患者情绪调节及酒精渴求的影响. *临床心身疾病*, 29(6), 144-149.

周浩, 龙立荣. (2004). 共同方法偏差的统计检验与控制方法. *心理科学进展*, 12(6), 942-950.

周晓芸, 彭先桃. (2019). 正念训练缓解幼儿教师职业倦怠的干预方案. *河南教育(幼教)*, (6), 36-38.

周晓芸, 彭先桃, 付雅琦, 等. (2019). 心理授权与幼儿教师职业倦怠的关系: 链式中介效应分析. *中国临床心理学*, 27(5), 1049-1053.

朱月梅, 张彦, 刘冬兰. (2016). 普外科护士年龄、护龄与心理资本对工作倦怠的影响. *中国医学创新*, 13(8), 112-114.

朱政仁, 胡群英, 钟静, 等. (2016). 76 例焦虑症患者的心理护理体会. *当代医学*, 22(11), 114-115.

朱准时. (2021). 普惠性幼儿园教师职业倦怠现状的调查分析. 长沙: 湖南农业大学.

Abbott, R. A., Whear, R., Rodgers, L. R., Bethel, A., Coon, J. T., Kuyken, W., Stein, K., & Dickens, C. (2014). Effectiveness of mindfulness-based stress reduction and mindfulness based cognitive therapy in vascular disease: A systematic review and meta-analysis of randomised controlled trials. *Journal of Psychosomatic Research*, 76(5), 341-351.

Abenavoli, R. M., Jennings, P. A., Greenberg, M. T., Harris, A. R., & Katz, D. A. (2013). The protective effects of mindfulness against burnout among educators. *Psychology of Education Review*, 37(2), 57-69.

Aboagye, M. O., Antwi, C. O., Asare, K., Seth, N., Gyasi, F., & Kwasi, F. (2024). Job stress and teacher burnout in preschools: Preliminary assessment of the buffer effect of job resources in the stressor-strain model in a lower-middle-income country. *Early Years*, 44(3/4), 781-800.

Aboagye, M. O., Qin, J., Qayyum, A., Antwi, C. O., Jababu, Y., & Affum-Osei, E. (2018). Teacher burnout in pre-schools: A cross-cultural factorial validity, measurement invariance and latent mean comparison of the Maslach Burnout Inventory, Educators Survey (MBI-ES). *Children and Youth Services Review*, 94, 186-197.

Acker, G. M. (2003). Role conflict and ambiguity. *Social Work in Mental Health*, 1(3), 63-80.

Adriaenssens, J., de Gucht, V., & Maes, S. (2015). Determinants and prevalence of burnout in emergency nurses: A systematic review of 25 years of research. *International Journal of Nursing Studies*, 52(2), 649-661.

Ahmetoğlu, E., & Acar, I. H. (2016). The correlates of Turkish preschool preservice teachers' social competence, empathy and communication skills. *European Journal of Contemporary Education*, 16(2), 188-197.

Ahola, K., & Hakanen, J. (2007). Job strain, burnout, and depressive symptoms: A prospective study among dentists. *Journal of Affective Disorders*, 104(1), 103-110.

Ahola, K., Salminen, S., Toppinen-Tanner, S., Koskinen, A., & Väänänen, A. (2013). Occupational burnout and severe injuries: An eight-year prospective cohort study among Finnish forest industry workers. *Journal of Occupational Health*, 55(6), 450-457.

Ahola, K., Toppinen-Tanner, S., & Seppänen, J. (2017). Interventions to alleviate burnout symptoms and to support return to work among employees with burnout: Systematic review and meta-analysis. *Burnout Research*, 4, 1-11.

Ahola, K., Väänänen, A., Koskinen, A., Kouvonen, A., & Shirom, A. (2010). Burnout as a predictor of all-cause mortality among industrial employees: A 10-year prospective register-linkage study. *Journal of Psychosomatic Research*, 69(1), 51-57.

Al-Adwan, F. E. Z., & Al-Khayat, M. M. (2017). Psychological burnout in early childhood teachers: Levels and reasons. *International Education Studies*, 10(1), 179-189.

Alarcon, G. M. (2011). A meta-analysis of burnout with job demands, resources, and attitudes. *Journal of Vocational Behavior*, 79(2), 549-562.

Aldwin, C. M., & Revenson, T. A. (1987). Does coping help? A reexamination of the relation between coping and mental health. *Journal of Personality and Social Psychology*, 53(2), 337-348.

Allexandre, D., Bernstein, A. M., Walker, E., Hunter, J., Roizen, M. F., & Morledge, T. J. (2016). A web-based mindfulness stress management program in a corporate call center. *Journal of*

Occupational and Environmental Medicine, 58(3), 254-264.

Altmann, T., & Roth, M. (2021). The risk of empathy: Longitudinal associations between empathy and burnout. *Psychology & Health*, 36(12), 1441-1460.

Anderson, R. (2004). A definition of peace. *Peace and Conflict: Journal of Peace Psychology*, 10(2), 101-116.

Anggraeni, W., & Febrianti, A. M. (2022). Managing individual readiness for change: The role of mindfulness and perceived organizational support. *International Journal of Research in Business and Social Science (2147-4478)*, 11(2), 127-135.

Ansari, A., Pianta, R. C., Whittaker, J. V., Vitiello, V. E., & Ruzek, E. A. (2022). Preschool teachers' emotional exhaustion in relation to classroom instruction and teacher-child interactions. *Early Education and Development*, 33(1), 107-120.

Appels, A., & Schouten, E. (1991). Burnout as a risk factor for coronary heart disease. *Behavioral Medicine*, 17(2), 53-59.

Ardelt, M. (2003). Empirical assessment of a three-dimensional wisdom scale. *Research on Aging*, 25(3), 275-324.

Armon, G. (2009). Do burnout and insomnia predict each other's levels of change over time independently of the job demand control-support (JDC-S) model? *Stress and Health*, 25(4), 333-342.

Armon, G., Shirom, A., Shapira, I., & Melamed, S. (2008). On the nature of burnout-insomnia relationships: A prospective study of employed adults. *Journal of Psychosomatic Research*, 65(1), 5-12.

Artz, B., Kaya, I., & Kaya, O. (2022). Gender role perspectives and job burnout. *Review of Economics of the Household*, 20(2), 447-470.

Ashforth, B. E., & Humphrey, R. H. (1993). Emotional labor in service roles: The influence of identity. *Academy of Management Review*, 18(1), 88-115.

Ashforth, B. E., & Mael, F. (1989). Social identity theory and the organization. *Academy of Management Review*, 14(1), 20-39.

Bakker, A. B., & de Vries, J. D. (2021). Job demands-resources theory and self-regulation: New explanations and remedies for job burnout. *Anxiety, Stress, & Coping*, 34(1), 1-21.

Bakker, A. B., & Demerouti, E. (2007). The job demands-resources model: State of the art. *Journal of Managerial Psychology*, 22(3), 309-328.

Bakker, A. B., & Demerouti, E. (2017). Job demands-resources theory: Taking stock and looking forward. *Journal of occupational health psychology*, 22(3), 273-285.

Bakker, A. B., & Schaufeli, W. B. (2000). Burnout contagion processes among teachers. *Journal of Applied Social Psychology*, 30(11), 2289-2308.

Bakker, A. B., Demerouti, E., & Euwema, M. C. (2005). Job resources buffer the impact of job demands on burnout. *Journal of Occupational Health Psychology*, 10(2), 170-180.

Bakker, A. B., Demerouti, E., & Sanz-Vergel, A. (2023). Job demands-resources theory: Ten years later. *Annual Review of Organizational Psychology and Organizational Behavior*, 10(1), 25-53.

Bakker, A. B., Demerouti, E., & Verbeke, W. (2004). Using the job demands-resources model to predict burnout and performance. *Human Resource Management*, 43(1), 83-104.

Baptista, M. N., & Cardoso, H. F. (2021). Do organizational support and occupational stressors influence burnout in teachers? *Avaliação Psicologica: Interamerican Journal of Psychological Assessment*, 20(4), 435-444.

Barsade, S. G. (2002). The ripple effect: Emotional contagion and its influence on group behavior. *Administrative Science Quarterly*, 47(4), 644-675.

Batson, C. D. (2009). These things called empathy: Eight related but distinct phenomena. In J. Decety, & W. Ickes (Eds.), *The Social Neuroscience of Empathy* (pp. 3-15). Cambridge: MIT Press.

Batson, C. D. (2014). *The Altruism Question: Toward a Social-Psychological Answer.* New York: Psychology Press.

Batson, C. D., & Ahmad, N. Y. (2009). Using empathy to improve intergroup attitudes and relations. *Social Issues and Policy Review*, 3(1), 141-177.

Bauer, G. F., Hämmig, O., Schaufeli, W. B., & Taris, T. W. (2014). A critical review of the job demands-resources model: Implications for improving work and health. In G. F. Bauer, & O. Hämmig (Eds.), *Bridging Occupational, Organizational and Public Health: A Transdisciplinary Approach* (pp. 43-68). Dordrecht: Springer Science + Business Media.

Beauchemin, J., Hutchins, T. L., & Patterson, F. (2008). Mindfulness meditation may lessen anxiety, promote social skills, and improve academic performance among adolescents with learning disabilities. *Complementary Health Practice Review*, 13(1), 34-45.

Benitez-Lopez, Y., & Ramos-Loyo, J. (2022). Improved ability in emotional recognition and social skills after emotional recognition training in children. *International Journal of Psychological Studies*, 14(3), 1.

Betzel, R. F., Satterthwaite, T. D., Gold, J. I., & Bassett, D. S. (2017). Positive affect, surprise, and fatigue are correlates of network flexibility. *Scientific Reports*, 7(1), 520.

Birnie, K., Speca, M., & Carlson, L. E. (2010). Exploring self-compassion and empathy in the context of mindfulness-based stress reduction (MBSR). *Stress and Health*, 26(5), 359-371.

Birrer, D., Röthlin, P., & Morgan, G. (2012). Mindfulness to enhance athletic performance: Theoretical considerations and possible impact mechanisms. *Mindfulness*, 3(3), 235-246.

Bishop, S. R. (2002). What do we really know about mindfulness-based stress reduction? *Psychosomatic Medicine*, 64(1), 71-83.

Bishop, S. R., Lau, M., Shapiro, S., Carlson, L., Anderson, N. D., Carmody, J., Segal, Z. V., Abbey, S., Speca, M., Velting, D., & Devins, G. (2004). Mindfulness: A proposed operational definition. *Clinical Psychology: Science and Practice*, 11(3), 230-241.

Blau, P. (2017). *Exchange and Power in Social Life* (2nd edn.). New York: Routledge.

Bland, J. M., & Altman, D. G. (1997). Statistics notes: Cronbach's alpha. *BMJ*, 314(7080), 572.

Blöchliger, O. R., & Bauer, G. F. (2018). Correlates of burnout symptoms among child care teachers. A multilevel modeling approach. *European Early Childhood Education Research Journal*, 26(1), 7-25.

Blue, C. L. (2009). Commentary on "the brief serenity scale: A psychometric analysis of a measure of spirituality and well-being". *Journal of Holistic Nursing*, 27(1), 17-18.

Bokuchava, T., & Javakhishvili, N. (2022). Dual role of empathy in job stress, burnout, and intention to leave among addiction specialists. *PsyCh Journal*, 11(6), 945-955.

Boland, L. L., Mink, P. J., Kamrud, J. W., Jeruzal, J. N., & Stevens, A. C. (2019). Social support outside the workplace, coping styles, and burnout in a cohort of EMS providers from Minnesota. *Workplace Health & Safety*, 67(8), 414-422.

Bonde, E. H., Mikkelsen, E. G., Fjorback, L. O., & Juul, L. (2023). The impact of an organizational-level mindfulness-based intervention on workplace social capital and psychological safety: A qualitative content analysis. *Frontiers in Psychology*, 14, 1112907.

Bono, J., & Vey, M. A. (2005). Toward understanding motional management at work: A quantitative review of emotional labor research. *Emotions In Organizational Behavior*, 213-233.

Bouza, E., Gil-Monte, P. R., Palomo, E., Cortell-Alcocer, M., Del Rosario, G., González, J., & Soriano, J. B. (2020). Síndrome de quemarse por el trabajo (burnout) en los médicos de España. *Revista Clínica Española*, 220(6), 359-363.

Bowlin, S. L., & Baer, R. A. (2012). Relationships between mindfulness, self-control, and psychological functioning. *Personality and Individual Differences*, 52(3), 411-415.

Brackett, M. A., Rivers, S. E., & Salovey, P. (2011). Emotional intelligence: Implications for personal, social, academic, and workplace success. *Social and Personality Psychology Compass*, 5(1), 88-103.

Braun, S. S., Roeser, R. W., Mashburn, A. J., & Skinner, E. (2019). Middle school teachers' mindfulness, occupational health and well-being, and the quality of teacher-student interactions. *Mindfulness*, 10(2), 245-255.

Brotheridge, C. M., & Grandey, A. A. (2002). Emotional labor and burnout: Comparing two perspectives of "people work". *Journal of Vocational Behavior*, 60(1), 17-39.

Brotheridge, C. M., & Lee, R. T. (2002). Testing a conservation of resources model of the dynamics of emotional labor. *Journal of Occupational Health Psychology*, 7(1), 57-67.

Brotheridge, C. M., & Lee, R. T. (2003). Development and validation of the emotional labour scale. *Journal of Occupational and Organizational Psychology*, 76(3), 365-379.

Brown, K. W., & Ryan, R. M. (2003). The benefits of being present: Mindfulness and its role in psychological well-being. *Journal of Personality and Social Psychology*, 84(4), 822-848.

Brown, K. W., Ryan, R. M., & Creswell, J. D. (2007). Mindfulness: Theoretical foundations and evidence for its salutary effects. *Psychological Inquiry*, 18(4), 211-237.

参考文献

Bryan, C., Goodman, T., Chappelle, W., Thompson, W., & Prince, L. (2018). Occupational stressors, burnout, and predictors of suicide ideation among U.S. air force remote warriors. *Military Behavioral Health*, 6(1), 3-12.

Butterfill, S. A., & Apperly, I. A. (2013). How to construct a minimal theory of mind. *Mind & Language*, 28(5), 606-637.

Byrne, B. M. (1993). The Maslach Burnout Inventory: Testing for factorial validity and invariance across elementary, intermediate and secondary teachers. *Journal of Occupational and Organizational Psychology*, 66(3), 197-212.

Canadas-de la Fuente, G. A., Ortega, E., Ramirez-Baena, L., de la Fuente-Solana, E. I., Vargas, C., & Gómez-Urquiza, J. L. (2018). Gender, marital status, and children as risk factors for burnout in nurses: A meta-analytic study. *International Journal of Environmental Research and Public Health*, 15(10),2102.

Carmeli, A., & Gittell, J. H. (2009). High-quality relationships, psychological safety, and learning from failures in work organizations. *Journal of Organizational Behavior*, 30(6), 709-729.

Carmeli, A., & Vinarski-Peretz, H. (2010). Linking leader social skills and organisational health to positive work relationships in local governments. *Local Government Studies*, 36(1), 151-169.

Carmody, J., Baer, R. A., Lykins, E. L. B., & Olendzki, N. (2009). An empirical study of the mechanisms of mindfulness in a mindfulness-based stress reduction program. *Journal of Clinical Psychology*, 65(6), 613-626.

Cartwright, S., & Holmes, N. (2006). The meaning of work: The challenge of regaining employee engagement and reducing cynicism. *Human Resource Management Review*, 16(2), 199-208.

Chambers, R., Gullone, E., & Allen, N. B. (2009). Mindful emotion regulation: An integrative review. *Clinical Psychology Review*, 29(6), 560-572.

Chatterjee, M. B., Baumann, N., & Koole, S. L. (2017). Feeling better when someone is alike: Poor emotion regulators profit from pro-social values and priming for similarities with close others. *Journal of Personality*, 85(6), 841-851.

Chau, S. L., Dahling, J. J., Levy, P. E., & Diefendorff, J. M. (2009). A predictive study of emotional labor and turnover. *Journal of Organizational Behavior*, 30(8), 1151-1163.

Cheever, J., Cayoun, B. A., Elphinstone, B., & Shires, A. G. (2023). Confirmation and validation of the equanimity scale-16 (ES-16). *Mindfulness*, 14(1), 148-158.

Chen, S. Y., Ntim, S. Y., Zhao, Y. L., & Qin, J. L. (2023). Characteristics and influencing factors of early childhood teachers' work stress and burnout: A comparative study between China, Ghana, and Pakistan. *Frontiers in Psychology*, 14,1115866.

Chen, W., Zhou, S. Y., Zheng, W., & Wu, S. Y. (2022). Investigating the relationship between job burnout and job satisfaction among Chinese generalist teachers in rural primary schools: A serial mediation model. *International Journal of Environmental Research and Public Health*, 19(21),14427.

Chen, Z. G., Sun, H., Lam, W., Hu, Q., Huo, Y. Y., & Zhong, J. A. (2012). Chinese hotel employees in the smiling masks: Roles of job satisfaction, burnout, and supervisory support in relationships between emotional labor and performance. *The International Journal of Human Resource Management*, 23(4), 826-845.

Cheng, H., Fan, Y., & Lau, H. (2023). An integrative review on job burnout among teachers in China: Implications for human resource management. *The International Journal of Human Resource Management*, 34(3), 529-561.

Cheng, X. L., Ma, Y., Li, J., Cai, Y., Li, L., & Zhang, J. (2020). Mindfulness and psychological distress in kindergarten teachers: The mediating role of emotional intelligence. *International Journal of Environmental Research and Public Health*, 17(21), 8212.

Cheng, X. L., Zhang, H., Cao, J. J., & Ma, Y. (2021). The effect of mindfulness-based programs on psychological distress and burnout in kindergarten teachers: A pilot study. *Early Childhood Education Journal*, 50(7), 1197-1207.

Cheung, F. Y., & Tang, C. S. K. (2009). Quality of work life as a mediator between emotional labor and work family interference. *Journal of Business and Psychology*, 24, 245-255.

Cheung, F., & Lun, V. M. C. (2015). Emotional labor and occupational well-being. *Journal of Individual Differences*, 36(1), 30-37.

Cheung, F., Tang, C. S. K., & Tang, S. (2011). Psychological capital as a moderator between emotional labor, burnout, and job satisfaction among school teachers in China. *International Journal of Stress Management*, 18(4), 348-371.

Chlopan, B. E., McCain, M. L., Carbonell, J. L., & Hagen, R. L. (1985). Empathy: Review of available measures. *Journal of Personality and Social Psychology*, 48(3), 635-653.

Clark, M. S., Lemay, E. P., Jr., Graham, S. M., Pataki, S. P., & Finkel, E. J. (2010). Ways of giving benefits in marriage: Norm use, relationship satisfaction, and attachment-related variability. *Psychological Science*, 21(7), 944-951.

Cobb, S. (1976). Social support as a moderator of life stress. *Psychosomatic Medicine*, 38(5), 300-314.

Cohen, D., & Strayer, J. (1996). Empathy in conduct-disordered and comparison youth. *Developmental Psychology*, 32(6), 988-998.

Cohen, S., & Wills, T. A. (1985). Stress, social support, and the buffering hypothesis. *Psychological Bulletin*, 98(2), 310-357.

Cohen-Katz, J., Wiley, S. D., Capuano, T., Baker, D. M., & Shapiro, S. (2004). The effects of mindfulness-based stress reduction on nurse stress and burnout. *Holistic Nursing Practice*, 18(6), 302-308.

Converso, D., Viotti, S., Sottimano, I., Cascio, V., & Guidetti, G. (2015). Work ability, psycho-physical health, burnout, and age among nursery school and kindergarten teachers: A cross-sectional study. *La Medicina del Lavoro*, 106(2), 91-108.

Cosio Dueñas, H., Valderrama Mamani, Y. R., Lazo Otazú, L., & Holgado Canales, M. G. (2019).

Social skills and burnout syndrome in dentists of the ministry of health in a region of Peru. *Revista Costarricense de Salud Pública*, 28(2), 199-212.

Creswell, J. D. (2017). Mindfulness interventions. *Annual Review of Psychology*, 68, 491-516.

Cross, D. G., & Sharpley, C. F. (1982). Measurement of empathy with the hogan empathy scale. *Psychological Reports*, 50(1), 62.

Cullen, M. (2011). Mindfulness-based interventions: An emerging phenomenon. *Mindfulness*, 2(3), 186-193.

D'Adamo, P., & Lozada, M. (2019). An intervention based in mindfulness practices promotes emotion regulation and stress reduction in teachers. *Ansiedad Y Estrés*, 25(2-3), 66-71.

Dane, E., & Brummel, B. J. (2014). Examining workplace mindfulness and its relations to job performance and turnover intention. *Human Relations*, 67(1), 105-128.

Davis, M. H. (2018). *Empathy: A Social Psychological Approach*. New York: Routledge.

Daya, Z., & Hearn, J. H. (2018). Mindfulness interventions in medical education: A systematic review of their impact on medical student stress, depression, fatigue and burnout. *Medical Teacher*, 40(2), 146-153.

de Vignemont, F., & Singer, T. (2006). The empathic brain: How, when and why? *Trends in Cognitive Sciences*, 10(10), 435-441.

de Waal, F. B., & Preston, S. D. (2017). Mammalian empathy: Behavioural manifestations and neural basis. *Nature Reviews Neuroscience*, 18(8), 498-509.

Decety, J., & Jackson, P. L. (2004). The functional architecture of human empathy. *Behavioral and Cognitive Neuroscience Reviews*, 3(2), 71-100.

Decety, J., & Jackson, P. L. (2006). A social-neuroscience perspective on empathy. *Current Directions in Psychological Science*, 15(2), 54-58.

Deci, E. L., & Ryan, R. M. (2000). The "what" and "why" of goal pursuits: Human needs and the self-determination of behavior. *Psychological Inquiry*, 11(4), 227-268.

Deci, E. L., & Ryan, R. M. (2013). *Intrinsic Motivation and Self-determination in Human Behavior*. New York: Springer Science & Business Media.

Dekel, R., Siegel, A., Fridkin, S., & Svetlitzky, V. (2018). The double-edged sword: The role of empathy in military veterans' partners distress. *Psychological Trauma*, 10(2), 216-224.

Del Prette, Z. A. P., & Del Prette, A. (2013). Social skills inventory (SSI-Del-Prette): Characteristics and studies in Brazil. In F. de Lima Osório (Ed.), *Social Anxiety Disorder: From Research to Practice* (pp. 47-62). Hauppauge: Nova Biomedical Books.

Delgado Bolton, R. C., San-Martín, M., & Vivanco, L. (2022). Role of empathy and lifelong learning abilities in physicians and nurses who work in direct contact with patients in adverse working conditions. *International Journal of Environmental Research and Public Health*, 19(5), 3012.

Demerouti, E., Bakker, A. B., de Jonge, J., Janssen, P. P., & Schaufeli, W. B. (2001a). Burnout and engagement at work as a function of demands and control. *Scandinavian Journal of*

Work, Environment & Health, 27(4), 279-286.

Demerouti, E., Bakker, A. B., Nachreiner, F., & Schaufeli, W. B. (2001b). The job demands-resources model of burnout. *Journal of Applied Psychology*, 86(3), 499-512.

Denham, S. A. (1998). *Emotional Development in Young Children.* New York: Guilford Press.

Desbordes, G., Gard, T., Hoge, E. A., Hölzel, B. K., Kerr, C., Lazar, S. W., Olendzki, A., & Vago, D. R. (2015). Moving beyond mindfulness: Defining equanimity as an outcome measure in meditation and contemplative research. *Mindfulness*, 6(2), 356-372.

Desbordes, G., Negi, L. T., Pace, T. W. W., Wallace, B. A., Raison, C. L., & Schwartz, E. L. (2012). Effects of mindful-attention and compassion meditation training on amygdala response to emotional stimuli in an ordinary, non-meditative state. *Frontiers in Human Neuroscience*, 6, 292.

Deshmukh, P., & Patel, D. (2020). Mindfulness and ADHD (attention deficit hyperactivity disorder) in adolescents. *Current Developmental Disorders Reports*, 7(3), 93-99.

Diefendorff, J. M., Croyle, M. H., & Gosserand, R. H. (2005). The dimensionality and antecedents of emotional labor strategies. *Journal of Vocational Behavior*, 66(2), 339-357.

Donald, J. N., Sahdra, B. K., van Zanden, B., Duineveld, J. J., Atkins, P. W., Marshall, S. L., & Ciarrochi, J. (2019). Does your mindfulness benefit others? A systematic review and meta-analysis of the link between mindfulness and prosocial behaviour. *British Journal of Psychology*, 110(1), 101-125.

Dossey, B. M. (2007). Integral and holistic nursing. *Beginnings*, 27(2), 14-5, 20.

Dresler, E. & Perera, P. (2019). 'Doing mindful colouring': just a leisure activity or something more? *Leisure Studies*, 38(6),862-874.

Duffy, R. D., Allan, B. A., Bott, E. M., & Dik, B. J. (2014). Does the source of a calling matter? External summons, destiny, and perfect fit. *Journal of Career Assessment*, 22(4), 562-574.

Dunfield, K. A. (2014). A construct divided: Prosocial behavior as helping, sharing, and comforting subtypes. *Frontiers in Psychology*, 5, 958.

Earle, K.-M. (2017). Burnout in NSW school counsellors: Relationships between mindfulness, career-sustaining practices and work setting. *Journal of Student Engagement: Education Matters*, 7(1), 71-96.

Edenfield, T. M., & Saeed, S. A. (2012). An update on mindfulness meditation as a self-help treatment for anxiety and depression. *Psychology Research and Behavior Management*, 131-141.

Edmondson, A. (1999). Psychological safety and learning behavior in work teams. *Administrative Science Quarterly*, 44(2), 350-383.

Edú-Valsania, S., Laguía, A., & Moriano, J. A. (2022). Burnout: A review of theory and measurement. *International Journal of Environmental Research and Public Health*, 19(3),1780.

Eisenberg, N., & Miller, P. A. (1987). The relation of empathy to prosocial and related behaviors.

Psychological Bulletin, 101(1), 91-119.

Eisenberg, N., Eggum, N. D., & Di Giunta, L. (2010). Empathy-related responding: Associations with prosocial behavior, aggression, and intergroup relations. *Social Issues and Policy Review*, 4(1), 143-180.

Eisenberger, R., Fasolo, P., & Davis-LaMastro, V. (1990). Perceived organizational support and employee diligence, commitment, and innovation. *Journal of Applied Psychology*, 75(1), 51-59.

Eisenberger, R., Cummings, J., Armeli, S., & Lynch, P. (1997). Perceived organizational support, discretionary treatment, and job satisfaction. *Journal of Applied Psychology*, 82(5), 812-820.

Eisenberger, R., Huntington, R., Hutchison, S., & Sowa, D. (1986). Perceived Organizational Support. *Journal of Applied Psychology*, 71(3), 500-507.

Ekman, P., Davidson, R. J., Ricard, M., & Wallace, B. A. (2005). Buddhist and psychological perspectives on emotions and well-being. *Current Directions in Psychological Science*, 14(2), 59-63.

Elfenbein, H. A. (2014). The many faces of emotional contagion: An affective process theory of affective linkage. *Organizational Psychology Review*, 4(4), 326-362.

Esmmaeelbeygi, H. M., Alamdarloo, G. H., Seif, D., & Jabbari, F. S. (2020). The effects of mindfulness intervention on the social skills of students with specific learning disability. *International Journal of Early Childhood Special Education*, 12(2),115-124.

Fabbro, A., Fabbro, F., Capurso, V., D'Antoni, F., & Crescentini, C. (2020). Effects of mindfulness training on school teachers' self-reported personality traits as well as stress and burnout levels. *Perceptual and Motor Skills*, 127(3), 515-532.

Farewell, C. V., Quinlan, J., Melnick, E., Powers, J., & Puma, J. (2022). Job demands and resources experienced by the early childhood education workforce serving high-need populations. *Early Childhood Education Journal*, 50(2), 197-206.

Ferris, G. R., Witt, L. A., & Hochwarter, W. A. (2001). Interaction of social skill and general mental ability on job performance and salary. *Journal of Applied Psychology*, 86(6), 1075-1082.

Figley, C. R. (2002). Compassion fatigue: Psychotherapists' chronic lack of self care. *Journal of Clinical Psychology*, 58(11), 1433-1441.

Fleming, C. M., Calvert, H. G., & Turner, L. (2024). Psychological safety among K-12 educators: Patterns over time, and associations with staff well-being and organizational context. *Psychology in the Schools*, 61(6), 2315-2337.

Floody, D. R. (2011). Positive psychology and peace psychology. In D. J. Christie (Ed.), *The Encyclopedia of Peace Psychology*. Hoboken: John Wiley & Sons, Ltd.

Flook, L., Goldberg, S. B., Pinger, L., & Davidson, R. J. (2015). Promoting prosocial behavior and self-regulatory skills in preschool children through a mindfulness-based Kindness Curriculum. *Developmental Psychology*, 51(1), 44-51.

Flook, L., Goldberg, S. B., Pinger, L., Bonus, K., & Davidson, R. J. (2013). Mindfulness for teachers: A pilot study to assess effects on stress, burnout, and teaching efficacy. *Mind Brain and Education*, 7(3), 182-195.

Franco, C., Mañas, I., Cangas, A. J., Moreno, E., & Gallego, J. (2010). Reducing teachers' psychological distress through a mindfulness training program. *Spanish Journal of Psychology*, 13(2), 655-666.

Fredrickson, B. L. (2001). The role of positive emotions in positive psychology: The broaden-and-build theory of positive emotions. *American psychologist*, 56(3), 218-226.

Frenzel, A. C., Daniels, L., & Burić, I. (2021). Teacher emotions in the classroom and their implications for students. *Educational Psychologist*, 56(4), 250-264.

Freudenberger, H. J. (1974). Staff burn-out. *Journal of Social Issues*, 30(1), 159-165.

Gabel-Shemueli, R., Tzafrir, S., Rodriguez Perez, B., & Bahamonde Canepa, D. (2023). Being present: A longitudinal study on the role of mindfulness on engagement and burnout in teachers. *Academia Revista Latinoamericana de Administración*, 36(3), 335-352.

Garland, E. L., Geschwind, N., Peeters, F., & Wichers, M. (2015). Mindfulness training promotes upward spirals of positive affect and cognition: Multilevel and autoregressive latent trajectory modeling analyses. *Frontiers in Psychology*, 6, 15.

Garro, A., Janal, M., Kondroski, K., Stillo, G., & Vega, V. (2023). Mindfulness initiatives for students, teachers, and parents: A review of literature and implications for practice during COVID-19 and beyond. *Contemporary School Psychology*, 27(1), 152-169.

Geraci, A., Di Domenico, L., Inguglia, C., & D'Amico, A. (2023). Teachers' emotional intelligence, burnout, work engagement, and self-efficacy during COVID-19 lockdown. *Behavioral Sciences*, 13(4), 296.

Germer, C. K. (2013). Mindfulness: What is it? What does it matter? In C. K. Germer, R. D. Siegel, & P. R. Fulton (Eds.), *Mindfulness and Psychotherapy* (2nd edn., pp. 3-35). New York: Guilford Press.

Germer, C. K., & Neff, K. D. (2013). Self-compassion in clinical practice. *Journal of Clinical Psychology*, 69(8), 856-867.

Giluk, T. L. (2009). Mindfulness, big five personality, and affect: A meta-analysis. *Personality and Individual Differences*, 47(8), 805-811.

Giorgi, G., Arcangeli, G., Perminiene, M., Lorini, C., Ariza-Montes, A., Fiz-Perez, J., ... Mucci, N. (2017). Work-related stress in the banking sector: A review of incidence, correlated factors, and major consequences. *Frontiers in Psychology*, 8,2166.

Gladstein, G. A. (1977). Empathy and counseling outcome: An empirical and conceptual review. *The Counseling Psychologist*, 6(4), 70-79.

Goleman, D. (1998). What makes a leader? *Harvard Business Review*, 76(6), 93-102.

Goleman, D., McKee, A., & Waytz, A. (2017). *Empathy (HBR Emotional Intelligence Series)*. Boston: Harvard Business Press.

参考文献

Golembiewski, R. T., Munzenrider, R., & Carter, D. (1983). Phases of progressive burnout and their work site covariants: Critical issues in OD research and praxis. *The Journal of Applied Behavioral Science*, 19(4), 461-481.

Gong, X., Niu, C., & Wang, J. (2020). The status quo, sources and influencing factors of professional pressure faced by preschool teachers in rural China: An empirical study based on multiple counties in Hubei province. *Best Evidence in Chinese Education*, 6(1), 715-738.

Gong, Z. X., Li, M. Y., & Niu, X. Q. (2021). The role of psychological empowerment in reducing job burnout among police officers: A variable-centered and person-centered approach. *Sage Open*, 11(1). https://doi.org/10.1177/2158244020983305.

Gouldner, A. W. (1960). The norm of reciprocity: A preliminary statement. *American Sociological Review*, 25(2), 161-178.

Grabovac, A. D., Lau, M. A., & Willett, B. R. (2011). Mechanisms of mindfulness: A Buddhist psychological model. *Mindfulness*, 2(3), 154-166.

Grandey, A. A. (2000). Emotional regulation in the workplace: A new way to conceptualize emotional labor. *Journal of Occupational Health Psychology*, 5(1), 95-110.

Grandey, A. A. (2003). When "the show must go on": Surface acting and deep acting as determinants of emotional exhaustion and peer-rated service delivery. *Academy of Management Journal*, 46(1), 86-96.

Grandey, A., Foo, S. C., Groth, M., & Goodwin, R. E. (2012). Free to be you and me: a climate of authenticity alleviates burnout from emotional labor. *Journal of Occupational Health Psychology*, 17(1), 1-14.

Gresham, F. M. (2016). Social skills assessment and intervention for children and youth. *Cambridge Journal of Education*, 46(3), 319-332.

Griffith, J., Steptoe, A., & Cropley, M. (1999). An investigation of coping strategies associated with job stress in teachers. *British Journal of Educational Psychology*, 69(4), 517-531.

Gross, J. J., Halperin, E., & Porat, R. (2013). Emotion regulation in intractable conflicts. *Current Directions in Psychological Science*, 22(6), 423-429.

Grossman, P., Niemann, L., Schmidt, S., & Walach, H. (2004). Mindfulness-based stress reduction and health benefits: A meta-analysis. *Journal of Psychosomatic Research*, 57(1), 35-43.

Grover, S. L., Teo, S. T. T., Pick, D., & Roche, M. (2017). Mindfulness as a personal resource to reduce work stress in the job demands-resources model. *Stress and Health*, 33(4), 426-436.

Guidetti, G., Viotti, S., Badagliacca, R., Colombo, L., & Converso, D. (2019). Can mindfulness mitigate the energy-depleting process and increase job resources to prevent burnout? A study on the mindfulness trait in the school context. *PLoS One*, 14(4), e0214935.

Guo, W. J., Hancock, J., Cooper, D., & Caldas, M. (2023). Job autonomy and employee burnout: the moderating role of power distance orientation. *European Journal of Work and Organizational Psychology*, 32(1), 79-94.

Hadžibajramović, E., Ahlborg, G. Jr, & Grimby-Ekman, A. (2019). Concurrent and lagged effects of psychosocial job stressors on symptoms of burnout. *International Archives of Occupational and Environmental Health*, 92(7), 1013-1021.

Hakanen, J. J., Bakker, A. B., & Schaufeli, W. B. (2006). Burnout and work engagement among teachers. *Journal of School Psychology*, 43(6), 495-513.

Hakanen, J. J., Schaufeli, W. B., & Ahola, K. (2008). The Job demands-resources model: A three-year cross-lagged study of burnout, depression, commitment, and work engagement. *Work & Stress*, 22(3), 224-241.

Hakanen, J. J., Ropponen, A., de Witte, H., & Schaufeli, W. B. (2019). Testing demands and resources as determinants of vitality among different employment contract groups. A Study in 30 European Countries. *International Journal of Environmental Research and Public Health*, 16(24), 4951.

Hamama-Raz, Y., Bergman, Y. S., Ben-Ezra, M., Tirosh, Y., Baruch, R., & Nakache, R. (2018). Attachment patterns moderate the relation between coping flexibility and illness acceptance among kidney transplant recipients. *Anxiety Stress and Coping*, 31(5), 571-579.

Harker, R., Pidgeon, A. M., Klaassen, F., & King, S. (2016). Exploring resilience and mindfulness as preventative factors for psychological distress burnout and secondary traumatic stress among human service professionals. *Work*, 54(3), 631-637.

Hatfield, E., Cacioppo, J. T., & Rapson, R. L. (1993). Emotional Contagion. *Current Directions in Psychological Science*, 2(3), 96-100.

Hayes, A. F., Montoya, A. K., & Rockwood, N. J. (2017). The analysis of mechanisms and their contingencies: PROCESS versus structural equation modeling. *Australasian Marketing Journal (AMJ)*, 25(1), 76-81.

He, W.-J. (2023). The predictive power of dispositional mindfulness and dispositional serenity for creative functioning. *Thinking Skills and Creativity*, 49, 101328.

Heyes, C. (2010). Where do mirror neurons come from? *Neuroscience & Biobehavioral Reviews*, 34(4), 575-583.

Hicks, M., & Hanes, D. (2019). Naturopathic medical student empathy and burnout: A preliminary study. *Advances in Integrative Medicine*, 6(4), 151-158.

Hidajat, T. J., Edwards, E. J., Wood, R., & Campbell, M. (2023). Mindfulness-based interventions for stress and burnout in teachers: A systematic review. *Teaching and Teacher Education*, 134, 104303.

Hobfoll, S. E. (1989). Conservation of resources: A new attempt at conceptualizing stress. *The American psychologist*, 44(3), 513-524.

Hobfoll, S. E., Halbesleben, J., Neveu, J.-P., & Westman, M. (2018). Conservation of resources in the organizational context: The reality of resources and their consequences. *Annual Review of Organizational Psychology and Organizational Behavior*, 5, 103-128.

Hobfoll, S. E., Johnson, R. J., Ennis, N., & Jackson, A. P. (2003). Resource loss, resource gain, and emotional outcomes among inner city women. *Journal of Personality and Social Psychology*, 84(3), 632-643.

Hochwarter, W. A., Witt, L. A., Treadway, D. C., & Ferris, G. R. (2006). The interaction of social skill and organizational support on job performance. *Journal of Applied Psychology*, 91(2), 482-489.

Hoffman, E., McCabe, K., & Smith, V. L. (1996). Social distance and other-regarding behavior in dictator games. *The American Economic Review*, 86(3), 653-660.

Hogan, R. (1969). Development of an empathy scale. *Journal of Consulting and Clinical Psychology*, 33(3), 307-316.

Hsieh, C. C., Ho, S. S. H., Li, H. C., & Liang, J. K. (2021). Mindfulness as moderator against emotional exhaustion due to online teaching during COVID-19 pandemic: An investigation using Job demands-resources model and conservation of resource theory. *Frontiers in Psychology*, 12, 781804.

Huang, H., Liu, Y., & Su, Y. J. (2020). What is the relationship between empathy and mental health in preschool teachers: The role of teaching experience. *Frontiers in Psychology*, 11, 1366.

Humborstad, S. I. W., Humborstad, B., & Whitfield, R. (2007). Burnout and service employees' willingness to deliver quality service. *Journal of Human Resources in Hospitality & Tourism*, 7(1), 45-64.

Hunt, P. A., Denieffe, S., & Gooney, M. (2017). Burnout and its relationship to empathy in nursing: A review of the literature. *Journal of Research in Nursing*, 22(1-2), 7-22.

Hyseni Duraku, Z., Jahiu, G., & Geci, D. (2025). The interplay of individual and organizational factors with early childhood teachers' level of work motivation, job satisfaction, and burnout. *International Journal of Educational Reform*, 34(1), 106-121.

Ihl, A., Strunk, K., & Fiedler, M. (2022). Interpretations of mindfulness practices in organizations: A multi-level analysis of interpretations on an organizational, group, and individual level. *Organization*, 29(6), 1099-1132.

Isen, A. M. (2013). The influence of positive and negative affect on cognitive organization: Some implications for development. In N. L. Stein, B. Leventhal, & T. R. Trabasso (Eds.), *Psychological and Biological Approaches to Emotion* (pp. 75-94). New York: Psychology Press.

Ishibashi S, Tokunaga A, Shirabe S, Yoshida Y, Imamura A, Takahashi K, Kawano K, Iwanaga R, Tanaka G. (2022). Burnout among kindergarten teachers and associated factors. *Medicine*, 101(38), e30786.

Iwasaki, S., Sogabe, A., Iredale, F., & Sasaki, T. (2016). An assessment of Australian judo practitioners' perceptions of motivational climate, mindfulness, aggression, and social skills. *Medicine & Science in Sports & Exercise*, 48(5S), 842.

Jackson, P. L., Brunet, E., Meltzoff, A. N., & Decety, J. (2006). Empathy examined through the neural mechanisms involved in imagining how I feel versus how you feel pain. *Neuropsychologia*, 44(5), 752-761.

Jang, E. H., & Lee, B. (2020). The mediating effects of mindfulness and acceptance in the relationship between parent-related emotional labor and burnout in early childhood teachers. *The Journal of Korea Open Association for Early Childhood Education*, 25(1), 287-322.

Jang, Y., & Hong, Y.-J. (2024). The association between maternal parenting perceived by early childhood teachers and burnout: the mediating effect of self-compassion and teacher efficacy. *Frontiers in Psychology*, 14, 1229065.

Janssen, M., Heerkens, Y., van der Heijden, B., Korzilius, H., Peters, P., & Engels, J. (2023). Effects of mindfulness-based stress reduction and an organizational health intervention on Dutch teachers' mental health. *Health Promotion International*, 38(3), daac008.

Jawahar, I., Stone, T. H., & Kisamore, J. L. (2007). Role conflict and burnout: The direct and moderating effects of political skill and perceived organizational support on burnout dimensions. *International Journal of Stress Management*, 14(2), 142-159.

Jennings, P. A., & Greenberg, M. T. (2009). The prosocial classroom: Teacher social and emotional competence in relation to student and classroom outcomes. *Review of Educational Research*, 79(1), 491-525.

Jensen-Campbell, L. A., & Graziano, W. G. (2010). Agreeableness as a moderator of interpersonal conflict. *Journal of Personality*, 69(2), 323-362.

Ji, D. Y., & Yue, Y. P. (2020). Relationship between kindergarten organizational climate and teacher burnout: Work-family conflict as a mediator. *Frontiers in Psychiatry*, 11, 408.

Jiang, M. H., Li, Z. J., Zheng, X. M., Liu, M., & Feng, Y. (2023). The influence of perceived stress of Chinese healthcare workers after the opening of COVID-19: the bidirectional mediation between mental health and job burnout. *Frontiers in Public Health*, 11, 1252103.

Jijina, P., & Biswas, U. N. (2022). Various Pathways for cultivation of equanimity: An exploratory study. *Psychological Studies*, 67(1), 28-42.

John, O. P., Naumann, L. P., & Soto, C. J. (2008). Paradigm shift to the integrative Big Five trait taxonomy: History, measurement, and conceptual issues. In O. P. John, R. W. Robins, & L. A. Pervin (Eds.), *Handbook of Personality: Theory and Research* (3rd edn., pp. 114-158). New York: Guilford Press.

Jones, T. (2018). The effects of mindfulness meditation on emotion regulation, cognition and social skills. *European Scientific Journal*, 14(14), 18.

Judge, T., Woolf, E., & Hurst, C. (2009). Is emotional labor more difficult for some than for others? A multilevel, experience-sampling study. *Personnel Psychology*, 62(1), 57-88.

Juneau, C., Shankland, R., Knäuper, B., & Dambrun, M. (2021). Mindfulness and equanimity moderate approach/avoidance motor responses. *Cognition and Emotion*, 35(6), 1085-1098.

Jungbauer, J., & Ehlen, S. (2015). Stressbelastungen und Burnout-Risiko bei Erzieherinnen in Kindertagesstätten: Ergebnisse einer Fragebogenstudie [Stress and burnout risk in nursery school teachers: Results from a survey]. *Gesundheitswesen*, 77(6), 418-423.

Kabat-Zinn, J. (1982). An outpatient program in behavioral medicine for chronic pain patients based on the practice of mindfulness meditation: Theoretical considerations and preliminary results. *General Hospital Psychiatry*, 4(1), 33-47.

Kabat-Zinn, J. (2003). Mindfulness-Based Interventions in Context: Past, Present, and Future. *Clinical Psychology: Science and Practice*, 10(2), 144-156.

Kabat-Zinn, J. (2023). *Wherever You Go, There You Are: Mindfulness Meditation in Everyday Life.* UK: Hachette GO.

Kabat-Zinn, J., & Hanh, T. N. (2009). *Full Catastrophe Living: Using the Wisdom of Your Body and Mind to Face Stress, Pain, and Illness.* New York: Delta.

Kahn, W. A. (1990). Psychological conditions of personal engagement and disengagement at work. *The Academy of Management Journal*, 33(4), 692-724.

Karim, J., & Weisz, R. (2011). Emotional intelligence as a moderator of affectivity/emotional labor and emotional labor/psychological distress relationships. *Psychological Studies*, 56(4), 348-359.

Kariou, A., Koutsimani, P., Montgomery, A., & Lainidi, O. (2021). Emotional labor and burnout among teachers: A systematic review. *International Journal of Environmental Research and Public Health*, 18(23), 12760.

Kashdan, T. B., & Rottenberg, J. (2010). Psychological flexibility as a fundamental aspect of health. *Clinical Psychology Review*, 30(7), 865-878.

Kassandrinou, M., Lainidi, O., Mouratidis, C., & Montgomery, A. (2023). Employee silence, job burnout and job engagement among teachers: the mediational role of psychological safety. *Health Psychology and Behavioral Medicine*, 11(1), 2213302.

Kay, C., & Wotherspoon, I. (2004). The Oxford English Dictionary Online. *Literary and Linguistic Computing*, 19(2), 246-249.

Kelley, K. J., & Frinzi, C. (2011). Empathy and nursing education from mirror neurons to the experience of empathy: 21st century nursing education. *International Journal of Human Caring*, 15(4), 22-28.

Khalil, A., Khan, M. M., Raza, M. A., & Mujtaba, B. G. (2017). Personality traits, burnout, and emotional labor correlation among teachers in Pakistan. *Journal of Service Science and Management*, 10(6), 482-496.

Khattak, S. R., Zada, M., Nouman, M., Rahman, S. U., Fayaz, M., Ullah, R., &Contreras-Barraza, N. (2022). Investigating inclusive leadership and pro-social rule breaking in hospitality industry: important role of psychological safety and leadership identification. *International Journal of Environmental Research and Public Health*, 19(14), 8291.

Khayyer, Z., Oreyzi, H., Asgari, K., & Sikström, S. (2019). Self-perception and interpersonal peacefulness: the mediating role of theory of mind and harmony. *Journal of Aggression, Conflict and Peace Research*, 11(3), 180-199.

Khushali Adhiya-Shah. (2016). Book review: Man's search for meaning (Victor Frankl). *Frontiers in Psychology*, 7, 1493.

Kim, E. (2018). The effect of teacher mindfulness on job stress and burnout. *Stress*, 26(3), 208-214.

Kim, H., Ji, J., & Kao, D. (2011). Burnout and physical health among social workers: A three-year longitudinal study. *Social Work*, 56(3), 258-268.

Kim, H., Kim, J.-S., Choe, K., Kwak, Y., & Song, J.-S. (2018). Mediating effects of workplace violence on the relationships between emotional labour and burnout among clinical nurses. *Journal of Advanced Nursing*, 74(10), 2331-2339.

Kim, L. E., Jörg, V., & Klassen, R. M. (2019). A meta-analysis of the effects of teacher personality on teacher effectiveness and burnout. *Educational Psychology Review*, 31(1), 163-195.

Koulierakis, G., Daglas, G., Grudzien, A., & Kosifidis, I. (2019). Burnout and quality of life among Greek municipal preschool and kindergarten teaching staff. *Education 3-13*, 47(4), 426-436.

Kraft, K. (Ed.). (1992). *Inner Peace, World Peace: Essays on Buddhism and Nonviolence.* New York:State University of New York Press.

Kuyken, W., Watkins, E., Holden, E., White, K., Taylor, R. S., Byford, S., Evans, A., Radford, S., Teasdale, J. D., & Dalgleish, T. (2010). How does mindfulness-based cognitive therapy work? *Behaviour Research and Therapy*, 48(11), 1105-1112.

Kwak, A. (2006). The relationships of organizational injustice with employee burnout and counterproductive work behaviors: Equity sensitivity as a moderator. *Dissertation Abstracts International: Section B: The Sciences and Engineering*, 67(2-B), 1190.

Kwok, J. Y. Y., Kwan, J. C. Y., Auyeung, M., Mok, V. C. T., Lau, C. K. Y., Choi, K. C., & Chan, H. Y. L. (2019). Effects of mindfulness yoga vs stretching and resistance training exercises on anxiety and depression for people with Parkinson disease: A randomized clinical trial. *JAMA Neurology*, 76(7), 755-763.

Lai, K. (2023). Contempt, withdrawal and equanimity in the Zhuangzi. *Emotion Review*, 15(3), 189-199.

Lambert, R., Boyle, L., Fitchett, P., & McCarthy, C. (2019). Risk for occupational stress among U.S. kindergarten teachers. *Journal of Applied Developmental Psychology*, 61, 13-20.

Laschinger, H. K. S., Borgogni, L., Consiglio, C., & Read, E. (2015). The effects of authentic leadership, six areas of worklife, and occupational coping self-efficacy on new graduate nurses' burnout and mental health: A cross-sectional study. *International Journal of Nursing Studies*, 52(6), 1080-1089.

Lawrence, E. J., Shaw, P., Baker, D., Baron-Cohen, S., & David, A. S. (2004). Measuring empathy: Reliability and validity of the empathy quotient. *Psychological Medicine*, 34(5), 911-919.

Lazarus, R. S. (1991). Progress on a cognitive-motivational-relational theory of emotion. *The American Psychologist*, 46(8), 819-834.

Lazarus, R. S., & Folkman, S. (1984). *Stress, Appraisal, and Coping.* New York: Springer Publishing Company.

Lee, H.-F., Kuo, C.-C., Chien, T.-W., & Wang, Y.-R. (2016). A meta-analysis of the effects of coping strategies on reducing nurse burnout. *Applied Nursing Research*, 31, 100-110.

Lee, S. S., & Wolf, S. (2019). Measuring and predicting burnout among early childhood educators in Ghana. *Teaching and Teacher Education*, 78, 49-61.

Lee, Y. H., Richards, K. A. R., & Washburn, N. (2021). Mindfulness, resilience, emotional exhaustion, and turnover intention in secondary physical education teaching. *European Review of Applied Psychology*, 71(6), 100625.

Lee, Y.-C., Lin, Y.-C., Huang, C.-L., & Fredrickson, B.L. (2012). The construct and measurement of peace of mind. *Journal of Happiness Studies*, 14(2), 571-590.

Leeson, B. S. (1981). Professional burnout: The effect of the discrepancy between expectations and attainment on social workers in a mental hospital. *Dissertation Abstracts International Section A: Humanities and Social Sciences*, 41 (9-A), 3953-3954.

Leiter, M. P., & Maslach, C. (2003). Areas of worklife: A structured approach to organizational predictors of job burnout. In P. L. Perrewe, & D. C. Ganster (Eds.), *Emotional and Physiological Processes and Positive Intervention Strategies* (pp. 91-134). Leeds: Emerald Group Publishing Limited.

Leone, S. S., Huibers, M. J. H., Knottnerus, J. A., & Kant, I. (2010). The temporal relationship between burnout and prolonged fatigue: a 4-year prospective cohort study. *Stress and Health*, 25(4), 365-374.

Lewis, M., Haviland-Jones, J. M., & Barrett, L. F. (2008). *Handbook of Emotions* (3rd edn.). New York: Guilford Press.

Li, J. H., Li, S. S., Jing, T. T., Bai, M. Z., Zhang, Z. R., & Liang, H. G. (2022). Psychological safety and affective commitment among Chinese hospital staff: The mediating roles of job satisfaction and job burnout. *Psychology Research and Behavior Management*, 15, 1573-1585.

Li, S. J., & Li, S. M. (2021). A review of the impact of mindfulness on employee innovation behavior. In C. Kahl, & N. Fatima. (Eds.), *Proceedings of the 2021 International Conference on Public Relations and Social Sciences (ICPRSS 2021), Advances in Social Science, Education and Humanities Research* (pp. 164-168). Amsterdam, Netherlands: Atlantis Press.

Li, S., Li, Y. B., Lv, H., Jiang, R., Zhao, P., Zheng, X., Wang, L.L., Li, J., Mao, F.Q. (2020). The prevalence and correlates of burnout among Chinese preschool teachers. *BMC Public Health*, 20(1), 160.

Lindsay, E. K., & Creswell, J. D. (2017). Mechanisms of mindfulness training: Monitor and Acceptance Theory (MAT). *Clinical Psychology Review*, 51, 48-59.

Liu, S. M., Xin, H. H., Shen, L., He, J. J., & Liu, J. F. (2020). The influence of individual and team mindfulness on work engagement. *Frontiers in Psychology*, 10, 2928.

Liu, X., Xu, W., Wang, Y., Williams, J. M. G., Geng, Y., Zhang, Q., & Liu, X. (2015). Can inner peace be improved by mindfulness training: a randomized controlled trial. *Stress and Health*, *31*(3), 245-254.

Livne, Y., & Rashkovits, S. (2018). Psychological empowerment and burnout: Different patterns of relationship with three types of job demands. *International Journal of Stress Management*, 25(1), 96-108.

Løvgren, M. (2016). Emotional exhaustion in day-care workers. *European Early Childhood Education Research Journal*, 24(1), 157-167.

Lu, L., & Gilmour, R. (2004). Culture, self and ways to achieve SWB: A cross-cultural analysis. *Journal of Psychology in Chinese Societies*, 5(1), 51-79.

Luken, M., & Sammons, A. (2016). Systematic review of mindfulness practice for reducing job burnout. *American Journal of Occupational Therapy*, 70(2), 7002250020p1-7002250020p10.

Luo, D., Song, Y., Cai, X., Li, R., Bai, Y., Chen, B., & Liu, Y. (2022). Nurse managers' burnout and organizational support: The serial mediating role of leadership and resilience. *Journal of Nursing Management*, 30(8), 4251-4261.

Ma, X., Deng, T., Luo, D., & Ma, J. J. (2021). Analysis of the relationship between burnout and empathy ability among teachers in special education schools. In S. Zhao. (Ed.), *SHS Web of Conferences* (Vol. 123, p. 01002). Paris: EDP Sciences.

Ma, Y., You, Y. Q., Yang, H., Wang, F., Cheng, X. L., & Li, J. Q. (2022). Psychometric characteristics of the mindfulness in teaching scale in Chinese preschool teachers. *Current Psychology*, 41(8), 5011-5019.

Magyar-Russell, G., Brown, I. T., Edara, I. R., Smith, M. T., Marine, J. E., & Ziegelstein, R. C. (2014). In search of serenity: Religious struggle among patients hospitalized for suspected acute coronary syndrome. *Journal of Religion and Health*, 53(2), 562-578.

Mann, L. M., & Walker, B. R. (2022). The role of equanimity in mediating the relationship between psychological distress and social isolation during COVID-19. *Journal of Affective Disorders*, 296, 370-379.

Manzano-Garcia, G., & Ayala-Calvo, J. C. (2013). New perspectives: Towards an integration of the concept "burnout" and its explanatory models. *Anales de Psicologia*, 29(3), 800-809.

Marchand, W. R. (2014). Neural mechanisms of mindfulness and meditation: Evidence from neuroimaging studies. *World Journal of Radiology*, 6(7), 471-479.

Marcionetti, J., & Castelli, L. (2023). The job and life satisfaction of teachers: a social cognitive model integrating teachers' burnout, self-efficacy, dispositional optimism, and social support. *International Journal for Educational and Vocational Guidance*, 23(2), 441-463.

Maslach, C., & Jackson, S. E. (1981). The measurement of experienced burnout. *Journal of Organizational Behavior*, 2(2), 99-113.

Maslach, C., & Leiter, M. P. (2016). Understanding the burnout experience: recent research and its implications for psychiatry. *World Psychiatry*, 15(2), 103-111.

Maslach, C., & Leiter, M. P. (2017). New insights into burnout and health care: Strategies for improving civility and alleviating burnout. *Medical Teacher*, 39(2), 160-163.

Maslach, C., Schaufeli, W. B., & Leiter, M. P. (2001). Job burnout. *Annual Review of Psychology*, 52(1), 397-422.

Maslow, A. H. (1958). A Dynamic Theory of Human Motivation. In C. L. Stacey & M. DeMartino (Eds.), *Understanding Human Motivation* (pp. 26-47). Cleveland: Howard Allen Publishers.

Masten, A. S. (2001). Ordinary magic: Resilience processes in development. *American Psychologist*, 56(3), 227-238.

Mauss, I. B., & Butler, E. A. (2010). Cultural context moderates the relationship between emotion control values and cardiovascular challenge versus threat responses. *Biological Psychology*, 84(3), 521-530.

Mauss, I. B., Butler, E. A., Roberts, N. A., & Chu, A. (2010). Emotion control values and responding to an anger provocation in Asian-American and European-American individuals. *Cognition & Emotion*, 24(6), 1026-1043.

Mayton, D., & Mayton II, D. (2009). *Nonviolence and Peace Psychology*. New York: Springer.

McBride, E. E., Chin, G. R., Clauser, K. S., & Greeson, J. M. (2022). Perceived stress mediates the relationship between trait mindfulness and physical symptoms of stress: a replication study using structural equation modeling. *Mindfulness*, 13(8), 1923-1930.

McFadden, P., Mallett, J., & Leiter, M. (2018). Extending the two-process model of burnout in child protection workers: The role of resilience in mediating burnout via organizational factors of control, values, fairness, reward, workload, and community relationships. *Stress and Health*, 34(1), 72-83.

Meiklejohn, J., Phillips, C., Freedman, M. L., Griffin, M. L., Biegel, G., Roach, A., Frank, J., Burke, C., Pinger, L., Soloway, G., Isberg, R., Sibinga, E., Grossman, L., & Saltzman, A. (2012). Integrating mindfulness training into K-12 education: Fostering the resilience of teachers and students. *Mindfulness*, 3(4), 291-307.

Melamed, S., Shirom, A., Toker, S., & Shapira, I. (2006). Burnout and risk of type 2 diabetes: A prospective study of apparently healthy employed persons. *Psychosomatic Medicine*, 68(6), 863-869.

Melen, S., Pepping, C. A., & O'Donovan, A. (2017). Social foundations of mindfulness: Priming attachment anxiety reduces emotion regulation and mindful attention. *Mindfulness*, 8(1), 136-143.

Ménard, J., Pratte, K., Flaxman, P. E., Lavigne, G., & Foucreault, A. (2023). Keeping perfectionistic academics safe from themselves with mindfulness. *Personality and Individual Differences*, 206, 112143.

Mesmer-Magnus, J., Manapragada, A., Viswesvaran, C., & Allen, J. W. (2017). Trait mindfulness at work: A meta-analysis of the personal and professional correlates of trait mindfulness. *Human Performance*, 30(2-3), 79-98.

Mesquita, B., & Frijda, N. H. (1992). Cultural variations in emotions: A review. *Psychological bulletin*, 112(2), 179-204.

Messenger, T., & Roberts, K. T. (1994). The terminally ill: Serenity nursing interventions for hospice clients. *Journal of Gerontological Nursing*, 20(11), 17-22.

Mikulincer, M., & Sheffi, E. (2000). Adult attachment style and cognitive reactions to positive affect: A test of mental categorization and creative problem solving. *Motivation and Emotion*, 24(3), 149-174.

Mohr, D. C., Apaydin, E. A., Li, B. D., Molloy-Paolillo, B. K., & Rinne, S. T. (2023). Changes in burnout and moral distress among veterans health administration (VA) physicians before and during the COVID-19 pandemic. *Journal of Occupational and Environmental Medicine*, 65(7), 605-609.

Montero-Marín, J. (2016). The burnout syndrome and its various clinical manifestations: A proposal for intervention. *Anestesia Analgesia Reanimación*, 29(1), 4.

Moon, E. J., & Choi, H. (2015). The role of self-compassion in the emotion processing: Examination of effect of emotion awareness. *Korean Journal of Health Psychology*, 20(1), 1-16.

Muller, A. E., Hafstad, E. V., Himmels, J. P. W., Smedslund, G., Flottorp, S., Stensland, S. Ø.,& Vist, G. E. (2020). The mental health impact of the COVID-19 pandemic on healthcare workers, and interventions to help them: A rapid systematic review. *Psychiatry Research*, 293, 113441.

Mustafa, M., Santos, A., & Chern, G. T. (2016). Emotional intelligence as a moderator in the emotional labour-burnout relationship: evidence from Malaysian HR professionals. *International Journal of Work Organisation and Emotion*, 7(2), 143-164.

Naz, M. A., Shazia, A., & Khalid, A. (2021). Role of mindfulness, religious coping and serenity in institutionalized and non-institutionalized elderly. *Journal of Spirituality in Mental Health*, 23(3), 278-294.

Neff, K. D., Rude, S. S., & Kirkpatrick, K. L. (2007a). An examination of self-compassion in relation to positive psychological functioning and personality traits. *Journal of Research in Personality*, 41(4), 908-916.

Neff, K. D., Kirkpatrick, K. L., & Rude, S. S. (2007b). Self-compassion and adaptive psychological functioning. *Journal of Research in Personality*, 41(1), 139-154.

Nelson, L. L. (2014). Peacefulness as a personality trait. In G. K. Sims, L. L. Nelson, & M. R. Puopolo (Eds.), *Personal Peacefulness: Psychological Perspectives* (pp. 7-43). New York: Springer.

Nelson, L. L., Puopolo, M. R., & Sims, G. K. (2014). Personal peacefulness: Expanding the scope and application of peace psychology. In G. K. Sims, L. L. Nelson, & M. R. Puopolo (Eds.), *Personal Peacefulness: Psychological Perspectives* (pp. 271-276). New York: Springer.

Nembhard, I. M., & Edmondson, A. C. (2006). Making it safe: the effects of leader inclusiveness and professional status on psychological safety and improvement efforts in health care teams. *Journal of Organizational Behavior*, 27(7), 941-966.

Neumann, M. M., & Tillott, S. (2022). Why should teachers cultivate resilience through mindfulness? *Journal of Psychologists and Counsellors in Schools*, 32(1), 3-14.

Newman, A., Donohue, R., & Eva, N. (2017). Psychological safety: A systematic review of the literature. *Human Resource Management Review*, 27(3), 521-535.

Niitsuma, M., Katsuki, T., Sakuma, Y., & Sato, C. (2012). The relationship between social skills and early resignation in Japanese novice nurses. *Journal of Nursing Management*, 20(5), 659-667.

Nilsson, H. K., & Kazemi, A. (2016). Reconciling and thematizing definitions of mindfulness: The big five of mindfulness. *Review of General Psychology*, 20(2), 183-193.

Nirel, N., Goldwag, R., Feigenberg, Z., Abadi, D., & Halpern, P. (2008). Stress, work overload, burnout, and satisfaction among paramedics in Israel. *Prehospital & Disaster Medicine*, 23(6), 537-546.

O'Connell, K. A., & Skevington, S. M. (2010). Spiritual, religious, and personal beliefs are important and distinctive to assessing quality of life in health: A comparison of theoretical models. *British Journal of Health Psychology*, 15, 729-748.

O'Connor, K., Muller Neff, D., & Pitman, S. (2018). Burnout in mental health professionals: A systematic review and meta-analysis of prevalence and determinants. *European Psychiatry*, 53, 74-99.

Olley, A. L., Malhi, G. S., Bachelor, J., Cahill, C. M., & Berk, M. (2010). Executive functioning and theory of mind in euthymic bipolar disorder. *Bipolar Disorders*, 7, 43-52.

Orgambídez, A., & Almeida, H. (2019). Core burnout and power in Portuguese nursing staff: An explanatory model based on structural empowerment. *Workplace Health & Safety*, 67(8), 391-398.

Pan, B. C., Fan, S. Y., Wang, Y. L., & Li, Y. (2022). The relationship between trait mindfulness and subjective wellbeing of kindergarten teachers: The sequential mediating role of emotional intelligence and self-efficacy. *Frontiers in Psychology*, 13, 973103.

Parasuraman, S., Purohit, Y. S., Godshalk, V. M., & Beutell, N. J. (1996). Work and family variables, entrepreneurial career success, and psychological well-being. *Journal of Vocational Behavior*, 48(3), 275-300.

Patlán Pérez, J. (2013). Effect of burnout and work overload on the quality of work life. *Estudios Gerenciales*, 29(129), 445-455.

Peck, N. F., Maude, S. P., & Brotherson, M. J. (2015). Understanding preschool teachers' perspectives on empathy: A qualitative inquiry. *Early Childhood Education Journal*, 43(3),

169-179.

Pellicano, E. (2007). Links between theory of mind and executive function in young children with autism: clues to developmental primacy. *Developmental psychology*, 43(4), 974-990.

Peng, J., He, Y., Deng, J., Zheng, L., Chang, Y., & Liu, X. (2019). Emotional labor strategies and job burnout in preschool teachers: Psychological capital as a mediator and moderator. *Work*, 63, 335-345.

Penz, M., Stalder, T., Miller, R., Ludwig, V. M., Kanthak, M. K., & Kirschbaum, C. (2018). Hair cortisol as a biological marker for burnout symptomatology. *Psychoneuroendocrinology*, 87, 218-221.

Pereira-Lima, K., & Loureiro, S. R. (2015). Burnout, anxiety, depression, and social skills in medical residents. *Psychology, Health & Medicine*, 20(3), 353-362.

Pereira-Lima, K., & Loureiro, S. R. (2017). Associations between social skills and burnout dimensions in medical residents. *Estudos de Psicologia (Campinas)*, 34(2), 281-292.

Pérez, J. P. (2013). Efecto del burnout y la sobrecarga en la calidad de vida en el trabajo. *Estudios Gerenciales*, 29(129), 445-455.

Pérez-Fuentes, M. D C., Molero Jurado, M. D. M, Martos Martínez, Á., & Gázquez Linares, J. J. (2019). Burnout and engagement: Personality profiles in nursing professionals. *Journal of Clinical Medicine*, 8(3), 286.

Petitta, L., & Jiang, L. X. (2020). How emotional contagion relates to burnout: A moderated mediation model of job insecurity and group member prototypicality. *International Journal of Stress Management*, 27(1), 12-22.

Phillips, B. N., Kaseroff, A. A., Fleming, A. R., & Huck, G. E. (2014). Work-related social skills: Definitions and interventions in public vocational rehabilitation. *Rehabilitation Psychology*, 59(4), 386-398.

Pines, A. M. (2002). Teacher burnout: A psychodynamic existential perspective. *Teachers and Teaching*, 8(2), 121-140.

Podsakoff, P. M., MacKenzie, S. B., Lee, J. Y., & Podsakoff, N. P. (2003). Common method biases in behavioral research: A critical review of the literature and recommended remedies. *Journal of Applied Psychology*, 88(5), 879-903.

Pong, H.-K. (2022). The Correlation between spiritual well-being and burnout of teachers. *Religions*, 13(8), 760.

Preacher, K. J., & Hayes, A. F. (2008). Asymptotic and resampling strategies for assessing and comparing indirect effects in multiple mediator models. *Behavior Research Methods*, 40(3), 879-891.

Puopolo, M. R. (2014). The role of attachment and affect regulation in the development and maintenance of personal peacefulness. In G. K. Sims, L. L., Nelson & M. R. Puopolo (Eds.), *Personal Peacefulness: Psychological Perspectives* (pp. 135-157). New York: Springer.

Raikes, A., Devercelli, A. E., & Kutaka, T. S. (2015). Global goals and country action: Promoting quality in early childhood care and education. *Childhood Education*, 91(4), 238-242.

Rathert, C., Ishqaidef, G., & Porter, T. H. (2022). Caring work environments and clinician emotional exhaustion Empirical test of an exploratory model. *Health Care Management Review*, 47(1), 58-65.

Ridderinkhof, A., de Bruin, E. I., Brummelman, E., & Bögels, S. M. (2017). Does mindfulness meditation increase empathy? An experiment. *Self and Identity*, 16(3), 251-269.

Rimm-Kaufman, S. E. (2016). Applications of psychological Safety to developmental science: Reflections and recommendations for next steps. *Research in Human Development*, 13(1), 84-89.

Riquelme-Marín, A., Rosa-Alcázar, A. I., & Ortigosa-Quiles, J. M. (2022). Mindfulness-based psychotherapy in patients with obsessive-compulsive disorder: A meta-analytical study. *International Journal of Clinical and Health Psychology*, 22(3),100321.

Riva, D., & Njiokiktjien, C. (Eds.). (2010). *Brain Lesion Localization and Developmental Functions: Basal Ganglia, Connecting Systems, Cerebellum, Mirror Neurons: Remembering Arthur L. Benton* (Vol. 4). Montrouge: John Libbey Eurotext.

Rizvi, S. L., Steffel, L. M., & Carson-Wong, A. (2013). An overview of dialectical behavior therapy for professional psychologists. *Professional Psychology: Research and Practice*, 44(2), 73-80.

Rizzolatti, G., & Craighero, L. (2004). The mirror-neuron system. *Annual Review of Neuroscience*, 27, 169-192.

Roberts, K. T., & Aspy, C. B. (1993). Development of the Serenity Scale. *Journal of Nursing Measurement*, 1(2), 145-164.

Roberts, K. T., & Whall, A. (1996). Serenity as a goal for nursing practice. *Image: the Journal of Nursing Scholarship*, 28(4), 359-364.

Roeser, R. W., Mashburn, A. J., Skinner, E. A., Choles, J. R., Taylor, C., Rickert, N. P., Pinela, C., Robbeloth, J., Saxton, E., Weiss, E., Cullen, M., & Sorenson, J. (2022). Mindfulness training improves middle school teachers' occupational health, well-being, and interactions with students in their most stressful classrooms. *Journal of Educational Psychology*, 114(2), 408-425.

Roeser, R. W., Schonert-Reichl, K. A., Jha, A., Cullen, M., Wallace, L., Wilensky, R., Oberle, E., Thomson, K., Taylor, C., & Harrison, J. (2013). Mindfulness training and reductions in teacher stress and burnout: Results from two randomized, waitlist-control field trials. *Journal of Educational Psychology*, 105(3), 787-804.

Rogers, C. R. (1957). The necessary and sufficient conditions of therapeutic personality change. *Journal of Consulting Psychology*, 21(2), 95-103.

Rogers, C. R. (1975). Empathic: An unappreciated way of being. *The Counseling Psychologist*, 5(2), 2-10.

Rosa, R., & Madonna, G. (2020). Teachers and burnout: Biodanza SRT as embodiment training in the development of emotional skills and soft skills. *Journal of Human Sport and Exercise*, 15(Proc3): S575-S585

Rose-Krasnor, L. (1997). The nature of social competence: A theoretical review. *Social Development*, 6(1), 111-135.

Rössler, W. (2012). Stress, burnout, and job dissatisfaction in mental health workers. *European Archives of Psychiatry and Clinical Neuroscience*, 262(2), 65-69.

Rotter, J. B. (1966). Generalized expectancies for internal versus external control of reinforcement. *Psychological Monographs*, 80(1), 1-28.

Ryan, R. M., & Deci, E. L. (2000). Self-determination theory and the facilitation of intrinsic motivation, social development, and well-being. *The American Psychologist*, 55(1), 68-78.

Salovey, P., & Mayer, J. D. (1990). Emotional intelligence: Imagination, cognition and personality. *Imagination, Cognition and Personality*, 9(3), 185-211.

Salvado, M., Marques, D. L., Pires, I. M., & Silva, N. M. (2021). Mindfulness-based interventions to reduce burnout in primary healthcare professionals: A systematic review and meta-analysis. *Healthcare*, 9(10), 1342.

Salvagioni, D. A. J., Melanda, F. N., Mesas, A. E., González, A. D., Gabani, F. L., & de Andrade, S. M. (2017). Physical, psychological and occupational consequences of job burnout: A systematic review of prospective studies. *PLoS One*, 12(10), e0185781.

Salvarani, V., Rampoldi, G., Ardenghi, S., Bani, M., Blasi, P., Ausili, D., & Strepparava, M. G. (2019). Protecting emergency room nurses from burnout: The role of dispositional mindfulness, emotion regulation and empathy. *Journal of Nursing Management*, 27(4), 765-774.

Schaack, D. D., Le, V.-N., & Stedron, J. (2020). When fulfillment is not enough: Early childhood teacher occupational burnout and turnover intentions from a job demands and resources perspective. *Early Education and Development*, 31(7), 1011-1030.

Schaufeli, W. B., & Bakker, A. B. (2004). Job demands, job resources, and their relationship with burnout and engagement: A multi-sample study. *Journal of Organizational Behavior*, 25(3), 293-315.

Schaufeli, W. B., & Buunk, B. P. (2003). Burnout: An overview of 25 years of research and theorizing. In M. J. Winnubst, & C. L. Cooper (Eds.), *The Handbook of Work and Health Psychology* (pp. 383-425). Chichester: Wiley.

Schaufeli, W. B., Bakker, A. B., & van Rhenen, W. (2009). How changes in job demands and resources predict burnout, work engagement, and sickness absenteeism. Journal of Organizational Behavior, 30(7), 893-917.

Schaufeli, W. B., Maassen, G. H., Bakker, A. B., & Sixma, H. J. (2011). Stability and change in burnout: A 10-year follow-up study among primary care physicians. *Journal of Occupational and Organizational Psychology*, 84(2), 248-267.

Schulte-Rüther, M., Markowitsch, H. J., Shah, N. J., Fink, G. R., & Piefke, M. (2008). Gender differences in brain networks supporting empathy. *Neuroimage*, 42(1), 393-403.

Schwartz, B., Ward, A., Monterosso, J., Lyubomirsky, S., White, K., & Lehman, D. R. (2002). Maximizing versus satisficing: Happiness is a matter of choice. *Journal of Personality and Social Psychology*, 83(5), 1178-1197.

Schyns, B., & von Collani, G. (2002). A new occupational self-efficacy scale and its relation to personality constructs and organizational variables. *European Journal of Work and Organizational Psychology*, 11(2), 219-241.

Segal, Z. V., Williams, J. M. G., & Teasdale, J. D. (2002). *Mindfulness-based Cognitive Therapy for Depression: A New Approach to Preventing Relapse.* New York: Guilford Press.

Settoon, R. P., Bennett, N., & Liden, R. C. (1996). Social exchange in organizations: Perceived organizational support, leader-member exchange, and employee reciprocity. *Journal of Applied Psychology*, 81(3), 219-227.

Shapiro, S. L., Astin, J. A., Bishop, S. R., & Cordova, M. (2005). Mindfulness-based stress reduction for health care professionals: Results from a randomized trial. *International Journal of Stress Management*, 12(2), 164-176.

Shapiro, S. L., Carlson, L. E., Astin, J. A., & Freedman, B. (2006). Mechanisms of mindfulness. *Journal of Clinical Psychology*, 62(3), 373-386.

Shaver, P. & Mikulincer, M. (2007). Adult attachment strategies and the regulation of emotion. In J. J. Gross (Ed.), *Handbook of Emotion Regulation* (pp. 446, 465). New York: The Guilford Press.

Shen, J. & Benson, J. (2016). When CSR is a social norm: How socially responsible human resource management affects employee work behavior. *Journal of Management*, 42(6), 1723-1746.

Shine, B. K. (2016). *Caring about Caregivers: An Examination of Early Childhood Educators' Internal Representations of Their Roles in Relation to Burnout.* Oakland: Mills College.

Shiota, M. N., Keltner, D., & John, O. P. (2006). Positive emotion dispositions differentially associated with Big Five personality and attachment style. *The Journal of Positive Psychology*, 1(2), 61-71.

Shoham, A., Hadash, Y., & Bernstein, A. (2018). Examining the decoupling model of equanimity in mindfulness training: An intensive experience sampling study. *Clinical Psychological Science*, 6(5), 704-720.

Shrout, P. E., & Bolger, N. (2002). Mediation in experimental and nonexperimental studies: new procedures and recommendations. *Psychological Methods*, 7(4), 422-445.

Siegel, D. J. (2009). The mindful brain: Reflection and attunement in the cultivation of well-being. *Journal of Mental Health*, 17(2), 178-179.

Singer, T., Seymour, B., O'Doherty, J. P., Stephan, K. E., Dolan, R. J., & Frith, C. D. (2006). Empathic neural responses are modulated by the perceived fairness of others. *Nature*, 439(7075), 466-469.

Siyum, B. A. (2023). University instructors' burnout: antecedents and consequences. *Journal of Applied Research in Higher Education*, 15(4), 1056-1068.

Slagter, H. A., Davidson, R. J., & Lutz, A. (2011). Mental training as a tool in the neuroscientific study of brain and cognitive plasticity. *Frontiers in Human Neuroscience*, 5, 17.

Soysa, C. K., Zhang, F., Parmley, M., & Lahikainen, K. (2021). Dispositional mindfulness and serenity: Their unique relations with stress and mental well-being. *Journal of Happiness Studies*, 22(3), 1517-1536.

Steel, P., Schmidt, J., & Shultz, J. (2008). Refining the relationship between personality and subjective well-being. *Psychological Bulletin*, 134(1), 138-161.

Stein, R., Garay, M., & Nguyen, A. (2024). It matters: Early childhood mental health, educator stress, and burnout. *Early Childhood Education Journal*, 52(2), 333-344.

Stroebe, M., Schut, H., & Stroebe, W. (2006). Who benefits from disclosure? Exploration of attachment style differences in the effects of expressing emotions. *Clinical Psychology Review*, 26(1), 66-85.

Struwig, N., & van Stormbroek, K. (2023). Support, supervision, and job satisfaction: Promising directions for preventing burnout in South African community service occupational therapists. *South African Journal of Occupational Therapy*, 53(1), 67-80.

Swider, B. W., & Zimmerman, R. D. (2010). Born to burnout: A meta-analytic path model of personality, job burnout, and work outcomes. *Journal of Vocational Behavior*, 76(3), 487-506.

Tan, L. B. G., Lo, B. C. Y. & Macrae, C. N. (2014). Brief mindfulness meditation improves mental state attribution and empathizing. *PLoS One*, 9(10), e110510.

Tang, Y. X., Wang, Y. X., Zhou, H., Wang, J., Zhang, R., & Lu, Q. H. (2023). The relationship between psychiatric nurses' perceived organizational support and job burnout: Mediating role of psychological capital. *Frontiers in Psychology*, 14, 1099687.

Tang, Y. Y., Hölzel, B. K., & Posner, M. I. (2015). The neuroscience of mindfulness meditation. *Nature Reviews Neuroscience*, 16(4), 213-225.

Taris, T. W., Le Blanc, P. M., Schaufeli, W. B., & Schreurs, P. J. G. (2005). Are there causal relationships between the dimensions of the Maslach Burnout Inventory? A review and two longitudinal tests. *Work & Stress*, 19(3), 238-255.

Tasic, R., Rajovic, N., Pavlovic, V., Djikanovic, B., Masic, S., Velickovic, I., & Milic, N. (2020). Nursery teachers in preschool institutions facing burnout: Are personality traits attributing to its development? *PLoS One*, 15(11), e0242562.

Taylor, N. Z., & Millear, P. M. R. (2016). The contribution of mindfulness to predicting burnout in the workplace. *Personality and Individual Differences*, 89, 123-128.

Terzic-Supic, Z., Piperac, P., Maksimovic, A., Karic, S., Hacko, B., & Todorovic, J. (2020). Burnout among preschool teachers in Serbia. *European Journal of Public Health*, suppl. 5, 30.

Tett, R. P., & Guterman, H. A. (2000). Situation trait relevance, trait expression, and cross-situational consistency: Testing a principle of trait activation. *Journal of Research in Personality*, 34(4), 397-423.

Thirioux, B., Birault, F., & Jaafari, N. (2016). Empathy is a protective factor of burnout in physicians: New neuro-phenomenological hypotheses regarding empathy and sympathy in care Relationship. *Front Psychol*, 7, 763.

Titchener, E. (1909). *Lectures on the Experimental Psychology of the Thought-processes.* New York: Macmillan.

Tokuda, Y., Hayano, K., Ozaki, M., Bito, S., Yanai, H., & Koizumi, S. (2009). The interrelationships between working conditions, job satisfaction, burnout and mental health among hospital physicians in Japan: a path analysis. *Industrial Health*, 47(2), 166-172.

Totterdell, P., & Holman, D. (2003). Emotion regulation in customer service roles: testing a model of emotional labor. *Journal of Occupational Health Psychology*, 8(1), 55-73.

Trauernicht, M., Anders, Y., Oppermann, E., & Klusmann, U. (2023). Early childhood educators' emotional exhaustion and the frequency of educational activities in preschool. *European Early Childhood Education Research Journal*, 31(6), 1016-1032.

Tremblay, M. A., & Messervey, D. (2011). The job demands-resources model: Further evidence for the buffering effect of personal resources. *Sa Journal of Industrial Psychology*, 37(2), 10-19.

Ugwu, L. I., Enwereuzor, I. K., Fimber, U. S., & Ugwu, D. I. (2017). Nurses' burnout and counterproductive work behavior in a Nigerian sample: The moderating role of emotional intelligence. *International Journal of Africa Nursing Sciences*, 7, 106-113.

Unrau, A. M., & Morry, M. M. (2019). The subclinical psychopath in love: mediating effects of attachment styles. *Journal of Social and Personal Relationships*, 36(2), 421-449.

van den Broeck, A., de Cuyper, N., de Witte, H., & Vansteenkiste, M. (2010). Not all job demands are equal: Differentiating job hindrances and job challenges in the job demands-resources model. *European Journal of Work and Organizational Psychology*, 19(6), 735-759.

van Gordon, W., Shonin, E., Zangeneh, M., & Griffiths, M. D. (2014). Work-related mental health and job performance: Can mindfulness help? *International Journal of Mental Health and Addiction*, 12(2), 129-137.

van Tongeren, D. R., & Green, J. D. (2010). Combating meaninglessness: On the automatic defense of meaning. *Personality and Social Psychology Bulletin*, 36(10), 1372-1384.

Vaquier, L. M. V., Pérez, V. M.-O., & González, M. L. G. (2020). La empatía docente en educación preescolar: un estudio con educadores mexicanos. *Educação e Pesquisa*, 46, e219377.

Veetil, A. K. V., & Pradhan, S. (2022). The effectiveness of mindfulness meditation as an intervention for well-being in the new normal of COVID-19: A review. In A. Chandani, R. Divekar, J. K. Nayak, & K. Chopra (Eds.), *Pandemic, New Normal and Implications on Business: 12th Annual International Research Conference of Symbiosis Institute of*

Management Studies (SIMSARC21) (pp. 221-243). Singapore: Springer Nature Singapore.

Vinson, A. H., & Underman, K. (2020). Clinical empathy as emotional labor in medical work. *Social Science & Medicine*, 251, 112904.

Voci, A., Veneziani, C. A., & Metta, M. (2016). Affective organizational commitment and dispositional mindfulness as correlates of burnout in health care professionals. *Journal of Workplace Behavioral Health*, 31(2), 63-70.

Vossen, H. G. M., Piotrowski, J. T., & Valkenburg, P. M. (2015). Development of the adolescent measure of empathy and sympathy (AMES). *Personality and Individual Differences*, 74, 66-71.

Walter, H. (2012). Social cognitive neuroscience of empathy: Concepts, circuits, and genes. *Emotion Review*, 4(1), 9-17.

Wang, Y. J., Xiao, B. W., Tao, Y., & Li, Y. (2022). The relationship between mindfulness and job burnout of Chinese preschool teachers: The mediating effects of emotional intelligence and coping style. *International Journal of Environmental Research and Public Health*, 19(12), 7129.

Wang, Y., Chang, Y., Fu, J. L., & Wang, L. (2012). Work-family conflict and burnout among Chinese female nurses: The mediating effect of psychological capital. *BMC Public Health*, 12, 1-8.

Watanabe, N., Furukawa, T. A., Horikoshi, M., Katsuki, F., Narisawa, T., Kumachi, M., & Matsuoka, Y. (2015). A mindfulness-based stress management program and treatment with omega-3 fatty acids to maintain a healthy mental state in hospital nurses (Happy Nurse Project): Study protocol for a randomized controlled trial. *Trials*, 16, 1-12.

Wayment, H. A., & Bauer, J. J. (2018). The quiet ego: Motives for self-other balance and growth in relation to well-being. *Journal of Happiness Studies*, 19, 881-896.

Wegner, D. M. (1989). *White Bears and Other Unwanted Thoughts: Suppression, Obsession, and the Psychology of Mental Control*. New York: Viking.

Wharton, A. S., & Erickson, R. J. (1995). The consequences of caring: Exploring the links between women's job and family emotion work. *The Sociological Quarterly*, 36(2), 273-296.

Whitaker, J. L., & Bushman, B. J. (2012). "Remain calm. Be kind.": Effects of relaxing video games on aggressive and prosocial behavior. Social Psychological and Personality Science, 3(1), 88-92.

Whiten, A. (2013). Monkeys, apes, imitation and mirror neurons. *Cortex*, 49(10), 2941-2943.

Wilkinson, H., Whittington, R., Perry, L., & Eames, C. (2017). Examining the relationship between burnout and empathy in healthcare professionals: A systematic review. *Burnout Research*, 6, 18-29.

Williams, C. (2003). Sky service: The demands of emotional labour in the airline industry. *Gender, Work & Organization*, 10(5), 513-550.

Wilson, J. M., Weiss, A., & Shook, N. J. (2020). Mindfulness, self-compassion, and savoring:

Factors that explain the relation between perceived social support and well-being. *Personality and Individual Differences*, 152, 109568.

Winning, A. P., & Boag, S. (2015). Does brief mindfulness training increase empathy? The role of personality. *Personality and Individual Differences*, 86, 492-498.

Wongpakaran, N., Wongpakaran, T., Wedding, D., Mirnics, Z., & Kövi, Z. (2021). Role of equanimity on the mediation model of neuroticism, perceived stress and depressive symptoms. *Healthcare*, 9(10), 1300.

Wróbel, M. (2013). Can empathy lead to emotional exhaustion in teachers? The mediating role of emotional labor. *International Journal of Occupational Medicine and Environmental Health*, 26(4), 581-592.

Xie, Q. (2023). Are mindfulness and self-compassion related to peace of mind? The mediating role of nonattachment. *Psychological Reports*, 0(0). https://doi.org/10.1177/00332941231198511.

Xie, X. X., Zhou, Y. Q., Fang, J. B., & Ying, G. G. (2022). Social support, mindfulness, and job burnout of social workers in China. *Frontiers in Psychology*, 13, 775679.

Xu, X. H., Jiang, Y. X., & Chen, L. (2023). A meta-analysis of variables related to burnout among Chinese preschool teachers. *Sage Open*, 13(4), https://doi.org/10.1177/21582440231202570.

Xu, Z. H., & Yang, F. (2021). The impact of perceived organizational support on the relationship between job stress and burnout: A mediating or moderating role? *Current Psychology*, 40(1), 402-413.

Yaginuma-Sakurai, K., Tsuno, K., Yoshimasu, K., Maeda, T., Sano, H., Goto, M., & Nakai, K. (2020). Psychological distress and associated factors among Japanese nursery school and kindergarten teachers: A cross-sectional study. *Industrial Health*, 58(6), 530-538.

Yanbei, R., Dongdong, M., Yun, L., Ning, W., & Fengping, Q. (2023). Does perceived organization support moderates the relationships between work frustration and burnout among intensive care unit nurses? A cross-sectional survey. *BMC Nursing*, 22(1), 22.

Yang, S., Meredith, P., & Khan, A. (2017). Is mindfulness associated with stress and burnout among mental health professionals in Singapore? *Psychology Health Medicine*, 22(6), 673-679.

Yin, H. B., & Lee, J. C. K. (2012). Be passionate, but be rational as well: Emotional rules for Chinese teachers' work. *Teaching and Teacher Education*, 28(1), 56-65.

Yu, X. Y., Wu, S. Y., Chen, W., Zheng, W., Huang, M., Yang, L., & Zhou, S. (2021). Exploring the associations between perceived organizational support and job burnout among Chinese academic journal editors: A moderated mediation model. *International Journal of Environmental Research and Public Health*, 18(22), 12167.

Zaki, J., & Ochsner, K. N. (2012). The neuroscience of empathy: progress, pitfalls and promise. *Nature Neuroscience*, 15(5), 675-680.

Zapf, D., & Holz, M. (2006). On the positive and negative effects of emotion work in organizations. *European Journal of Work and Organizational Psychology*, 15(1), 1-28.

Zeng, X. Q., Zhang, X. X., Chen, M. R., Liu, J. P, & Wu, C. M (2020). The influence of perceived organizational support on police job burnout: A moderated mediation model. *Frontiers in Psychology*, 11, 948.

Zeshan, M., de la Villarmois, O., Rasool, S., & Niazi, A. R. K. (2023). The perfect moment is this one. The effect of mindfulness on employees: A perspective from self-determination theory. *International Journal of Organizational Analysis*, 31(7), 3617-3633.

Zhang, N. N., & He, X. S. (2022). Role stress, job autonomy, and burnout: The mediating effect of job satisfaction among social workers in China. *Journal of Social Service Research*, 48(3), 365-375.

Zhang, Q., & Zhu, W. H. (2008). Exploring emotion in teaching: Emotional labor, burnout, and satisfaction in Chinese higher education. *Communication Education*, 57(1), 105-122.

Zhao, N., Huo, M., & van Den Noortgate, W. (2023). Exploring burnout among preschool teachers in rural China: A job demands-resources model perspective. *Frontiers in Psychology*, 14, 1253774.

Zheng, J. W., & Wu, G. D. (2018). Work-family conflict, perceived organizational support and professional commitment: A mediation mechanism for Chinese project professionals. *International Journal of Environmental Research and Public Health*, 15(2), 344.

Zheng, Y., Gu, X. D., Jiang, M. Y., & Zeng, X. L. (2022). How might mindfulness-based interventions reduce job burnout? Testing a potential self-regulation model with a randomized controlled trial. *Mindfulness*, 13(8), 1907-1922.

Zivnuska, S., Kacmar, K. M., Ferguson, M., & Carlson, D. S. (2016). Mindfulness at work: Resource accumulation, well-being, and attitudes. *Career Development International*, 21(2), 106-124.